童詩圖像教學

許峰銘‧著

序

　　謹以此書獻給我的雙親——一輩子只記得為孩子努力奮鬥的一對夫妻。

　　我的父親從十四歲開始捕魚，因為家中經濟的緣故無法讓他求學，他這一輩子辛苦的工作，即使受傷也只想著去哪裡找工作，一切只為了讓他的孩子們接受教育而無怨無悔；我的母親是個善良的人，她對我們的身教讓我們成為正直的人。

　　感謝指導教授周慶華博士在研究過程中的悉心指導與協助，您和藹的態度讓我們感覺有如慈父在照顧孩子般的親切，謹此致上最深的感謝。感謝我最親愛的家人對我的支持，在南臺灣遭逢五十年來最大天災莫拉克颱風侵襲之際仍堅守家園，讓我可以毫無後顧之憂的完成這本著作。

　　本書試圖透過圖像引導的教學，讓學生在進行童詩創作時能夠激發更多的想像力及創意。目前國內童詩多是先創作童詩後再進行繪畫圖像的配合教學，而忽略創作之前的圖像引導。本書亟欲經由在童詩創作之前先進行平面式圖像、立體式圖像及流動式圖像的引導教學，配合各類型圖像中涉及異系統文化的探討，而建構出各種類型童詩圖像教學的具體作法，來引導學生欣賞及創作童詩。本書希望能在目前國內的童詩創作及教學模式上開創更多元的面向，作為教師進行童詩教學時的參鏡。

目　次

第一章　緒論

第一節　研究動機

　　進入小學教育職場這幾年來，我大多擔任級任老師的工作，必須接觸到許多語文教學的相關課程，加上本身對語文教學的喜好，因此對於學生的語文程度相當重視，在教學方法上也嘗試了多種的語文教學工具，期待能增進學生對語文的學習興趣，提高學生的語文程度。然而，如同大多數國小教師所面對的情形，多數學生對於寫作，總是視為畏途，甚而排斥，因而影響語文程度。在現今的小學語文教學中，談到寫作，學生莫不直接聯想到「作文」，對於少數語文程度佳的學生而言，「寫作文」可說是小事一樁；但對於大多數的學生而言，為了讓文字填滿那些方格，可能得絞盡腦汁仍不可得。於是日積月累，學生便將寫作視為難事而提不起勁了。因此，尋找一個讓學生容易接受甚至喜愛的語文教學途徑，相信是許多教師亟欲達成的課題。我常思考，有沒有哪些寫作方式，可以讓學生易於接受，又能循序漸進的培養他們的寫作能力？

　　隨著九年一貫課程的實施，國小語文課程的授課時數大幅減少，許多小學教師必須在課程進度及語文能力中找到有效的教學方式。如林崇德（1995）談到，教師透過有效的教學途徑來激發小學生的學習興趣，促使小學生積極進行學習是一重要方式；只有讓小學生對學習活動產生濃厚的興趣，學習才不會成為他們的負擔，也才能使小學生能夠愉快地、主動地投入學習活動中。就在多次的作

文課裡，我發現了「童詩」教學，便是我所要的答案。不過，在社會各界均憂心於學生語文程度日漸低落的同時，小學教育對於推行童詩寫作所作的努力，卻並不是那麼令人滿意。

我服務的小學，位於屏東縣沿海的漁村，家長大多以捕魚維生，社經地位不高，對於孩子的教育較易輕忽而不重視，因此我必須面對班上多數學生語文程度不佳的問題，甚而會出現只看得懂簡單國字卻無法流利書寫的學生。對於寫作，除了班上少數語文程度好的學生外，多數學生一碰到作文，總是眉頭深鎖，不是胡謅一通、草率應付，就是錯誤百出、言不及義，修改的紅字總是佔滿了大部分的篇幅。想讓學生多嘗試寫作，卻適得其反，不但累了學生，也苦了老師。因此，為了讓每個學生能有寫作的「成就感」，我嘗試進行童詩教學，希望能提高學生學習的興趣。然而，就在第一次的童詩寫作課，我口沫橫飛的在講臺上講授童詩寫作方法後，收回的學生童詩創作卻無法說服我自己的童詩教學是有效的。在課堂上，學生們一直說要憑空想像來寫出童詩好難，他們的腦海中總是一片空白，只好應付了事。突然，我轉念一想，何不帶他們到教室外走一走，親身經歷，進入實際的寫作場域，透過雙眼所接收到的訊息，提供轉化成文字所需的元素？

沒想到，效果出乎我的意料之外。學生們一聽到要到教室外上課，莫不雀躍不已。我們校園內有許多日據時期留下來的大樹，枝葉繁茂、蒼翠蓊鬱，經過短暫的解說後，學生們便三五成群的在樹下觀察、聆聽及思考，不久便見到有些學生趴在地上，聚精會神的將腦中的靈感轉化成文字呈現。以下摘錄幾位學生的作品：

〈樹和花〉　　洪于茹
媽媽是樹
枝青葉綠
我是小花
花瓣紅撲撲
我說：樹你很美！
樹說：小花你也很漂亮！

〈楓樹〉　　陳瑩
秋天到了，
天氣轉涼了！
我們都在添加衣服，
你怎麼卻把衣服一件件脫下？
不怕感冒嗎?

〈太陽〉　　黃月美
冬天的太陽怕冷
天還沒黑
就急著趕回家
夏天的太陽
愛玩耍
天色已經晚了
卻還不想回家

　　以上這三位小朋友，在班上的成績恰巧分屬不同的程度，分別是高、中、低，但是卻經由觀察及想像的配合，寫出了令我感到高興的作品；其中有位小朋友的語文程度更是嚴重落後班上其他的小朋友，不過經由童詩觀察寫作，讓他們建立起對於自己寫作能力的自信心。杜淑貞（1996）曾提及，我們教導兒童欣賞、寫作兒童詩的宗旨，並不是要製造專門的詩人，而是要塑造具有豐富想像、創造、有愛心、有勇氣、有德性的、有作為的人物。對於國小學童而言，童詩的文字精鍊，富有情感，而且讓小朋友體驗美妙的意境，啟發其想像，雖然篇幅較其他文章短，但學生們卻可透過文字表達出他們所觀察到的事物，再經由寫作門檻較低的童詩寫出。

　　這樣的教學模式，讓我思考透過圖像的觀察，來達成童詩創作的可能性。許多教師在進行童詩教學時，常讓學生透過想像來進行創作，如今我試著透過具體的圖像（包含平面圖像、立體圖像、流動圖像等）呈現，讓學生在視覺加強的效果下，能更有信心的進行童詩創作。目前坊間許多搭配圖像（畫）的童詩創作集，大多是先有童詩的產出，再依童詩的內容進行繪畫創作，對於童詩產出前的創作教學，較少提及圖像觀察引導的部分。有鑑於此，我想透過先行閱讀（觀察）圖像的方法，配合不同的文化觀點，試圖建構出一套童詩教學的模式，提供給童詩創作者、童詩教學者、童詩欣賞者及童詩研究者作為參鏡。

第二節 研究目的與研究方法

　　由上節所述，本研究想經由理論建構的鋪陳，建立出一套經由平面式、立體式及流動式圖像的觀察，讓學習者知道更有依據而去創作童詩。趙天儀（1999）曾提到當今的語文教育有相當的成就，卻忽視了詩的教育，因為國語的教材，重視語言教育、將語言學習當作升學的工具，缺乏詩的、文學的教育。多數小學教師將習寫作文作為提升語文能力的唯一途徑，其實童詩教育在國小語文教學也應當是有其必要性的。而我這幾年在第一線的教學現場所觀察到的現象，也跟趙天儀所說相去不遠。此外，在本論述下，更希冀能建構出一套可以讓身處教學現場的教育工作者參考的教學模式。

　　眾所周知，「詩」在整個文學歷史中，佔有著極重要的地位，不論是詩的精鍊語言或是鮮明生動的意象，都影響文學數千年之久。詩是以精簡語句表達深刻意涵的絕佳憑藉，能將人生經驗與厚實情感透過轉折表現出來，正是詩的可貴之處。（林景蘇，2006）「詩教」的價值與其他的兒童文學相仿，都能「培養兒童優良的品德，陶冶兒童純真的情感，增進兒童豐富的知識，加強兒童想像創造的能力，啟發兒童純正的思想，擴大兒童學習濃厚的興趣，發展兒童健全的人格」。（杜榮琛，1996：15）而此文體應用於國小教育，便轉換為以「童詩」教育呈現，簡潔文字更容易為國小學童所接受。

　　周慶華在《語文研究法》一書中，對於「理論建構撰寫體例」曾談到：

　　理論建構，講究創新。大致上從概念的設定開始，經由命題
的建立到命題的演繹及其相關條件的配置等程序而完成一
套具體系且有創意的論說。

（周慶華，2004a：329）

　　因此，既然談到理論建構，本研究便需將「概念設定」、「命題
建立」及「命題演繹」所涉及到的相關問題，逐一析理清楚，才有
助於相關問題探討的範圍及面向的圈劃。本研究將針對童詩、圖像
及教學三大區塊進行整合統攝，據此便必須設定童詩理論及教學
（概念一）和圖像教學（概念二）為本研究的基礎概念。

　　概念一與概念二經設定清楚後，依理論建構的方法便要建立相
關的命題以待研究。從傳播學的角度來說，圖像是一種非語文傳播
的閱讀文本，將外在世界的時空抽象化而成。（韓叢耀，2005：50）
透過圖像的賞析及解構，教學者可引導學習者透過觀察力及想像力
將圖像中的符號、訊息等重新創作成文字文本，提升童詩教學的成
效，所以童詩的圖像教學將是必然的發展方向（命題一）。本研究
需結合童詩及圖像教學為基本概念，而圖像可從平面式、立體式、
流動式等三個面向來探討，結合童詩教學便形成平面式童詩圖像教
學、立體式童詩圖像教學及流動式童詩圖像教學等三種童詩教學類
型，統攝說明才能夠面面俱到，達成理論建構的目的（命題二）。
目前國內各界對於童詩教學較少涉及文化相關論述的探討，也限制
了童詩各個文化面向的發展，殊為可惜；有鑑於此，本研究將針對
不同文化間的差異及價值觀進行論述，期待補足現今童詩教學面向
的缺漏。經由析理不同「文化系統」間的差異，將能使學習者了解

到不同文化間的背景所產出的文學創作，有助於學習者開展更寬廣的語文知識面向。

　　林立樹《現代思潮——西方文化研究之通路》一書中，談到有關「文化」的相關論述：

> 文化是現實與理想的通路，是人與自然、社會溝通的媒介。透過文化，人超越了生物的存在，進入人的存在……據了解，目前對文化的定義有一百六十種左右，研究方向有二：各地區、民族、時代的特點以及各階級的屬性。研究的主要內容為文化的累積與變遷，繼承與創新，傳統文化與現代文化，文化的多樣性與統一性。
>
> （林立樹，2007：2-3）

　　受當代全球化的影響，學習者接觸到不同文化的管道相當暢通；而在資訊傳播無遠弗屆的影響下，現代的學習者也必須對「多元文化」多作觀察，才有助於「世情」各面向的理解。因此，在本研究中針對不同的「文化系統」作出相關的論述及釐清，乃是必要的課題。

　　周慶華在《語用符號學》中，對於世間不同的文化系統，整理出如下的論述：

> 大體上，世界存在的創造觀型文化（西方）、氣化觀型文化（東方）和緣起觀型文化（印度）等三大文化系統，都可以依文化本身的創發表現所能夠細分為「終極信仰」、「觀念系

統」、「規範系統」、「表現系統」和「行動系統」五個次系統，
而表列各自的特徵如下圖：

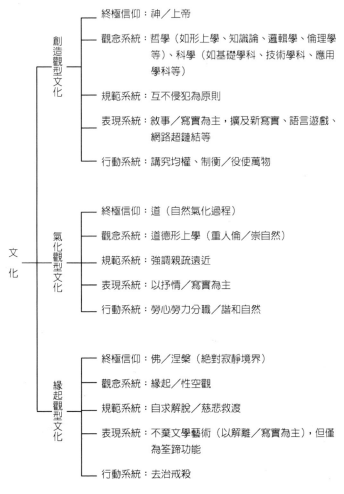

圖 1-2-1　三大文化及其次系統圖

資料來源：周慶華，2006：47

　　這所收攝的是三大文化系統從終極信仰發端到觀念系統、規
範系統、表現系統和行動系統等等的完成所以簡別的材質；
而它特具份量的觀念系統、規範系統和表現系統等三大區
塊，則可以代以認知結構、道德規範和美感範圍等名稱。而
這所有的「既有」型態、「世俗」判定和「舊塑」方式等，
都在西方創造觀型文化獨霸全球以來被「西化」而不再顯得
多樣及繁複……整個文本化世界最終還是會淪為一體化思
想充斥的下場。

（周慶華，2006：46-48）

　　由上述觀點可知，本研究在平面式童詩圖像教學、立體式童詩
圖像教學及流動式童詩圖像教學等三種童詩教學類型下，各自依圖
像類型分為幾何圖形、繪畫、照片、自然物、人造物、生物、影片、
戲劇、舞蹈等九類型來進行論述。此外，考慮不同文化的要素，必
須在各類型的童詩中再依創造觀型文化、氣化觀型文化、緣起觀型
文化等角度來探討，才能夠顧及各種文化系統。歸結來說，論及各
童詩圖像教學，便產生下列問題形式：平面式童詩圖像教學可從幾
何圖形、繪畫、照片及創造觀型文化、氣化觀型文化、緣起觀型文
化等三大文化系統來探討（命題三）；立體式童詩圖像教學可從自
然物、人造物、生物及創造觀型文化、氣化觀型文化、緣起觀型文
化等三大文化系統來探討（命題四）；流動式童詩圖像教學可從影
片、戲劇、舞蹈及創造觀型文化、氣化觀型文化、緣起觀型文化等
三大文化系統來探討（命題五）。希望在這「跨文化系統」背景的
論述之下，本研究能夠擴展童詩教學的面向，提供制式與非制式童
詩教學的參鏡，並且可作為童詩教學理論建構的新向度，再而引導

跨域童詩教學經驗交流的風尚（演繹一）。最後，希冀本研究所建構出的理論，能夠提供給欣賞者（成人、教師、學生）、教學者（教師、成人）、研究者（教師、成人）、創作者（成人、教師、學生）作為參鏡（演繹二），以期加深童詩教學的深度。

　　基於上述論點，整理出本研究「概念設定」、「命題建立」及「命題演繹」的發展架構如下：

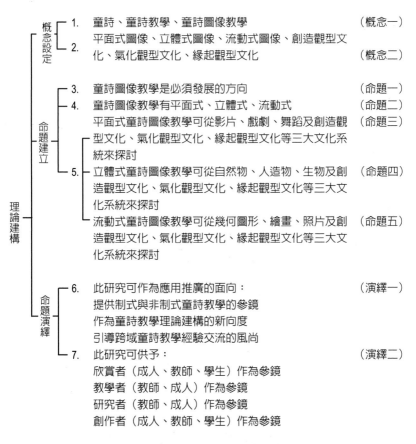

概念設定
1. 童詩、童詩教學、童詩圖像教學　　　　　　　　　　（概念一）
2. 平面式圖像、立體式圖像、流動式圖像、創造觀型文化、氣化觀型文化、緣起觀型文化　　　　　　　　　（概念二）

命題建立
3. 童詩圖像教學是必須發展的方向　　　　　　　　　（命題一）
4. 童詩圖像教學有平面式、立體式、流動式　　　　　（命題二）
5. 平面式童詩圖像教學可從影片、戲劇、舞蹈及創造觀型文化、氣化觀型文化、緣起觀型文化等三大文化系統來探討　　　　　　　　　　　　　　　　　（命題三）
立體式童詩圖像教學可從自然物、人造物、生物及創造觀型文化、氣化觀型文化、緣起觀型文化等三大文化系統來探討　　　　　　　　　　　　　　　　（命題四）
流動式童詩圖像教學可從幾何圖形、繪畫、照片及創造觀型文化、氣化觀型文化、緣起觀型文化等三大文化系統來探討　　　　　　　　　　　　　　　　（命題五）

命題演繹
6. 此研究可作為應用推廣的面向：　　　　　　　　　（演繹一）
提供制式與非制式童詩教學的參鏡
作為童詩教學理論建構的新向度
引導跨域童詩教學經驗交流的風尚
7. 此研究可供予：　　　　　　　　　　　　　　　　（演繹二）
欣賞者（成人、教師、學生）作為參鏡
教學者（教師、成人）作為參鏡
研究者（教師、成人）作為參鏡
創作者（成人、教師、學生）作為參鏡

理論建構

圖 1-2-2　童詩圖像教學理論建構示意圖

　　經由以上論述的整理而釐清相關的研究目的後，接著便要談到有關本研究的研究方法，以利讀者對於本研究的相關論述有更深入且明確的了解。本研究是透過童詩圖像教學的理論構設，提供一套新觀念，因此依據研究內容，將搭配「現象主義方法」、「符號學方法」、「美學方法」、「文化學方法」及「社會學方法」等來完成論述，並輔以相關經驗的整理印證。茲將各研究方法簡述如下：

　　「現象主義方法」，是指探討本身所能經驗的語文現象的方法。（周慶華，2004a：94-95）而本研究所利用的是屬於現象主義方法中的「現象觀」部分。趙雅博（1990：311）談到現象主義的現象觀，指的是「凡是一切出現者，一切顯示於意識者，無論它的方式如何。」這種出現在意識中，或意識所及的對象都稱為「現象」。在本研究中，我將使用「現象主義方法」下的「現象觀」，利用自我五官、心靈去感受現實社會中事物的經驗（也就是各種「現象」），將他人的著作文獻，就眼見的部分加以檢討。換句話說，當我面對一個著作文獻（或文本）時，必須透過眼睛將視覺要素傳到大腦裡，形成意識後再藉由個人經驗所及加以分析。因此，在本研究第二章及第三章中，我將利用此研究方法，對於現有關於童詩理論與界定、童詩教學及童詩圖像教學等文本及相關論述，就個人本身的經驗進行探究，了解童詩理論與界定、童詩教學及童詩圖像教學目前的實施現況及研究成果，以供本研究使用。

　　在本研究第四章至第六章中，談到平面式、立體式及流動式童詩圖像教學，必須透過研究各種圖像中所蘊含的符號，經由教學者的詮釋後，讓讀者創作出符號與文字互相交流後的成品，因此在這些章節中，必須利用到「符號學方法」來進行研究。所謂「符號學方法」，是指研究符號的性質及其被使用的情況，或者就符號的表

義過程及資訊交流等層面加以研究的方法，它的基本觀念是：所有的傳播、溝通等活動，都是以符號為媒介；而所要研究的就是該符號的本質及其發展變化規律，還有該符號的意義以及該符號和人類多重活動之間的關係等等。（周慶華，2004a：61-66）符號學方法作為一種語言（文）分析方法，就是從研究對象所涉及的符號和符號過程的角度進行抽象的語法學、語義學和語用學分析。（王海山主編，1998）

　　本研究將針對童詩及圖像來進行討論，因此在第四章至第六章平面式、立體式及流動式童詩圖像教學中，必定會談論到有關童詩賞析及圖像觀察的相關問題，這些都牽涉到審美的感知，不免需要藉助「美學方法」進行論述。所謂美學方法，是評估語文現象或以語文形式存在的事物所具有的美感成分（價值）的方法。這種方法的形成，大體上是源於相對認知取向和規範取向兩種方法論類型來說的審美取向這一種方法論類型所有的欲求。（周慶華，2004a）基於論說的方便，本研究關於美學的探討對象由前現代（模象美）、現代（造象美）、到後現代（語言遊戲美）為止，如前現代的優美、崇高、悲壯；現代的滑稽、怪誕；後現代的諧擬、拼貼等被統稱為「美的範疇」的七大美感類型。（周慶華，2004a：137-138）例如由梅爾吉勃遜（M. Gibson）主演的電影《英雄本色》中，男主角蘇格蘭英雄威廉華勒斯（W. Wallace）為了追求蘇格蘭的自由民主，而不顧性命抵抗英格蘭軍隊的行為，在影片中被英軍開膛剖肚之際，仍奮力喊出「自由」一詞。這樣的故事情節雖然血腥，但仍帶給觀賞者傷痛惻怛的感受，而將此類型影片歸類成悲壯的前現代史詩影片。而在此所談到的悲壯一詞，指的是形式的結構包含有正面或英雄性格的人物遭到不應有卻又無法擺脫的失敗、死亡或痛苦，可以激起人的憐憫和恐懼等情緒。但是隨著個人「審美情結」的不

同，所謂的審美感知也就沒有一定的標準，所以在運用時就得小心「自我管控」了。（周慶華，2004a：138-143）

　　在本研究第四章至第六章對於平面式、立體式及流動式童詩圖像教學中，需論及創造觀型文化、氣化觀型文化和緣起觀型文化等三大文化系統觀點下，不同圖像的分析問題，牽涉到多元文化的領域，因此必須利用「文化學方法」進行相關論述，才能使讀者進一步從文化的角度進行觀察。所謂「文化學方法」，是評估語文現象或以語文形式存在的事物所具有的文化特徵（價值）的方法。（周慶華，2004a：120）現今世界大體可分為創造觀型文化（西方）、氣化觀型文化（中國）和緣起觀型文化（印度）等三大文化系統，透過跨文化系統間的比較分析，對於圖像的詮釋將會從表面的語言文字深入至根底的文化析理，更有助於教學者或讀者的理解。例如流動式童詩圖像教學中，除了影片、戲劇、舞蹈等類型的論述之外，當中影片還可依三大文化系統舉出電影《哈利波特》（創造觀型文化）、《魔法阿媽》（氣化觀型文化）及《一休和尚》（緣起觀型文化）等三部影片來比較，透過「文化學方法」將更有效的了解到上述三部影片的表現手法均深受各自的文化系統影響。舉個例子來說，在電影《哈利波特》（創造觀型文化）中，便可以看見許多西方基督教或天主教的教堂，教堂的尖塔、鐘樓總是高聳入雲，在西方創造觀型文化中，其終極信仰為上帝崇拜，因此西方上帝的子民透過直入雲霄的尖塔，試圖更接近上帝而達成其信仰目標；這樣的信仰觀念在氣化觀型文化及緣起觀型文化中則未見。透過文化學的方法來解讀諸如此類的異文化領域，將更擴展本研究的觀察面向。

　　最後，在本研究的第七章，希望經由童詩圖像教學理論的建構，透過圖像的引導，提升童詩教學的應用推廣層面，因此必須利

用「社會學方法」進行論述，以期能發揮更廣的功效，供予更多領域的讀者參考。依據周慶華（2004a）所說，社會學方法是特指研究語文現象或以語文形式存在的事物所內蘊的社會背景的方法，可分成兩個層面：一個是解析語文現象或以語文形式存在的事物是如何的被社會現實所促成；一個是解析語文現象或以語文形式存在的事物又是如何的反映了社會現實。換句話說，本研究在第七章中欲以「社會學方法」探討童詩圖像教學的成果，將如何提供制式與非制式童詩教學的參鏡及引導跨域童詩教學經驗交流的風尚。

在本研究中依循上述研究方法進行研究，但如同周慶華（2004a）所說的，各種研究方法都有其侷限處，也會出現局部重疊，無法完全顧及研究對象的各種層面，因此只能儘量以各種方法混合搭配的方式，使本研究得以更趨完善。

第三節　研究範圍及其限制

根據上節所提及的研究方法，可以概括出本研究所能討論的範圍為：童詩閱讀與創作教學相關文獻的探討及嘗試童詩的圖像教學（第三章）、平面式童詩圖像教學的理念及具體作法（第四章）、立體式童詩圖像教學的理念及具體作法（第五章）、流動式童詩圖像教學的理念及具體作法（第六章），最後談到童詩圖像教學的應用推廣（第七章）。其中第四章至第六章的童詩教學，必須經由不同的文化觀點（創造觀型文化、氣化觀型文化及緣起觀型文化）來進行論述，藉以比較出世界現存不同文化系統間「系統別異」的問題。

　　研究文本的範圍則取材自兒童或成人為兒童所寫的「童詩」作品。一般而言，學者普遍將整個兒童少年期劃分為幼兒期（4～6歲）、兒童期（7～12歲）及少年期（13～15歲）等三個時期。（蔣風，1998；吳鼎，1991）而「童詩」乃屬於兒童文學的一環。本研究的童詩所屬對象是就讀國小高年級的學童，年齡大約是10至12歲左右，屬於兒童期的兒童。

　　至於「童詩」，也有人稱之為「兒童詩」，本研究僅以「童詩」稱呼。而為童詩定義者極多，在本研究第二章第一節及第三章第一節將針對童詩的理論及界定，作更詳細的論述。至於童詩以外的文體如新詩、少年詩等非關童詩的文本，則不在本研究的論述範圍之內。

　　為了體現不同文化系統間的童詩創作，本研究在第四章至第六章中，配合不同形式的圖像，將依創造觀型文化、氣化觀型文化及緣起觀型文化等三大文化系統，選擇各自屬於相關文化系統的童詩文本進行論述。目前童詩教學理論或創作，多只針對單一文化觀點來進行，不免讓學生缺少接受不同文化系統刺激的機會，因此在本研究範圍中，將涉及創造觀型文化、氣化觀型文化及緣起觀型文化等三大文化系統下的童詩創作，讓讀者有更多思考的方向來進行學習。周慶華在《語文研究方法》中對於跨系統學派有以下的論述：

　　　　不論是文體類型還是抽象類型或是學科類型，它在「跨系統」
　　　　後都會再發生變化；而這種變化最明顯的變項，就是「學
　　　　派」。換句話說，學派的變項一旦介入知識系統的運作，它
　　　　的走向就會出現「不同的脈絡」（也就是有不同派別的文體
　　　　類型／抽象類型／學科類型等）。而不同的脈絡，在我們的

求知上自然也沒有什麼理由可以放過它（而不知「有此一
事」）。（周慶華，2007a：163）

　　寫作在整體上可以比擬為工廠的系統化生產；這種系統化生
產，由原料╱題材的輸入，經過製造╱寫作的轉換，而有產品╱作
品的輸出。這所輸出的產品╱作品，還可以有改造╱蛻化的二度轉
換，而造成新產品╱綜合藝術品的二度輸出的事實。（周慶華，
2004b：4）在產品╱作品的輸出過程中，人類的寫作已經發展出前
現代、現代、後現代乃至網路時代等不同的形態。因此，我們可以
從跨文化系統的童詩創作中，討論有關前現代╱現代╱後現代乃至
網路時代的童詩寫作等類型，以下先對前現代╱現代╱後現代乃至
網路時代等寫作類型稍作介紹。

　　前現代，是指現代出現以前的時代，出現的時間大約以西方十
八世紀工業革命為分界線（甚至再早一點到十四世紀至十六世紀的
文藝復興時期）。至於東方，則遲至十九世紀末開始接受「西化」
以前，都屬於前現代。前現代所可以考及設定的特色在於世界觀的
建構及其運用，而前現代的產生並可以為人類的文化「奠定」良好
的基礎。（周慶華，2007a：163）

　　相對於前現代所見的世界觀的建構及其運用，現代則傾向於將
原有的世界觀予以演變發展（包括「原」基督教「神學綜合」世界
觀歧出「機械」世界觀在內）；前後的差距，不再是單線的承繼，
而是多元的裂變。同時這也是西方社會所發起和帶動的：非西方社
會只有「或迎或拒」的游走於兩難困境中。（周慶華，2001：81）
至於為何會有「現代」的出現？起源於西方世界對於其長期遵循的
創造觀文化內，所信仰的造物主「絕對支配力」的動搖，而讓西方

人獲得思慮自由想像和意志無限伸展的機會，從此多方交流激盪而塑造得出的。現代展現在十四世紀到十六世紀文藝復興時期中，對於古希臘時代「人文主義」的假想，以及十七世紀啟蒙運動所強調的「人文理性」和十八世紀工業革命以來對於「工具理性」的崇拜。其中也包含十八世紀以來，由美國獨立運動和法國大革命所掀起的「政治民主」和「經濟自由」等世俗化的浪潮。此外，十六世紀從歐洲發跡的新教宗教改革，也一併影響現代的形成。從前現代到現代，人類已經走過很漫長的道路，而文化也幾經「推移變遷」或「改造修飾」了；人類對於前現代到現代，也逐漸演繹出一番不同於以往所形塑的認知觀點而產生了後設認知，這樣的後設省思於是便有了後現代的出現。（周慶華，2007a：168-170）

　　所謂的後現代，就是對於這個「等待尋繹」空檔所產生的發覺，結果卻產生了更為可觀的成效，無異為人類文化開啟了另一片新天地。而同樣的，後現代也是由西方社會所發起和帶動而後為非西方社會（諸如被西方化的東方社會）所仿效，情況比現代更風行且更具普遍性。（周慶華，2001：88）

　　後現代所涉及的是對西方現代及前現代所有成就的全面性的省察和批判。當中的「理路」，約略是這樣的：首先是後現代一詞的「自我定位」。羅青對於後現代有著如下的看法：「後現代」只是個通稱，其實它就社會來說，就是「後工業時代」；在知識傳承的方式上，就是「電腦資訊」；在一般生活的形態上，就是「商業消費」；反映在文學藝術的寫作上，就是「後現代主義」。（羅青，1992：245、254）姑且不論上述的「區分」是否很貼切，至少有一點是「不容否認」的，那就是「後現代」是從第二次世界大戰後，新科技電腦的發明，帶領人類進入一個資訊快速流通的社會（也就是「後工

業時代」或「資訊社會」或「微電子時代」）而逐漸形成的。(周慶華，1997a：178) 近年來，整個人類社會挾著後現代的餘威，更向一個後資訊時代邁進。此後資訊時代以網際網路為核心，試圖創造一個跨階級、跨性別、跨種族，跨國家的「數位化」世界；同時也把人類推向了一個新的「知識經濟」世紀。人類從現代走到後現代、甚至網路時代，不論是否走得穩當，都無法輕易的抹去這幾個階段所形成的學派特色。(周慶華，2007a：171-174)

　　延伸到在文學的表現上，我們會以「寫實」（模象）來描述前現代所見文學整體的情況；而以「新寫實」（造象）和「語言遊戲」以及「超鏈結」等，分別來描述現代和後現代以及網路時代等所見文學的整體情況。而這些「寫實」（模象）、「新寫實」（造象）、「語言遊戲」和「超鏈結」等等，也就因為它們的統攝和衍繹力強而自成學派的徵象。(周慶華，2007a：174) 這些寫作派別及類型跟文化系統互相結合後，便產生出如下圖所示的情況：

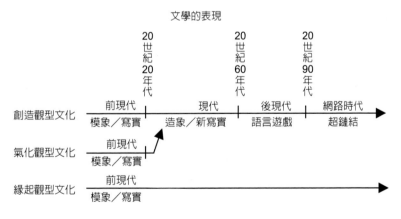

圖 1-3-1　三大文化系統文學的表現圖

資料來源：周慶華，2007a：175

　　上圖中所見的世界現存三大文化系統中，各有其「模象」（寫實）的表現風格，不過名稱雖然相同但卻有各自不同的意涵，也鮮少產生交集。在創造觀型文化中的寫實主要是在描寫人與神衝突形象的「敘事寫實」；在氣化觀型文中的寫實主要描寫「內感外應」形象的「抒情寫實」；至於緣起觀型文化中的寫實，則是在描寫種種「逆緣起」形象的「解離寫實」。（周慶華，2004c：143-144）在二十世紀初期，西方社會出現了「造象」這種現代派的新寫實寫作觀念，而後也擴及到非西方社會。這樣的寫作觀念出現的原因乃在於西方社會中，上帝為無限可能的唯一信仰，當西方人一旦發現自己有能力可以跟上帝併比時，便不自覺的想要「媲美」上帝而有各種新的發明與創造（如近代西方的科學技術及學術理論等）。另外，在二十世紀中期後也出現了所謂的「語言遊戲」這種屬於後現代派的寫作觀念。同樣的，此種寫作觀念也是起源於西方社會而擴及非西方社會。其興起原因是西方社會中上帝乃為無限可能的唯一信仰遭到西方人自我質疑而引發的一種分裂效應，及透過支解語言來達到自我解放的目的。（周慶華，2004b：6-7）

　　當中西方社會（創造觀型文化）內的寫作表現，經由資訊社會的出現而發展出網路時代的網路超文本化的寫作。而氣化觀型文化內的寫作表現因著二十世紀初以來深受西方社會影響轉向西方取經而逐漸失去固有的寫作形式；至於緣起觀型文化內的寫作表現，在其僅為筌蹄功能、以解離／寫實為主的文學藝術規範中，略顯「板滯」而仍維持一貫的基調，因此其寫作風格的演變便不像其他文化系統般多元。（周慶華，2004b：7）

　　在不受制於上述任何特定流派的前提下，還產生了一種「基進」性的寫作趨向。所謂基進（radical），又稱為激進，是一種空間和

時間中的特殊相對關係。它在被運用時，有衝破一切藩籬的效力和
不拘格套的自主性。呈現在空間關係上，基進反對一切傳統霸權式
的空間佔領策略；而呈現在時間關係上時，它也反對一切傳統霸權
式的時間佔領策略。（周慶華，2004b：28-29）基進性的寫作有別
於一般所說的「極端」或「偏激」，「極端」或「偏激」往往是權威
保守者加諸於基進創作者的標籤，倘若從「審美」或「藝術」的角
度來欣賞它，那麼基進性的寫作不啻成為在前現代、現代及後現代
等流派外，一種勇於「開新」的寫作途徑。

　　至於圖像的研究範圍，則分別依平面式（二度空間）、立體式
（三度空間）及流動式（四度空間）進行探討；而在各種圖像中，
還可再分成幾何圖形、繪畫、照片、自然物、人造物、生物、影片、
戲劇、舞蹈等九類型，再透過創造觀型文化、氣化觀型文化及緣起
觀型文化作深度的文化分析。如此本研究將能顧及各層面，使相關
的理論建構更趨近完善。依此本研究透過圖像進行童詩教學，所要
研究的圖像範圍就可以圖示如下：

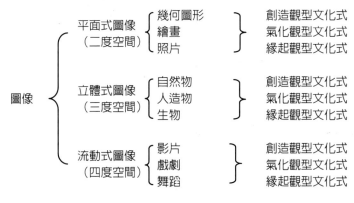

圖 1-3-2　圖像類型圖

　　至於本研究的限制，由於坊間的童詩及附有童詩作品的理論書籍數量龐大，本研究無法一一列舉探討，僅能在時間、心力的考量下，達成最大範圍的蒐集工作，對於未能選錄作為範本的童詩佳作，只能抱以遺珠之憾。此外，對於創造觀型文化及緣起觀型文化系統所選出的童詩，部分作者以外文寫作，本研究僅能從其中文翻譯文本進行探討，童詩或圖像文字文本在翻譯過程中意象或許會有所差別，但此問題不在本研究論述範圍之內，所以在本研究中不涉及童詩及圖像文字文本翻譯的問題。

第二章　文獻探討

第一節　童詩理論

　　本節所要探討的童詩理論包含「童詩的定義與分類」、「童詩的特質」及「童詩的教育意義」三個部分。而在釐清童詩的相關定義後，對於本章第二節「童詩的教學」部分，才得以進行相關理論的探討。

　　談到童詩，首先要知道童詩乃屬於「兒童文學」的一部分。在西方，早期兒童文學常被類歸為次等文學、邊緣文學或模糊文學，甚至有人還認為專門為兒童所寫的作品，不應該稱為文學。這種說法，直到十九世紀才逐漸被打破，兒童文學開始被承認為正當的文學創作。（林文寶，1996）本研究所指的「童詩」，就是「兒童詩」。從其字面意義來看，童詩就是由「兒童」及「詩」所組合而成。「兒童」是指童詩的欣賞對象，「詩」則是指童詩的文體特質。不管是兒童自己創作或成人為兒童寫的，都必須符合兒童興趣、需要和能力，適合他們閱讀、吟誦，能夠讓兒童所理解、欣賞和喜愛，進而引導兒童體驗詩中的意境，抒發真摯的感情，啟發兒童的想像和智慧，拓展他們的生活經驗與視野，培養生活的美感，增進生活的樂趣。

　　童詩必須具有詩的特質，是作者剎那間靈光一閃的感觸。這樣談到童詩，當然要先了解什麼是「詩」？美國詩人法敻（Farjeon），幫詩下過一個很有趣的定義。林良把他翻譯出來，內容是：

什麼是詩？誰知道。

它像玫瑰香，可並不是那玫瑰；

像亮光可並不是那天空；

像翅膀閃光，可並不是那翅膀；

像海濤聲，可並不是那海浪；

像我的神氣，可並不是我的身體。

它使你看到，聽到，感覺到一些東西，

都是普通文章辦不到的。它究竟是什麼東西？誰知道。

（陳木城、凌俊嫻，1992）

　　詩究竟是什麼東西？法復將詩跟其他普通文章作了區別，特別重視詩的內在感發。詩人蕭蕭（1989：6-7）提到，「外物」刺激我們的心，「心」便起了「感應」，感應顯現在外，看得見，感覺得到，就像痛的時候會慘叫一聲，舒適時吐出一口大氣，在臉上、行為上、言語上，呈露了我們內心的感情，再把這種感應所發出的聲音表現在語言上，藉著外物來傳達，這就是詩了。因此，詩是人類因外物而激生的感情，又藉著外物來傳達的一種心聲。而張春榮（1987：86）則認為，詩是自然中萬事萬物的形象，透過詩人本身的意識，而表現出來的「符號的藝術」，詩是詩人內心世界一切無聲、無色、無形心理的外現。詩篇中跳躍的色彩、意象，以及聲音，無不閃爍著詩人的影子。

　　一般論及兒童文學時，根據吳鼎《兒童文學研究》一書，將兒童文學分成四大類：散文形式的兒童文學、韻文形式的兒童文學、戲劇形式的兒童文學、圖畫形式的兒童文學四類。（吳鼎，1991：79）其中韻文形式的兒童文學中，又可分成兒歌、童詩、童謠和謎

語等類別。陳正治（1997：44）也談到兒童文學的文體可分為三大類：故事類、詩歌類及戲劇類。其中詩歌類中的兒童詩，便是兒童文學中最精緻、最優美的文學作品。他認為：兒童詩可以陶冶兒童性情、美化兒童心靈、增進兒童智慧、提升兒童語文程度。杜榮琛（1996：15）也談到，兒童詩是屬於兒童文學中重要的一環，兒童文學能培養兒童優良的品德，陶冶兒童純真的情感，增進兒童豐富的知識，加強兒童想像創造的能力，啟發兒童純正的思想，擴大兒童學習濃厚的興趣，發展兒童健全的人格。徐守濤（2007：100）認為童詩是屬於兒童的，是新詩的支流，具有新詩的特質，講求美感、意境與修辭，和新詩同是文學中最精緻、最優美、最感人的作品。由上述可知，童詩對於兒童而言，有其學習的必要性。

　　從 1945 年至今數十年間，童詩在臺灣兒童文學的發展史上，佔了重要的地位，誠如徐錦成在《臺灣兒童詩理論與批評發展之研究》中所說的，半世紀以來的臺灣兒童詩，不論質與量都相當傲人。（徐錦成，2001）從事童詩論述及創作的學者及作家多如繁星，要為童詩下定義仍然是一種困難的工作。各家童詩學者對於童詩的定義仍是看法不一，其中有從童詩的內容、形式、創作者或讀者（對象）來界定；也有從創作意圖、讀者反應或文學的特質來界定。由於學者說法眾多，現依作者姓氏筆畫順序排列，將各家兒童詩的定義選列如下：（整理自徐守濤，1990；雷僑雲，1990；陳正治，1995；杜榮琛，1996；林淑娟，1996；杜淑貞，1996；周慶華，2004b）

表 2-1-1　童詩的定義

作　者	童詩的定義
吳　鼎	兒童詩歌，是一種有思想、有情感，用和諧文字把它表達出來，與兒童生活有密切關係，兒童喜歡它，吟誦它，因而增進兒童美感，發展兒童想像力，這便是兒童詩歌。
杜榮琛	借用美國詩人佛洛斯特的說法：「讀起來很愉快，讀過以後覺得自己便聰明了，那就是詩。」他認為這也就是兒童詩。
李慕如	兒童詩是最美而最有吸引力的文學形式，乃音樂、語言、文學的綜合表現。也是自然景象、人為情感的融合表現，可以激發志氣，啟迪情感。
林　良	凡是適合兒童欣賞的成人詩、成人特地寫給兒童欣賞的詩、兒童寫的詩，都是「兒童詩」。
林武憲	兒童詩是以分行、想像的、有韻律的口語，來表現兒童見解感受和生活情趣的一種兒童文學形式。
林清泉	兒童詩顧名思義是為兒童而寫的詩，他不管是成人替兒童所寫，或兒童本身的創作，基本條件是要適合兒童閱讀能力，引起兒童閱讀的興趣，否則不能算好詩。
林煥彰	兒童詩，是詩的一種，是兒童文學重要的一環。兒童詩，兒童能欣賞的詩，也是兒童能夠欣賞的詩。
林淑娟	不管兒童寫的也好，大人寫的也好，凡是兒童可以了解的詩，我們都可以稱之為兒童詩。
周慶華	指兒童所能理解的（抒情）詩。
洪中周	作者受到某種感動，運用語料與文字來發抒個人的情感，並且具有真善美的藝術價值的一種文學作品。
郁化清	兒童詩必須是詩，具有詩的本質，不是散文的分行。兒童詩應以兒童為對象，成人可以寫，但必須是兒童的語言，是兒童看得懂的詩。
徐守濤	兒童詩必須是詩，不但具有文學的美，而且包含和諧的音韻美，和圖畫般的意境美。不僅是精練的語言，也是兒童的心聲。是讀起來能使人回味和感動的文學作品。
莫　渝	兒童詩，首先應該是詩，理當具有意象的精巧捕捉與經營，在詩的基礎上，堆疊不同年齡的兒童心理、情緒、聯想能力、語彙等，由此凝聚成順暢的詩句架構，不容故意斷句、刻意分行、實驗性質與標新立異，從而散發出純真的童趣。

陳正治	所謂童詩是指專門給兒童欣賞的新體詩，是根據兒童興趣、需要和能力，應用淺顯的藝術的語言，以及自然又精美的形式，抒發情感的文學作品。
張清榮	童詩是以精錬、音樂性的文字、詩的技巧以及形式，表現兒童感情世界的人事物，重視意象的浮現，造成音韻、圖畫美感的具明快趣味，兒童樂於閱讀，且能促進正面成長的作品。
許義宗	專為兒童寫作；用最精錬而富有節奏的語言，以分行的形式，將兒童世界的一切事物的主觀意念，予以形象化和創造意境，而能適合兒童欣賞的詩。
傅林統	兒童詩包括大人寫給兒童看的，以及兒童自己創作的。兒童詩不可分為情意的詩。是率真的，充分表現童心的詩，它隨著兒童的年齡，也就是精神的成長而有不同。
詹　冰	「兒童詩」也就是兒童能欣賞的詩。
趙天儀	兒童詩，首先必須是詩，也就是要取得詩人的入境證，同時必須具有童心、愛心與詩心的綜合表現。
劉崇善	兒童詩是指切合兒童的心理，抒兒童之情，寄兒童之趣，適合不同年齡的少年兒童閱讀和欣賞的詩歌。
蔡尚志	「兒童詩」是用精錬而富有節奏感的文字，以詩的形式，發抒兒童誠懇真摯的情意，或描述多朵多姿的兒童世界，展現具體明晰的啟示，藉以引領兒童體驗美妙情趣的意境，品味親切溫馨的情感，能啟發兒童的想像和智慧，開拓他們的生活經驗，充實他們生活意志的作品。
蕭　蕭	寫給兒童看的詩，適合兒童看的詩，就是兒童詩，不論作者是成人或是兒童。

　　從多位學者的定義中，我們可以勉強歸納出童詩是「成人或兒童寫給適合兒童閱讀欣賞的詩」。童詩蘊含著詩的文學特質，在語文的教學上我們不可忽視童詩教學的重要性；從小培養兒童創作、閱讀和欣賞童詩的能力，以便提高兒童的語文涵養。

　　在了解童詩的定義後，接著談到童詩的分類。童詩的分類就如同詩歌體裁的分類一般，並沒有絕對的分類法，因此童詩也可以從不同的角度、按照不同的標準來劃分。再加上我們對童詩名稱的定義有著不同的說法，以致分類時也就很難找出一致性的看法，純粹依個人在研究時所針對的項目來進行分類。國內學者對於童詩的劃分眾聲喧譁，說法各異，今依作者姓氏筆畫順序整理如下：（整理自趙天儀，1992；杜榮琛，1996；杜淑貞，1996；林淑娟，1996；周慶華，2004b）

表 2-1-2　童詩的分類

作　者	童詩的分類
吳　鼎	抒情詩、敘事詩、故事詩、寫景詩、史詩、詩劇。
宋筱蕙	敘事詩、描繪詩、抒情詩、故事詩、圖像詩。
杜榮琛	兒歌、童話詩、故事詩、寓言詩、數目詩、文字詩。
杜淑貞	生活詩、詠物詩、描人詩、抒情詩、圖像詩、童話詩、寓言詩、都市詩。
李慕如	抒情詩、敘事詩、故事詩、寫景詩、史詩、彈詞。
林文寶	兒童寫的詩歌、成人為兒童寫的詩歌、適合兒童欣賞的詩歌。
林守為	抒情詩歌、敘事詩歌、寫景詩歌。
林政華	家庭類、人物類、身體類、學校類、天候類、山水類、動物類、植物類、食物類、器物類、時間類、精神類、生活類。
周慶華	前現代式童詩、現代式童詩、後現代式童詩、基進（激進）童詩。
洪中周	狀物詩、敘事詩、抒情詩。
陳正治	抒情詩〔生活抒情詩、諷刺詩、景物詩（詠物詩、寫景詩）〕；敘事詩（生活敘事詩、童話詩、寓言詩、故事詩）。
趙天儀	一、童謠、歌謠、兒歌；二、抒情詩；三、敘事詩、故事詩。
雷僑雲	敘事詩、描繪詩、童話詩、故事詩、寓言詩、謎語詩、圖像詩、訓兒詩、抒情詩。
葛　琳	抒情詩、描寫詩、敘事詩。

　　目前多數兒童文學作家對於童詩的分類，多屬前現代敘事寫實的作品，較少涉及現代、後現代、網路時代及基進形式的童詩，而限制了童詩發展的面向，殊為可惜。本研究中所談的童詩圖像教學，在第一章第三節中談到，各種學派延伸到文學的寫作類型上，便出現了前現代、現代、後現代及網路時代等的寫作類型，童詩也是文學的一種，因此談到童詩時，我們可從前現代式童詩、現代式童詩、後現代式童詩、基進童詩等類型進行論述，並配合創造觀型文化、氣化觀型文化及緣起觀型文化等三大文化系統，作為本研究中童詩的探討類別。

　　童詩的寫作，是以敏銳的心靈觸鬚，去觀察並感覺兒童生活周遭的任何事物；透過兒童的語言和心態，表現出具有情感、想像以及意境的內涵。由於兒童詩的本質與精神必須是「詩」，所以要用最精鍊的文句去描寫，採分行的方式去架構；使作品本身的律動、節奏（音樂性）和意象（繪畫性），儘量能同時具備。（杜榮琛，1996：77）

　　因此，本研究必須對童詩的特質、特性進行了解，如此在進行童詩教學時，才能全面掌握且符合詩的精神與意涵，達到童詩教學的目標。關於童詩的特質，我們可以先從專家學者們的見解進行探討，最後再定義出符合本研究所需的童詩特質，以下列舉專家學者對於童詩特質的相關論述：

　　張春榮（2003：2-12）認為一首好的童詩或較具創思的童詩應具有下列特質：

一、敏覺力

　　敏覺力，是天生的機靈反應，以天真之眼和赤子之心，發揮純然感性及自由聯想，直接擁抱詩作。這樣的「直覺悟力」，訴諸強烈情意，未加雕琢，發乎主觀想像，不尚抽象思維；遂能迸發可愛之思，呈現動人妙趣，成為創思國度第一張暢行無阻的通行證。充滿敏覺力的童詩，最能靈光乍顯，突發奇想，自不疑處有疑，自沒有問題的地方提出問題。

二、變通力

　　變通力，講究「隨機應變」、「觸類旁通」，永遠保持活潑曼妙的詩心，採取彈性、活化的原則，開闢出柳暗花明又一村的新景點，建造出競秀爭流的童詩新視界。童詩的變通力，包括「主題的變通」、「表現手法的變通」，旨在打破僵化的固定思維，掃除一成不變的八股寫作，開拓多元、新趣味，挑戰創思的極限。

三、流暢力

　　繽紛多姿的文心、充沛豐贍的思路，正展示創思的流暢力。這樣的流暢力，泉源滾滾，馳騁無邊的想像，釋放澎湃的創思能量，最能呈現出富麗通達的文才。流暢力的特色，在於一題多解，能多方輻射，提出一種以上的構想、答案。以童詩中的比喻觀看，小朋

友在詩中能運用兩個或三個比喻，相較於只用一個比喻，無疑表現出較佳的流暢力。

四、精進力

好的童詩，往往超越慣性思維，打破一般想像，拓展層次，向前延伸；展現更新更廣的視野，展現更鮮活更深入的想像。這樣的詩作，正是創思中「精進力」的具體表現。

五、獨創力

獨創力，貴於突破傳統束縛，呈現超強的組合。拒絕抄錄、模擬，擺脫雷同、相近，反對複製、相似；力求推陳出新，一枝獨秀，主張別具隻眼，另闢新境。能言人所罕言，能言人所難言，能言人所未言；能有中生有，更能無中生有；能多發現，能再發現，更能新發現；綻放出空前絕後的創意火花。

宋筱蕙（1994：142-156）認為童詩的特質應有以下幾項：

一、兒童的經驗

凡兒童所能領悟的、所能認識的事物、所能體會的生活經驗、情感、想像、意境等。

二、率直的真情

　　流露兒童心中最率直的喜、怒、哀、樂、愛、惡、懼等情感，表現他們對人生的期望和關懷。

三、生動的意象

　　將詩人心中的意念、體驗或情感，利用文字的描繪，像圖畫般直覺的呈現出來，使無形的感受和經驗，變作具體的景況。

四、優雅的情境

　　對純真的兒童注入優美祥和的情境，不但可以激發他們，更可以引領他們進入活潑健康的世界，建立樂觀平和的情操。

五、奇妙的想像

　　想像越奇妙的童詩，兒童越喜歡，因為這正符合他們天真爛漫、好發奇想的個性。

六、淺明的啓示

　　主題要考慮到兒童的經驗和能力，避免抽象、籠統，如此才能使讀者領悟到有意義的啟示。

　　張清榮（1991：158-160）認為一首成功的童詩要具備九項特質：

一、抒情的

　　童詩中或有敘事、描繪、抒情等類別，但「抒情的」則為共通的要求。敘事、描繪的童詩如果抽離「抒情」的要素，則只是「散文的分行」而不是詩。

二、生活的

　　童詩的創作，應由生活取材，由日常生活瑣事有感而發，加入個人真情，才能動人心絃。

三、趣味的

　　生活化的素材，加以動態的描述，並且發揮豐富的想像力，常會造成趣味化的效果。

四、音樂的

　　童詩中，或有押韻，或有精心設計的節奏、摹聲、旋律，可供唱嘆，極富音樂性。

五、直覺的

「直覺」就是感官與事物碰觸時，電光石火之際所產生的靈感，最純真也最感性，以之入詩，自然天成，直中心坎。

六、形體的

真情流露就是詩，但詩人應將抽象的真情凝聚，找出具體事例及精當語句予以定位，使讀者與作者同感。

七、精鍊的

由兒童生活中淬取語言，以最經濟文字，表達豐富的情感，使兒童覺得平淺易懂，卻又意在言外。

八、美感的

詩歌語言應由作者把握本意，以含蓄方式表現，不可一語道破，要造成距離的美感，提供舒適、暢快、明朗、美好的感覺。

九、造境的

所謂「境界」就是全詩所蘊含的嚴肅深刻的意義，它必能給予讀者觸動心絃的啟示。

　　杜淑貞（1996：75-174）則提出七項有關童詩的特質：

一、自然靈動的意象

　　詩中的境界主要靠意象來呈現，包含形象和意境兩層涵義，使外在的形象與內在意境二者合而為一，必須儘量具體化、形象化，減少抽象化、概念化。詩，注重傳神的表現和氣韻的流動，所描寫的文字，愈是具體就愈顯真切，則形象愈凸出，所描寫的意象愈具活動力，所喚起的共鳴也就愈強烈。

二、平淡天真的詩味

　　兒童詩同樣必須運用凝煉的語言，但必須保有孩子的天真與思維方式，孩子的童言童語，有時雖然不加思索，但如能加以轉化，常具有詩味。

三、樸實貼切的經驗

　　一首好詩倘若不是使人經歷到新的境界，就是要以新的方式去體驗舊的事物。寫詩有賴於經驗，而經驗又有賴於想像，倘若能以個人的生活體驗為基礎，將捕捉到的感受，傳達出來必能引發人們的共鳴。

四、新巧豐美的想像

　　想像能夠引導人尋找到新巧的構思，但必須從真實的生活入手才能使人感到自然貼切，領略出其中的趣味性和啟發性。寫詩重在構思、貴在發現、創新，如果缺少新巧，就失去吸引人的魅力了。想像可以打破時間和空間的限制和距離，把人事今昔都連鎖在一起，也因此使作品有更深的內容和更動人的力量。

五、坦白率真的淺語

　　林良曾說：「兒童文學，就是淺語的藝術」。（林良，2000：6）以「淺語」打底並運用多姿多采的文學技巧，使讀者從作者描述的瑣事中發現情趣，在平凡的生活中發掘深刻的意義，使作品發出光輝，所有的文學作品都是用藝術技巧處理過的「淺淺的文字」。

六、簡潔明暢的旨趣

　　指童詩的主旨要簡潔、中心思想要明確、趣味要能綿延不絕。一首美好的童詩，要讓人讀完，還有耐人尋味的情趣，

七、響亮悅耳的節奏

　　童詩的押韻沒有硬性的規定，怕太過牽強造作反而違背了自然的童真和童趣。詩是一種富於節奏性的文字組合，修辭學上的許多

技巧，如類疊法、排比法、頂真法、層遞法、回文法……等，都可以藉著文字所構成的節奏，來表現其情感和思想。詩的語言是一種重視聲音節奏的語言，倘若將一連串固定的文字，排列成固定的文字刺激，使語言文字形成有規則的連續，或隔離反覆，造就出一種特殊的節奏，便能產生「詩的旋律」。

陳正治（1997：8-22）說明童詩的特質有：

一、兒童性

指兒童詩的內容和形式，必須適合兒童的思想、情感、想像和需要，並適合兒童的理解能力。從童詩的內容來談，主題要正確、有趣、新穎；題材要多注意適合兒童的興趣和需要，並能增進兒童的智慧，啟發兒童的思想。從形式來談，語言要深入淺出，明朗而優美，符合兒童的閱讀能力；表現技巧要生動活潑；結構、主題安排等，也要考慮兒童的吸收能力。童詩的作品，倘若能注意到這些要求，自然就會得到兒童的喜愛；這樣的詩，既可以吸引兒童欣賞，又可以美化兒童心靈、教育兒童、就是符合兒童特質的兒童詩。

二、抒情性

詩的本質是抒情，例如：晉代陸機〈文賦〉中說：「詩緣情而綺靡。」說的是詩歌的創作必須抒發情感，而語言又要精美，特別強調詩歌的感情因素。宋朝嚴羽《滄浪詩話》裡也說：「詩者，吟詠性情者也。」然而童詩也是詩體中的一部分，因此童詩的本質也

是以抒情為主。抒發心中的情感,情感是文學中的重要因素,童詩中最應具備的條件便是「真」,只有強烈真摯的情感灌注其中,才能使作品真切感人,使兒童讀了能發生共鳴或同情。

三、精鍊美

指的是童詩的內容和形式要質地高而形體美。在內容取材上,採用點的方式,選擇最動人的幾點來呈現。因此,童詩比起其他文體更顯得概括、集中的精鍊美。與「麻雀雖小,五臟俱全」有異曲同工之妙。

四、語言美

指的是童詩的用字遣詞,重視新鮮、簡鍊、意象、音樂的美。童詩的語言和其他文學作品一樣,要注意語言新鮮。因此,寫作童詩時,除了考慮兒童語文的接收能力,而多用簡鍊淺顯的語言外,還要注意語言的新鮮感,語言的意象美和音樂美,讓童詩能有聲有色,生動的表現出來,這樣兒童讀了也自然格外有趣。

杜榮琛(1996:77-90)提出童詩特質的三大要素有:

一、童言童語的真(童心)

文學是透過語言和文字,所表現出來的藝術;詩歌是文學中的奇葩,更要講究語言文字的精簡與真摯。兒童詩內涵的表現,第一

要考慮的問題，當然是如何以兒童的心靈感受和情感，透過兒童純真的語文，寫出動人的作品。

二、想像情趣的美（詩心）

單有新奇美妙的想像，是不能單獨成為一首完整的詩；必須配上感人的情趣，才能構成一首詩的內涵；內涵是否充滿動人的美感，則需視想像和情趣是否融合得恰到好處。

三、潛移默化的善（愛心）

好的童詩，它的內涵應該具備有教育性和啟發性，不但能培養兒童樂觀的態度；而且能陶冶兒童優美的情操，以及完美的品德。不過，卻忌諱說教式的訓誡，而應用含蓄的手法，使兒童在潛移默化中，獲得明確的啟示。

另外，徐守濤（2007：92）也綜合各家對童詩看法，提出童詩應具有以下幾項特色：

一、童詩具有詩的特質

以情為主，取材自生活，強調文詞優美、形式多變、想像經驗和意象分明，讀後令人回味。

二、童詩是適合兒童的

童詩是適合兒童的程度、經驗、心理、感情和想像的作品。

三、童詩是兒童的心聲

童詩是兒童的思想、觀念、想像和生活的寫照。

四、童詩是美的化身

童詩強調主題美、意境美、文字美、音韻美和形式設計美。

詩人蕭蕭（2000：42-44）則將童詩的特質分為五點：

一、使用兒童語言

寫作童詩只能使用兒童可以接納的語言，儘量口語化、兒語化。詩的語言需要意象化的語言及精簡的語言，兒童總是單純地將他觀察到的說出來，不一定意識到抽象的情緒，這就是意象，而非概念，兒童的世界本是「意象」的世界。

二、親近兒童生活

寫作童詩要以兒童的生活經驗為基礎，倘若超出其生活經驗，就可能導致傳達的困擾。多親近兒童，多了解兒童，試著回味兒時生活，都有助於寫作童詩。

三、正視兒童心理

天真的兒童擁有一顆與自然最貼近的心、最完美的心與不受污染的心。兒童的世界是個快樂的世界，兒童的心理是一種遊戲的心理，詩要唱、要念、要有圖畫相配，要充滿童趣，寫詩、教詩都應該本著這種童心童趣，以遊戲的方法進行，從遊戲中獲得快樂，童詩就是一種遊戲。

四、啓迪兒童想像

詩是一種想像的文學，兒童對於他所處的時空充滿好奇與幻想，童詩自然要以啟迪兒童想像為主要特質。

五、培養兒童愛心

傳統詩教以溫柔敦厚為上，兒童詩教更要發揚以仁愛為中心的詩學傳統，培養民胞物與的胸懷，擴充兒童對親人、對動物的愛。

邱燮友（2002：78-82）列舉四項童詩的特質：

一、形式短小，語言精美

童詩大致篇幅短小，強調直接感人，不必經過太多的分析和解說。

二、意象生動，極富想像力

詩重視意象的呈現，加上兒童想像力特別發達，詩自然生動有情趣。

三、語言平易，富有生活氣息

童詩要求口語化，用語平淺，但要有趣味，與日常生活結合。

四、音韻和諧，富音樂性

童詩搭上音樂的翅膀，變得輕快而流傳更遠。

綜合上述各家意見，可以知道童詩必須切合兒童經驗且以符合一般詩的精煉語言和生動意象以及富含音樂旋律等條件。

最後，談到兒童詩的教育價值。兒童文學作家對兒童詩在教育上的價值多持正面、肯定的看法，並鼓勵學校教師善用兒童詩歌進行兒童的品德、美感、情意教育。宋筱蕙（1994：6-17）認為詩的

教育包括了智識教育、情趣教育、文學教育以及品德教育。林煥彰則直接強調指導兒童寫詩的教學的重要性。他認為兒童詩的寫作教學值得全國各校推行，因為兒童詩：

> 讓兒童知道怎樣運用自己的思考和想像，來體會事物的真善美。
>
> 讓兒童知道怎樣運用有效而精簡的文字，來表達自己的心聲。
>
> 讓兒童知道他也有創作的能力，從小培養興趣，提高學習的信心。
>
> 讓兒童透過真善美的思考活動，而發揮愛人愛物的思想。
>
> 讓兒童由詩的寫作，而獲得創作的喜悅。
>
> （杜榮琛，1996：34）

由上述可知，兒童的童詩寫作，可以透過想像經由精簡的文字來創作，提高學習的信心。有人說「兒童是天生的詩人」，兒童具有天生的詩心，而童詩的創作與教學，就是要引發兒童的詩心，藉由詩的寫作技巧，創造屬於他自己的詩，呈現他自己的內心世界。藉此讀詩、寫詩、看詩、發表詩，使得兒童某些「內在的東西」，被牽引、呼喚、聳動了起來。（杜淑貞，1996：55-56）

因此，不論從語文教育、品德教育、美感教育、情意教育來說，童詩的教學可以符合兒童階段性的身心發展，滿足兒童的好奇與想像、培養兒童運用優美的語言文字作適當的自我表達、陶鑄性情、美化心靈。趙天儀（1999：155）借用英國哲學家、歷史家兼美學家柯林烏（R. G. Collingwood）的藝術教育論來說，學校教育是想像的、理想的教育，是為準備到現實社會上的一種預備教育。因此，

學校教育就是一種詩的教育,尤其是初等教育。童詩的教育,正可以補助我們現階段語言教育的不足。在學校實施童詩教學的目的,在於藉助文學的作品來陶冶兒童的心靈,幫助他們快樂的成長,並能體會語文世界的奧妙,品味語文的美感,產生學習的樂趣;並進而能夠主動求取新知、擴展語文學習的空間,能體現並分享自我成長的經驗和喜悅。

第二節　童詩的教學

　　諾貝爾文學獎得主赫曼赫塞(Hermann Hesse)曾說過:「寫一首壞詩的樂趣甚於讀一首好詩。」他的意思是:做一名蹩腳的作者勝過當一名高明的讀者。(白靈,1991:2)教師在教學中讓學生欣賞再多的童詩而沒有動手創作的機會,是相當可惜的。有鑑於此,童詩的教學便成為欣賞與創作間連結的橋樑了。趙天儀針對目前臺灣詩的教育有過以下的論述:

　　　　目前在臺灣的詩的教育,一部分是在學校。過去,我們小學的國語教育有相當的成就,但卻忽略了詩的教育。因為國語的教材重視語言教育,卻較缺乏詩的、文學的教育,中學受了升學壓力影響,詩的教育只能成為點綴,只有在大學時期,較為普及。(趙天儀,1999:175-176)

　　目前學校教育中，除了少數對童詩有研究的教師外，童詩教育多屬「蜻蜓點水式」的教學，原因出在第一線的教師缺乏童詩指導的能力。其實，指導兒童寫詩的方法非常多，並非有固定的模式可遵循，它常因人、因時、因地而有所變化。在童詩教學的花園裡，有不少教師投入，但教學是一門高深的學問，並未發展出一定的教學方法與模式。教師在童詩的教學歷程中，處於指導的地位，如能熟悉教學方法與模式必有助於教學。（杜榮琛，1996）各家學者對於童詩的教學也多有論述，洪中周（1987）談到兒童詩的教學包括準備活動、發展活動、效果評量等；宋筱蕙（1994）提到完整的兒童詩教學應包含欣賞、習作、朗誦三階段；傅林統（1999）說明兒童詩的教學由欣賞到創作，且以欣賞為重；杜榮琛（1996）認為兒童詩的教學不外欣賞、練習、想像和思考、創作和發表的教學；而張清榮（1997）更提出完整的詩歌創作，應由「欣賞」再「分析」接著「介紹創作理論」再「創作」，並將兒童作品賞析、討論以引導兒童正確的創作途徑。

　　愛因斯坦（A. Einstein）曾說：「想像力比知識更重要。」這不啻說明了，「想像」是指導兒童寫詩的要點之一。擁有二十多年童詩教學經驗的杜榮琛更是從實務經驗中告訴我們，指導兒童寫作童詩不是要造就許多小詩人，而是為了「刺激兒童豐富的想像、建立細膩的觀察、強化獨立的思考、具備美好的情意、擴大生活的層面」、「提高兒童的語文能力與興趣，培養他們奇妙的想像力，陶冶學生的性情，增進兒童的發表能力；同時，兒童的創造力和鑑賞力，也能獲得充分的啟發」。（杜榮琛，1996：34）

　　趙天儀（1999）認為詩的教育可分為三大類型：藝術的教育（就是美感教育）、道德的教育（倫理的、社會秩序的、政治教化的教

育）、人生的教育（把詩的教育當作人類文化教養的、自我精神再發現的教育）。他還借用柯林烏的藝術教育論來說，學校教育就是一種詩的教育，尤其是初等教育……因此，不論從語文教育、品德教育、美感教育、情意教育來說，兒童詩的欣賞與創作教學可以符合兒童階段性的身心發展，滿足兒童的好奇與想像、培養兒童運用優美的語言文字作適當的自我表達、陶鑄性情、美化心靈，將真正屬於兒童的文學還給兒童。

宋筱蕙（1994：204）提到童詩教學應有的理念有三：

一、「兒童詩」教學，只是兒童語文教育的一環

詩不是文學的全部，只是文學領域的一部分，一種文學體裁而已，同樣的道理「兒童詩」也只是兒童文學的一環，不等於「兒童文學」。因此，從事「兒童詩」的教學，也只是整個兒童語文教育的一個項目而已！從事「兒童詩」教學者，不宜有主觀意識的偏差觀念。任何一種文學作品，都是想增進人類的智慧，陶鑄人類的品德，兒童詩當然也不例外。在教學時，老師本身應該注意並提醒兒童：「詩」只是文學的一小部分，會寫「兒童詩」，只是文學的一小部分；會寫「兒童詩」，只是學會了一種文字表達的技巧而已。除了學會寫「兒童詩」以外，還有其他更實用、更普遍的體裁（如散文）呢！每一個人，都應該具備多方面的文學能力。

二、「兒童詩」的教學，要因材適性

並非每個小朋友都是「天生的詩人」，並非每個受過「兒童詩」教學的兒童就一定會寫詩。但是也不見得每個兒童都不會寫詩，只要因學生的個人特性，加以教學中適切的鼓舞，所以教師需要謹記因材適性，勉強不得。

三、從事「兒童詩」教學，不可心存一時的輕鬆

有些教師會有一種論調：「寫詩比作文輕鬆。」學生剛接觸到童詩時，絕不可能馬上就能舞文弄墨，總是要經過多次練習，逐字推敲琢磨，才能信手拈來，佳句不斷。兒童的文學教育，就是要求學生們能夠文詞通順、用字簡潔、內容充實。每個人在剛開始練習寫作時，也常是愁眉苦臉、毫無靈感的。而老師在批改時，必定要花費一番苦心，但不可以因噎廢食，因學童怕寫作文，老師也怕批改作文，就乾脆不上「頭痛的」作文課，而改上輕鬆的「童詩」課。

童詩的教學並沒有固定可循的模式，常會因教學者及學習者的不同而有所變化，他人的指導方式，僅能提供我們參考，並不一定適合自己。多數的兒童文學工作者認為童詩的教學應從欣賞入門，然後經由語言或文字的練習、思考，再進入到創作的階段。然而，到底是先指導欣賞再創作或是先創作之後再指導欣賞？這則見仁見智。杜榮琛（1996：175-216）就認為兒童詩的教學，不外乎欣賞、練習、想像與思考、創作與發表的教學。這四項教學可以單獨使用，或交互應用，完全視教學者的需要和學生的程度而定。陳千

武（1993：60）則認為由創作再欣賞再創作的方法，較能符合指導
的預期進度進行，未事先受到別人作品的影響，較能提高而發揮兒
童個人本來的素質，得到兒童教育的成果。不過倘若兒童在進行創
作前毫無先備知識，要讓兒童先寫作童詩有其一定的難度。以下參
考杜榮琛等人的童詩教學方法，將童詩的教學發展綜合敘述如下：

一、欣賞

　　欣賞教學應該是詩歌教學中最重要、最有意義的一部分。（杜
榮琛，1996：176）透過教師的解析進而闡揚詩教，一首好的童詩，
表面上看起來是寫某一件事物或現象而已，但仔細推敲後，其牽涉
的內容是非常廣泛的，絕不可侷促在狹窄的字面意義，必須擴大欣
賞的空間，獲得的益處才會更大。（洪中周，1987：65）童詩的欣
賞教學要從小朋友喜愛的詩作出發，　有系統的介紹範詩。指導兒
童欣賞童詩，應以兒童的興趣作為選材的依據，兒童比較喜愛的是
詩依序為寫景的、動物的、人物的、植物的。（徐守濤，1979：199）
教師在從事欣賞教學時不妨先從這些兒童喜愛的短篇作品開始，等
待培養出興趣以後，再逐漸介紹較長的故事詩、童話詩或成人作品
等。而低年級欣賞教材的選擇則偏向於兒歌和較短的童詩。（杜榮
琛，1996：180-181）至於如何指導兒童欣賞童詩？蔡尚志提出以
下五個原則：

　　（一）選擇好的童詩，依內容性質加以歸類，讓兒童就同類
　　作品多作比較、觀摩、體會，從中得到明確的共同理念和印
　　象。（二）欣賞的次序是先「感覺」後「分析」。讓兒童自由

運用感官，對整首詩作主觀的省察，發覺詩中的情趣，再以諮詢的方式，逐步分析作品的內容。倘若有相當的圖畫作參考，效果更好。（三）分析或解說同一題材的詩，使兒童了解每一首詩的特色，好壞要能區隔並說出理由，培養鑑賞能力。必要時，提供修改意見，並可摘錄優美詩句。（四）分析或解說一首詩要注意兒童的立場。就是要適當的掌握兒童的程度和心理，以兒童的經驗、觀點、興趣、感覺、語意來分析或解說。尤應引導兒童作深入的想像和思考。（五）引導兒童從欣賞的過程中獲取感官的經驗和情趣。重要的是引導兒童領略詩中流動的韻律節奏，以獲得聽覺的美感經驗；體會詩中的圖畫形象，以獲得知覺的動感情趣。（蔡尚志，1988）

可惜的是，目前童詩的教學多以文字文本（就是童詩作品）為欣賞教學的媒材，不免限制了學習者接收資訊的範圍，而將「欣賞」框在文字的創作裡，殊為可惜。其實兒童在缺少對於童詩作品內所闡述的意象時，這樣的童詩教學並無法引起他們的共鳴。例如林煥彰的一首童詩：

《秋天》 林煥彰
秋天，稻子割完了以後，
稻草人就沒事做了；
小麻雀兒飛過來，告訴他：
天氣漸漸的涼了，要多穿衣服喔。
白鷺鷥也飛過來了，告訴他：

稻田裡還有不小心掉下來的

稻穀，要一粒一粒的撿起來啊！

（林良等，1985：57）

當以這樣屬於農村景象的題材進行欣賞教學時，許多生活在城市的學童或許不曾見過農田收割的景象，對於立在田中的稻草人及在空中飛翔的小麻雀和白鷺鷥，更是不容易理解想像。倘若僅由欣賞童詩的創作，相信教學的效果不易顯現；倘若讓學童只為了創作而創作，無法領略詩中的意境，也便喪失童詩創作的本質了。教學者如能配合圖像的欣賞，讓學習者更能領略文字的意涵，對於童詩的教學成效一定會有所提升。

目前的童詩作品，多以前現代寫實的風格為主，較少涉及現代、後現代、網路時代、甚至基進寫作趨向的作品，而沒有呈現出多元的風格，殊為可惜。因此，本研究將對上述各種表現風格進行探討，希望透過圖像的欣賞，讓童詩的教學及創作能有更多元的發展。

二、練習

兒童在欣賞一段時間的範詩之後，漸漸會領悟一些詩的詩想、詩趣、詩意，就可以進入童詩的習作。練習是立下學生對兒童詩的形式、內涵以及表現方法的根基，是指導兒童寫詩的紮根工作。（杜榮琛，1996：181）雖然部分的專家學者認為兒童詩寫作不需要強調形式和技巧，但是兒童詩所以稱為詩必須含有「詩」的本質，因此形式的說明與練習仍然是必需的。以下舉出練習的幾種方法提供參考。

（一）作分行的練習：童詩屬於詩歌的體裁，首先要作分行的練習。童詩的分行，首先以語氣停頓的需要、強調某些詩句的需要，避免過分冗長的需要，作恰當妥切的處理。注意分行技巧，會使一首詩的節奏、形式，表現得更完美。教師指導時可以讓學生把簡短的詩，用散文的方式寫下，讓學生進行分行，比較不同分行的效果。（杜榮琛，1996：182）

（二）分段練習。文章有起承轉合，較長的童詩也不例外。陳木城、凌俊嫻提出五點分段原則值得參考：

> 寫完一個意思，要寫另一個意思時；
>
> 寫完一個人，要寫另一個人時；
>
> 寫完一個地方，要寫另一個地方時；
>
> 寫完前面，要寫以後時；
>
> 朗讀時，覺得要停頓久一點的地方。
>
> （陳木城、凌俊嫻，1992）

（三）其他：如作擬人、譬喻、誇飾等的修辭練習，使文章更為生動；也可以讓學生從極短詩仿作開始，然後訓練學生自己進行思考與創作。

其實，任何一種事物的學習免不了要從「模仿」開始，初期的模仿可以建立兒童的自信心。一段時間之後確信他們可以掌握詩的感覺，就可以鼓勵他們放膽去創作，但是「模仿」與「創作」之間很難有一個明白的界限，再好的創作，或多或少帶有一些模仿的成分。（洪中周，1987）因此，教師對於學生的創作，應本著鼓勵的心態，提高學生創作的興趣，讓他們盡情愉快的寫；給他們學習的

機會，在自由學習當中獲得的經驗比重視他們的成果來得有意義。
（林煥彰，2001：78）

三、想像和思考

　　想像和思考是決定兒童詩表現成功與否的重要關鍵。因此，教師平時就要注重兒童想像力的啟發和思考的訓練，提升創作的品質。教學方法眾多，老師可以自行編製有趣、生動的教案來和學生作腦力激盪的練習。杜榮琛提供了幾點方法：

　　（一）可以蒐集富有創意的圖片，編成「腦力激盪」教材，讓學生欣賞、思考和想像。例如：展示圖片、學生對圖片的解釋、經過腦力激盪後寫出作品，然後就作品加以說明。（二）教師命題（新鮮有趣的題目），激發寫詩的動機（如給太陽的信）。（三）聯想練習，訓練學生的想像力。如相似的聯想、接近的聯想、對比的聯想，說故事接龍、智力測驗或猜謎等活動。（杜榮琛，1996：198－199）

　　林煥彰也談到，「想像」不一定就是詩，是詩的，一定會有「美的想像」，因為「美的想像」會傳達「詩味」給讀者。（林煥彰，2001：59）至於如何發揮想像？這得先了解「聯想」和「幻想」的意義。「聯想」是給想像一個脈絡方向，也就是有計畫的想像；「幻想」是任由想像飛馳，不相干的事物都可以放在一起，完全不受控制。這對童詩創作是一種技巧，也是引導想像的技巧。（孫藝泉，2005）作者將內心的感受或經驗藉著語言表達出來，便需要透過想像的力

量。(周慶華,2004b：84)假使創作的童詩沒有了想像的味道在,那純粹只是文字的堆疊罷了。因此,教師在教學時,可以透過圖像的連結,讓學生多思考、多想像。

四、創作和發表

語言的發表比文字的發表更容易,教師在教學時可以配合童詩的欣賞及朗誦的表演,提高學生的自信心,使童詩教學更為有趣。指導兒童寫詩,通常是先從耳朵聽、眼睛看(欣賞),進入嘴巴說(語言的發表),再進入動手寫的階段(練習和文字的發表)。(杜榮琛,1996：206)在學童創作童詩的過程中,不免產生模仿,不過,兒童可以從模仿中培養信心,尤其在詩的基本形式和規則方面,讓他們確信大致已經學「對」了,當兒童對於詩的形式和規則有所領悟後,才能進一步要求他們在內容、情趣、意境各方面,多發揮自己的風格,多描述自己的經驗和心得。(宋筱蕙,1994：213)

「循序漸進」與「觸類旁通」也是指導兒童創作童詩的常用方法。教師不必要求學生一開始就能寫出好詩或符合條件的詩,只要孩子願意運用想像、思考而動筆創作,教師就應該要鼓勵他們。「循序漸進」主要是引導兒童各種寫詩的原理、技巧、修辭、結構,整理出一套完整有序的教學方法。「觸類旁通」旨在將生硬的寫詩技巧或設置的情境,運用有趣的「遊戲」方式與兒童進行互動,與教學過程中的「引起動機」屬於連貫的教學過程。(孫藝泉,2005：200)

此外,兒童詩的成果發表包括語言和文字的發表,如童詩的朗誦、閱讀詩作的心得報告、文字習作、學生詩作的刊登及投稿等,都可以讓學生獲得表現機會而產生榮譽心。但是教學上最重要的是

教師要運用各種方法激發兒童寫詩的動機，多鼓勵、多發表，提供他們各種創作發表的機會，讓兒童浸淫在詩的世界中。

指導兒童寫詩，站在教育的意義上來說，是為了提高兒童的語文能力與興趣，培養他們奇妙的想像力，陶冶學童的性情，增進兒童的發表能力，同時啟發兒童的創造力和鑑賞力。（杜榮琛，1996：212）孩子喜歡詩，因為童真稚趣流露其中；因為可以表現豐富的想像；因為可以用少許文字表現最多的感情……有詩的童年，多一分發想和柔和。老師引導孩子寫童詩，不只增進語文能力，更是陪伴孩子們快樂成長。（孫藝泉，2005：269）孩子身心的發展是持續不斷的，洪中周（1987：86）認為為了使兒童的身心能健全的發展，大人的輔導是必要的，但真正要改變孩子的行為，有賴孩子的心路歷程，指導孩子學習童詩，正是使他心路歷程暢旺的有效方法；而且詩歌是美文，先天上它就比其他體裁的作品更具有優美動人的性質，能夠達到「陶鑄品德、美化性靈」的效果。

第三節　童詩的圖像化教學

從美感教育的角度來思考，在孩子學習的過程中，圖像正是提供兒童早期的視覺經驗最好的媒介物。雖說文字和圖像都是學習的工具，但圖像比起文字而言，更為接近具體實像的特質，在學習遷移上建立了一條捷徑，加快兒童學習的速度。（侯明秀，2003）

圖像對人類生活而言已是密不可分，跟語言、文字一樣，都是人類溝通情感、傳達訊息的重要媒介。圖像傳達已成為古今中外最

不受時空隔閡、且不受國籍性別限制都能互通的視覺語言，尤其是訴求閱讀效率的現代社會，視覺圖像更是主導了人們接收訊息的來源。（侯明秀，2003）近來有人強調開發右腦的重要性，鼓勵圖像式思考，希望讓人類活用雙腦，激發潛能。（黃學誠，2000）

　　圖像化學習是將圖像組織成一種使學習活潑的視覺化策略，可使知識更具系統，讓學習者易於整合知識、增進批判性思考，有助於理解和學習。本研究就是要探討如何透過圖像化的教學，利用聲音、音效、動畫或影像等多種圖像媒體，激發學生聯想及推論而進行童詩的創作教學。當學童進行圖像化學習時，他必須從他的長期記憶中將與圖像相關的舊經驗提取出來，倘若學童能有組織有系統的提取出相關的舊有經驗，對語文閱讀理解當然是有幫助的。如果教導學生能從圖像中學習，透過圖像的觀察以激發學童聯結舊經驗來學習新的材料，不僅可以幫助學童學習，還可以增強學習成效。以下就來探討圖像與思維形成間的相關論述。

　　圖像思維與傳統思維最大的差異在於，圖像思維是一種以文字為中心而以「圖像」為認知的思維。這種思維強調視覺的整體綜合能力，它並不排斥文字和直覺在學習中的功能；而且它改善了文字的幾項缺點：如書寫文字的冗長、口語文字的不明確、概念連結的鬆散性等。（黃學誠，2000：27）因此，圖像如今已成為傳送知識的媒介之一，應用在童詩教學中，更是有其發揮空間。

　　培威爾（A. Paivio）提出了「雙碼理論」的觀念（Paivio，1986）。此理論假設人類在訊息處理的過程中，有兩類的系統分別來處理相同的認知訊息：一個是一般性的記憶庫；一個是特殊記憶庫。前者是語文系統，主要處理語文方面的訊息；後者則是一個心象系統，它只處理圖形，或是代表具體物品的文字。左腦半球接觸語文表徵

的能力比右腦半球強，對非語文（圖形）表徵則是右腦半球占優勢。
（楊牧貞，1997）也就是說，語言文字與圖形都可當作傳送知識的
不同工具：一種是處理與語言有關的；另一種則是專門處理有關非
語言的物體與事件。這兩個系統的運作方式各自獨立，然而彼此之
間卻透過密切的連結而影響人類的認知行為。

　　培威爾將非語言的（或是符號）系統歸類為心象的系統，就是
非語文系統，因為其重要的功能就包含了感覺的分析和心理圖像的
產生，而專門處理語言的系統則歸類於語文系統。這兩個系統在結
構上和功能上有所不同：在結構上，二者在表徵單位的本質以及各
單位間組織成較高階層結構的方式有所不同；在功能上，二者在感
覺上各自獨立，兩個系統單獨就可激發而不必一定要依靠對方或者
是要兩個系統一起才可作用。（陳明溥，1999）

　　雙碼理論有階層性的概念結構，最上一層指的是符號系統，其
提供了一個符號或是表徵的功能。接下來一層區分為語文和非語文
符號表徵系統，爾後再延伸到感覺運動系統這一層，最低的一層則
是由各系統中的表徵單位字元和心象所組成。各內部表徵在知覺動
作和情感經驗上都有其發展的來源，並保留了這些由經驗所引導出
來的特徵；因此這些表徵的結構與處理的形式才會個別專門化，而
不是完全相同的形式，這表示連貫性的改變在知覺與記憶之間和行
為技巧與認知技巧之間是一樣的。這也意味著內部的表徵在功能與
結構上是多樣而有變化的，而不是像命題論所認為是一種單一的形
式，其本質只是輸入與輸出形式上的差別。

　　非語文與語文符號系統在其功能在感官的知覺上是各自獨立
的，一個系統能不需另外一個系統就可以活化，或者是二者也可以
同時被活化；而且也能在訊息處理的階段中各自獨立，而不是一個

階段接一個階段的訊息處理方式。一個系統激發另一個系統意味著
兩個表徵系統是交互連結的,而兩個系統之間的交互連結並不是一
對一的關係,而是一對多的關係,並且是雙向的;兩系統在功能上
的接觸在字元和心象兩個組成單位,就如同表徵系統對應到一個物
體和他的名字。舉例來說,如果要描述一個桌子,就必須先意識到
這張桌子的心象,然後才能夠藉由對它的組成成分和屬性的形容來
描述。由於這不是一個一對一的對應關係,所以當語言使用者其經
驗上的不同,而具有或多或少相等的字元和心象。「雙碼理論」的
系統結構如下圖:

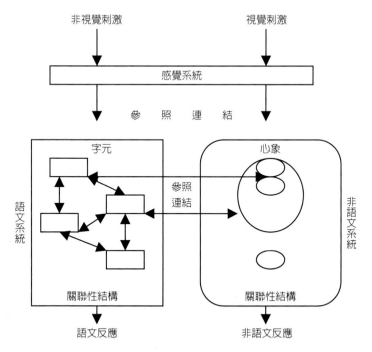

圖 2-3-1　培威爾雙碼理論之語文／非語文系統架構

資料來源:溫維鈞,2004:16

　　依照雙碼理論的觀點，語文刺激與圖像刺激都可以同時活化兩個系統，也可以單獨活化相對應的系統，但是相較於語文刺激，圖像刺激反而更容易被活化。培威爾發現語文項目的記憶倘若以心象的方式來收錄，則其記憶的效果將遠優於以語文的方式收錄所得的結果。（Paivio，1971）依上述觀點，本研究將針對平面式圖像、立體式圖像及流動式圖像，作為學生進行童詩創作的視覺刺激媒介。透過圖像的觀察刺激，將比語文刺激更容易活化學生的思考；圖像經由學生的感覺系統運作後，在腦中產生了心象最後與語文系統產生參照連結，而創作出童詩。

　　李賢輝（1999）認為單獨存在的一個圖像，實際上是沒有任何意義的。如果它是在一篇上下文章裡面，使用者會因為上下文章中的互相關聯性質，引發靈感而賦予它相當的意義。首先，上下文為圖像的意義提供暗示，接著觀察者依據本身的認知或當時的情緒完成解讀圖像的步驟。李賢輝認為單獨存在的圖像加上文字文本，再經由觀察者的心象，最後形成意義概念。所以我們可用下圖來說明圖像意義形成的過程：

　　（圖像）　　　（文本）　　（觀察者的心象）　　　　（意義）

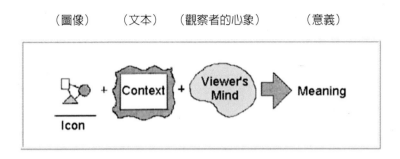

圖 2-3-2　　圖像意義形成的過程

資料來源：李賢輝，1999

　　不過，學者洛威（David Lowe）對於圖像教學更有一番見解。他認為成功的圖像教學有固定的教學流程，可以分成四個階段來進行（沈亞梵，1994）：

一、簡介階段

　　主要目的在於引起學習者對於圖像的學習動機，喚起學習者已具備的知識和舊經驗。

二、資訊呈現階段

　　學習者一旦了解將要學習的主題領域之後，圖像則扮演呈現與解釋新內容的主要角色。將新知識的內容以圖像來呈現，不但較具有系統性與組織性，而且較容易為學習者接受。

三、學習者操作階段

　　有效的教學計畫不只牽涉到將一大群新資訊呈現在學習者面前，也必須要求學習者使用某些方法操作這些資訊。這些實際的操作過程可以是對內容簡單的覆誦，或是利用所學的知識來解決問題。

四、複習與回饋階段

　　不斷地複習，有助於學習者將新的訊息或知識帶進長期記憶中儲存，而回饋能讓知識走出書本，讓知識走進生活。

　　心理學家布魯納（J. S. Bruner）建議教學時最好由直接的經驗（具體的），到圖像描述的經驗（如圖畫或影片）。視聽教育學者戴爾（E. Dale）依據布魯納認知學習的三種表徵時期（動作表徵時期、影像表徵時期、和符號表徵時期），而設計成經驗塔，說明了學習過程是由具體而抽象，循序漸進。其中，動作表徵期主要代表「由做中學」的經驗，包括直接而有目的的經驗、設計經驗、演劇經驗及示範（教學演示）；影像表徵期主要代表「由觀察中學習」，有參觀、展覽、電視、電影、錄音或廣播或靜畫；最高層次是符號表徵期，以「由思考中學習」的經驗為主，包含視覺符號、口述符號。圖 2-3-3 是將布魯納的三個認知學習表徵時期和戴爾的經驗塔作為對照。

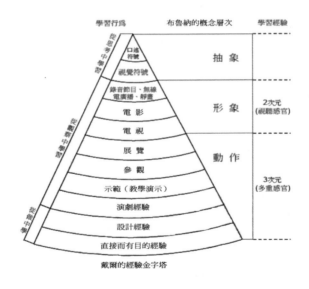

圖 2-3-3　布魯納認知學習表徵時期和戴爾的經驗塔對照圖

資料來源：張玉燕，1994

　　從戴爾的經驗金字塔中，意識到教師在進行教學活動時，對於抽象意識、間接經驗、直接經驗等媒體之應用，應該由教師視實際的需要而穿插著使用。不論教師在進行教學活動的時候運用哪些方式來達成傳道、授業與解惑的目的，總是離不開四個步驟：

一、介紹與認識：介紹主題、喚起舊經驗、引起動機並認識新主題。

二、說明與理解：說明主題的內容與理解新的知識。

三、問題與思考：提出相關問題讓學生進行腦力激盪，並且思考。

四、回饋與評量：針對學生的表現或作品給予適當的鼓勵與回饋。

　　沈亞梵（1994）對於各種媒體與教學步驟間的相關性作出了如圖 2-3-4 中的歸納整理。

　　根據上圖，本研究所指的圖像（包含平面式圖像、立體式圖像及流動式圖像），屬於抽象意識及間接經驗部分的媒體，教學的步驟牽涉到介紹與認識、說明與理解及問題與思考等。教師也可依照教學媒體的不同屬性，判別學生既有經驗為何，再設計適合學習的步驟。綜合上述圖像學術理論與教學步驟的文獻，可以歸納出國小高年級學生正從影像表徵時期邁向符號表徵時期。但這不代表學生以後只需要符號（例如視覺符號、口述符號）教學就可以了，而是代表學生的學習過程是由具體而抽象、循序漸進。（吳慧姿，2002）如同圖 2-3-3 布魯納認知學習表徵時期和戴爾的經驗塔對照圖所示，教師在利用圖像進行教學時，可以依照圖像的類型及位階，找出適合學生學習的方法，由具體而抽象，有計畫的進行圖像的引導教學，進而從事童詩創作。

步驟＼媒體	抽象意識	間接經驗	直接經驗	
一、介紹與認識	講　授 書　籍 報　章 雜　誌 板　書 錄　音 唱　片 廣　播	圖　片 幻燈片 投影片 電影片 錄影帶 影　碟 光　碟 磁碟片 電　腦 戲　劇	接觸實物 實　驗 示　範 實際感受 實　習 參觀訪問	←
二、說明與理解	講　述 板　書 舉　例 歸　納 整　理	圖　片 幻燈片 投影片 電影片 錄影帶 光　碟 磁碟片 電　腦 戲　劇	接觸實物 實　驗 示　範 實際感受 實　習 參觀訪問	←
三、問題與思考	以上三類媒體混合運用（或自我學習） 提出與分析問題 發表感想與心得 相關知識的參考與運用			←
四、回饋與評量	尋求教學方法之得失（改進參考） 問答與測試（學習者之評量） 教材之評鑑 教師之評鑑			←

（右側縱列文字：回饋與改進）

圖 2-3-4　媒體與教學步驟

資料來源：沈亞梵，1994：36-37

第三章　童詩與圖像教學

第一節　童詩的界定

　　徐守濤（1990）將兒童詩按功用分，說兒童詩有感情抒發的功用，提供兒童一個園地，讓他們將內心深處的感受發洩出來。而另一功用是「知識的傳播」，就是作者透過敏銳的觀察，把「物」的特性藉著文字巧妙地表達出來，使讀者能產生共鳴，同時也能獲得一份新的觀念或知識，這就是知識的啟迪。

　　杜榮琛（1983：40）認為兒童詩的內涵應該具備「潛移默化的善」，就是好的兒童詩它的內涵應該具備有教育性和啟發性，忌諱說教式的訓誡，而應用含蓄的手法，使兒童在潛移默化中獲得明確的啟示。

　　周慶華（2004b：74）在童詩的「規模」上，較之於國內其他童詩作者多侷限在「前現代」的寫實風格中，更提出了童詩創作方向可延擴為「前現代式童詩」、「現代式童詩」、「後現代式童詩」、「基進（激進）童詩」等，將目前世界所依存的文化系統納入創作理路，試圖在童詩的創作上開拓更廣闊的面向。

　　綜合以上各家的說法，將本研究中的童詩界定為前現代式童詩、現代式童詩、後現代式童詩、基進（激進）童詩。透過平面式圖像、立體式圖像、流動式圖像的教學，並從各種圖像的教學中探討創造觀型文化、氣化觀型文化、緣起觀型文化等三大文化系統的

差異。當然以上所指的各種類型的童詩，也內含有關故事、生活、詠物、寫人、抒情、圖像、童話、寓言等各種類型。

誠如周慶華（2005：74）所言，在現有的童詩作品中還看不到道地的現代式的表現。坊間一些童詩集裡所見有些「貌似」現代派的圖像詩，其實都還停留在前現代的模象觀階段。如張志銘的〈火車〉。（收錄在林煥彰編著，1985：162-163）這首童詩排列成舊式蒸汽火車的車廂連接和車頭冒煙的形狀，很明顯的是在描寫舊式蒸汽火車給人的直接視覺印象，詩句中的句號恰巧也是描寫蒸汽火車的車輪。也就是說，它在模寫一種既存或可能的形象或情境，為前現代的寫實主義準則，基本上沒有什麼差異創新的地方。如果要顯現這類作品且又有圖像意味並能帶著差異創新性的，那麼就得過渡到現代式的創新上。如詹冰的〈Affair〉。（詹冰，1993：15）詩人充分利用了中文字形與排列的特性，把一對男女之間的戀愛故事，用簡單的字序表達了出來。詩中「男」、「女」二字的正反向背，可暗示雙方戀愛各種不同的過程。但這並不是在模擬反映什麼既成的事實，而是在創造「周期變化男女關係為的當」的新形象或新情境，它所凸顯出的琴瑟和鳴圖，頗相近於現代派中的未來主義手法。（周慶華，2004b：74）

接著談相關後現代式的創新方面。同樣的，在目前的童詩創作中也看不到後現代式的表現，只好以一般詩如羅青〈吃西瓜的六種方法〉為例：

〈吃西瓜的六種方法〉　羅青

第五種　西瓜的血統

沒人會誤會西瓜是隕石
西瓜星星，是完全不相干的
然我們卻不能否認地球是，星的一種
故而也就難以否認，西瓜具有
星星的血統

……

第四種　西瓜的籍貫

我們住在地球外面，顯然
顯然，他們住在西瓜裡面
我們東奔西走，死皮賴臉的
想住在外面，把光明消化成黑暗
包裹我們，包裹冰冷而渴求溫暖的我們

……

第三種　西瓜的哲學

西瓜的哲學史
比地球短，比我們長
非禮勿視勿聽勿言，勿為——
而治的西瓜與西瓜
老死不相往來

不羨慕卵石，不輕視雞蛋
非胎生非卵生的西瓜
亦能明白死裡求生的道理
所以，西瓜不怕侵略，更不懼
死亡

第二種　西瓜的版圖

如果我們敲破了一個西瓜
那純粹是為了，嫉妒
敲破西瓜就等於敲碎一個圓圓的夜
就等於敲落了所有的，星，星
敲爛了一個完整的宇宙

而其結果，卻總使我們更加
嫉妒，因為這樣一來
隕石和瓜子的關係，瓜子和宇宙的交情
又將會更清楚，更尖銳的
重新撞入我們的，版圖

第一種　吃了再說

（羅青，2002：186-189）

　　這首詩運用到後現代中「解構」的手法，它所要瓦解的「常人吃西瓜的觀念」（以為只有直接吃一途而不會先想及其他再有品味的享用），都極盡語言遊戲的能事而又不失應有的重開新局面的用意。（周慶華，2004b：79）

　　最後談基進（激進）創新童詩的部分。同樣的，屬於這種類型的童詩在坊間更少被提及，僅有大學課堂的習作還可見一些。例如：

　　〈我最好心了〉　吳文祥
　　兩隻鬼鬼祟祟的螞蟻
　　在我的書桌上急速移動著
　　那裡聞聞
　　這裡看看

　　突然一隻爬到我的書本上
　　似乎發現書上有更多牠的同伴
　　我好心的闔上書本
　　讓牠和牠的同伴永遠不分離

　　另外一隻在杯緣上
　　牠擺個漂亮的跳水姿勢
　　我張嘴一吹幫助牠一躍而下
　　那廣大湖面
　　從此成為牠的搖籃

　　　　　　　　　　　　　　　　　（吳文祥等，1998：4）

　　這首作品所形塑的「暴力美學」（實際上是一件殘忍的事卻說得很美好），充分的體證了諧擬的反影響取向，而它所會帶給我們更新觀念或新創文化的機會想必會更多（例如此首童詩可以促使我們重新思考「好心」的道德正當性而有助於本身態度的調整）。（周慶華：2005，83）

　　數十年來，童詩的創作及教學多侷限在前現代風格的模象、寫實等目前所見的文學情況。不可諱言的，在創造觀型文化（西方）、氣化觀型文化（東方）和緣起觀型文化（印度）等三大文化系統下，臺灣（歸屬在東方內）的童詩創作向度「想當然耳」的容易侷限在前現代風格的模象、寫實類型中，而無法如西方創造觀型文化可以走出前現代的窠臼，發展至現代（造象、新寫實）、後現代（語言遊戲）乃至網路時代（超鏈結）甚或是基進類型的童詩（按：超鏈結詩，須熟練電腦科技才能創作，對兒童困難度高，所以雖有舉一般的例子，但在本研究中暫不計及）。

　　可惜的是，目前國內的童詩創作多無法跳脫出「前現代」式的風格。屬於氣化觀型文化系統下的童詩創作，可以臺灣及大陸等華人地區所創作的童詩為代表。氣化觀型文化的觀念系統中重視人倫，強調人際關係中的親疏遠近，以抒情及寫實為主要表現面貌。而檢視目前國內的童詩創作，也大多不離這樣的範圍及類型。從黃美菊所寫的〈我心裡的盒子〉中，我們便可以清楚的發現氣化觀型文化的觀念系統中，重視家庭和諧、親情道德的觀念躍然紙上：

　　〈我心裡的盒子〉　黃美菊
　　我心裡的盒子，
　　除了裝心，

還裝其他東西。

我把媽媽對我的關懷

放進去，

也把爸爸對我的疼愛

放進去，

……

陪伴著我慢慢長大。

（陳千武，1992：109）

作者透過孩子的口吻，將父母親的疼愛放在心中，陪伴自己的成長，直到長大，父母親對孩子的關懷也明顯的傳達而出，恰恰體現了氣化觀型文化中重視親疏遠近、重視人倫的觀念。

相對的，在創造觀型文化系統中的童詩創作其風格則較為多元。如同莫渝在《夢中的花朵──法國兒童詩選》中談到，由於社會背景的不同，也造成兒童對於事物的著眼點不同，或許可以作為我們指導兒童創作的參考。（莫渝，1993：55）在這本童詩選集中，十歲的傑恩維葉芙寫出了這樣的一首童詩：

〈永遠的交替〉　傑恩維葉芙

世界的風

搖曳著松林。

無垠的寧靜裡，太陽昇起

月亮下沈。

月亮沉睡於

一千零一顆星星之間。

（莫渝，1993：66）

在何種文化背景下，才能創作出這種對於生命之歌的領悟，相信是身為教學者必須去了解的問題；十歲的小朋友，在小小的年紀中雖然有快樂、喜悅和溫馨，但是對於家庭及學校之外的世界，畢竟也有屬於孩童自己獨有的觀察力。因此本研究中，將徵引深受創造觀型文化影響的地區內不論是成人所寫的童詩，或是兒童創作的童詩，配合平面式圖像、立體式圖像及流動式圖像來進行童詩教學。

在緣起觀型文化系統中，可以用印度這個地區作為代表。在緣起觀型文化裡，其規範系統為慈悲救渡，行動系統為去治戒殺，這樣的想法也反映在印度詩人嘉英所創作的童詩〈猴子媽媽〉中，詩是這樣寫的：

〈猴子媽媽〉　嘉英
我逮住了你，猴子媽媽，
你就住在我這裡！
⋯⋯

你難過什麼呢，猴子媽媽？
什麼也不吃，什麼也不喝。
你已經知道我對你好，
你已經看出我多喜歡你⋯⋯

我知道你的心事，猴子媽媽，

你愁悶不樂，不喝也不吃，

是因為森林的那片土地上，

你那小傢伙在等著你。

好吧，你跑吧，猴子媽媽，

你去找你兒子吧，別哭……

等我吃完這個芒果，

我就去玩我的皮球。

（劉文剛，1995：108）

　　從這首童詩，我們可以看到喜愛動物的孩子將動物抓起來，由於自己的喜好，卻剝奪了猴子媽媽的自由，不過最後卻在感到委屈的心情下，將猴子媽媽放走了，還給了猴子媽媽自由；對照緣起觀型文化的特徵，慈悲的心明白的顯現在詩人所寫出的文字裡。

　　本節最後，讓我們來閱讀一首童詩〈土石流〉。當我寫到此處時，正逢強烈颱風辛樂克侵襲臺灣之際，造成中部南投廬山地區強烈災情。長久以來，臺灣山區濫墾濫伐，總是到了災情慘重之際，社會各界才會大聲疾呼要作好水土保持。透過〈土石流〉這首童詩，簡短的文字寫出了人們對山坡地濫墾濫伐的情形，在土石的自我闡述下，讓讀者了解到山林才是最初的受害者。

　　〈土石流〉　周慶華

　　我們也不想離開的

　　如果不是山越來越瘦削

如果不是太陽的火焰難當
我們也不必藉著一場豪雨逃出家園

果菜還來不及長大
檳榔樹也有待開花結果
我們都不想再跟他們作伴了
因為他們無法在地震中保護我們

現在我們都到了平地
有的呆在河床等待溪水的洗滌
有的衝進馬路民宅充當英雄
太陽的熱力不再對我們構成威脅

什麼
你說有人丟掉性命
那一定是你在開玩笑
我們從來不知道一個受難者也會害人

(周慶華，2007b：58-59)

　　兒童經由閱讀此類帶有「反諷」意味的童詩，學習試著從不同的角度來看待事情，這樣的風格在目前較為常見的前現代寫實類型童詩中較少被提及。正如本研究前面所提，透過不同風格作品的展現，讓學童們得以開拓更廣闊的視野。

第二節　童詩閱讀與創作教學

洪蘭（2008）在〈活化大腦激發創造力〉一文中指出，閱讀不只打開了一扇通往古今中外的門，讓你就自己的時間、步調在裡面遨遊，同時還可以刺激大腦神經的發展。此外，閱讀不但是主動的訊息獲取歷程，同時也促進大腦神經迴路活化。

楊茂秀在《閱讀生機》一書中說：「閱讀絕對不是從讀書開始的，中國有句話說『閱人無數』，小孩的閱讀應該從讀父母的臉開始的。」（2001：16）他以為孩子開始閱讀是讀他周遭的事情、現象、環境。有很多閱讀的故事都是在強調文字之外的閱讀。倘若沒有文字之外的閱讀基礎，文字閱讀是很難有生機的。

洪婉莉（2002）的碩士論文整理了許多學者對閱讀的解釋，簡述如下：

一、閱讀是一溝通行為：透過文字與圖畫內容的表述，作者向人傳達自己的知識和經驗，達到溝通的目的；而讀者以自己的認知，將作品重新建構成為一個新作品。

二、閱讀是繁雜、動態的過程：讀者一方面把自我意義帶進讀物裡，另一方面從讀物獲取意義，最後統整為閱讀理解的歷程。

三、閱讀是從一堆資料中擷取訊息的過程：這些資料不限於白紙黑字的內容，同時也包括圖示、表格、標示說明等呈現的訊息。

　　曼古埃爾（A. Manguel）在《閱讀地圖：一部人類閱讀的歷史》裡，紀錄人類閱讀的歷史，他強調閱讀書頁上的字母只是閱讀的諸多面向之一，在書中他談到：「天文學家閱讀一張不復存在的星星圖；建築師閱讀準備蓋房子的土地；動物學家閱讀森林動物的足跡；玩紙牌者閱讀伙伴的手勢；舞者閱讀編舞者的記號法，而觀眾則閱讀舞者的動作；雙親閱讀嬰兒的表情；醫生幫助病人閱讀自己飽受困擾的夢；夏威夷漁夫將手插入海中閱讀海流；農夫閱讀天空……」曼古埃爾這部閱讀歷史的書為了定義閱讀的意義，提出了以上許多的實例，並作了一個簡要的結語，他寫道：「我們每個人都閱讀自身及周遭的世界，俾以稍得了解自身與所處。」他又說：「我們閱讀以求了解或是開竅。我們不得不閱讀。閱讀幾乎就如同呼吸一般，是我們的基本功能（本能）。」（吳昌杰譯，1999）曼古埃爾不僅喚醒我們回顧閱讀的本質，更提醒我們閱讀是人類的基本能力。

　　從 1970 年起便開始在小學校園中教小朋友寫兒童詩的黃基博（徐錦成，2001），透過〈詩的誕生〉這首詩的創作過程來解釋詩，是很有創意的作法。他首先透過兒童的口吻納悶的說：

> 老師告訴我：
> 物象和心象交融，
> 才能產生詩。
> 我聽不懂，搖搖頭。

　　學生被「物象」和「心象」這兩個詞給搞糊塗了，所以老師便舉例再更具體的說明：

老師再說：

如果物象是爸爸，

心象是媽媽，

爸爸和媽媽結婚後，

生下的「你」就是詩。

我有一些懂了。

只是有一些懂，老師為了讓學生通徹明瞭，所以補充說：

物象是天上的陽電，

心象是地面的陰電，

陽電和陰電接觸的一剎那，

產生了強大的震撼人心的「雷」，

就是詩啊！

我終於完全懂了。

　　黃基博的這一聲震撼人心的「雷」，也為小學校園中兒童為兒童寫詩揭開了序幕。童詩應用在教學上時，一般以「欣賞」及「創作」兩種方式來進行，而二者間其實有著相輔相成的關係。童詩欣賞教學能使學生逐漸習得童詩作品中美的素質，配合自身的生活體驗而能產生創作的想法；反過來從不斷嘗試的詩作創作，因不斷琢磨、思考的歷程，更能回饋於詩作審美鑑賞能力的提升。然而在國小的童詩教學中，目前仍以欣賞重於創作為主要教學方向，畢竟僅培養出幾個優秀小詩人比不上讓一般學童獲得欣賞童詩作品的能力來得重要。

　　在本研究第二章中，參考各家學者的童詩教學方法，整理出童詩的教學發展不外乎欣賞、練習、想像與思考、創作與發表等四個教學過程。這四項教學可以單獨使用，或交互應用，完全視教學者的需要和學生的程度而定。教與學不是獨立的，一個成功的教學，乃是在整個教學過程裡，能引導學生的學習，教與學是融合為一體的。因此，以下所提出的教學過程，站在教學的立場，可以提供學生創作的引導與協助；倘若站在另一個創作者的立場，則可以當為創作者創作時注意的一些條件。

　　童詩欣賞教學前，首先須面臨選詩的問題，在第二章第一節的探討中，對於童詩特質的掌握，就可作為評選詩作的標準；至於在實際的作法上，為了避免侷限兒童的視野，應作多方面的欣賞。「可以選擇類似的題材，亦可以選擇相同的題目，不同的題材，加以分析、比較」（趙天儀，1992：131），如此不同模式的變化，也能增加對兒童欣賞者的吸引力。

　　蔡尚志在〈兒童詩欣賞教學試探〉一文中曾表示，童詩欣賞教學時，教師不應太過於著墨於詩的理論上，而應「透過欣賞的過程，誘導兒童慢慢地接近詩、認同詩、喜歡詩，然後一步一步地教他們如何懂詩、學詩。」（蔡尚志，1999：99-121）他還舉出了童詩欣賞教學的三個步驟，茲摘錄如下：

一、系統地介紹範詩

　　「範詩」是指具備有主題正確、段落分明、情趣盎然、意象鮮明，語句貼切、節奏流暢、氣韻連貫、結構完整、經驗合適等條件。

而所謂「系統化」是指教學前，教師須廣泛蒐集類似的詩作，一一排比，逐類介紹，以加深兒童的印象，引發他們的興趣。

二、深入的解析

縱有極佳的範詩，但倘若缺乏對詩作內涵的解析，兒童終將難有所獲。解析一首詩，應該包含三個層次，從外而裡，自淺入深，由有形到無形：

（一）第一個層次──知性的理解和探討

是指針對詩作中描寫的各項事物、情景，及其特色、傳達的意義，它們是站在什麼地位和立場，展現了什麼現象，引發了什麼值得我們注意和思考的問題；甚至，詩作中有哪些優美的句子，有什麼新鮮有趣的事物和經驗，教師都需要一一加以提示、說明和解釋。

（二）第二個層次──情趣的領悟和陶冶

對於詩作知性的理解與探討，那只是表面的認識，更重要的，是要深入領悟詩裡的情趣，在實際的作法上，教師要能把握兒童的心理需求和經驗層面，再以引導的方式帶領兒童進入詩作的感性層面。

（三）第三個層次──技巧的提示

雖然兒童對文學作品的歸納、分析、比較能力不夠，並不適合直接和他們談詩的技巧，但教師應該向兒童作「某種程度的提示」，就是應提醒兒童注意某些結構上的重點以加深欣賞的效果，可包括「命意、布局、音響、修辭」等四個向度。

三、讓兒童自由地發表心得

教師完成了解析後，可先讓兒童緩和一下情緒，然後再要求兒童將範詩重讀一次。讀完後先請兒童回想範詩的內容，最後讓他們自由發表心得、感想，甚至可以鼓勵他們提出批評、意見和好惡，以了解兒童對詩作領悟的程度。

教師在進行童詩的練習教學時，對於童詩的「結構」必定要進行一番的講解，才不會讓學生不得其章法而胡亂拼湊。所謂的「結構」，就是將詩想材料聯絡照應的方式。杜淑貞（1996：379）說到，寫詩的材料，既蒐羅殆盡，其次就要依著中心思想，將寫詩素材安排成縣密而有秩序的「肌理」；將全詩的思想材料，前後銜接，首尾貫串如珠，變成一個有機體的聯結。以上的作詩方法，古人稱為「布局」，今人稱為「結構」。

杜淑貞（1996：379-390）就詩的整體結構，提出三種結構法：

一、三分法：採取「開端」、「發展」、「結尾」三大部分的區分方法。首先開個話頭，然後敘述主體，最後再作結論，篇中「主題」的發展，清楚分明，完全合乎事理的發展程序。

上述三分法應用在寫詩布局上，也可以相通於「鳳頭」、「豬肚」、「豹尾」法。在寫作起始，吸引讀者去注意觀賞，便如鳳凰頭上的美，也就是「鳳頭」之意；中段部分包容廣闊，內容豐富，發揮得淋漓盡致，便是「豬肚」了；而「豹尾」法，指的便是文章結尾強勁有力了。

二、四分法：「起、承、轉、合」，「起」是起頭，為作意的開始；「承」為承接，申說開始的意義；「轉」為轉換，換另一種說法，以求詩意更加透徹；「合」為結束，將全篇作一總結。而對照作文方法，「起、承、轉、合」也可稱為「破題」、「承題」、「大講」、「大結」，依照文章寫作情節發展脈絡，將結構層次呈現得非常明白、清楚。

三、六分法：「起、承、鋪、敘、過、結」，倘若一件事情太過複雜，不容易三段或四段敘述詳盡，就要加以變通或擴充。「鋪」就緊接「承」之後，將未竟的文意，再加以鋪張闡揚，使其更為明白清晰。「敘」就是再進一層申說，以使題意更加顯明。「過」與四分法中的「轉」，其所處的地位、功能相當。

上述「結構」的區分，是屬於整體的架構寫作方法。杜淑貞更將結構分為「內在結構」與「外在結構」。內在結構指的是詩想材料如何聯絡照應的方式；外在結構指的是詩句的排列、剪裁安排的手段。下表為童詩的內在結構分類整理：

表 3-2-1　童詩的內在結構

類　別	名　稱	細　分
一	開門見山法	
二	蘊藉表情法	
三	夾敘夾議法	
四	題前著筆法	
五	抑揚相錯法	
六	總提分應法	（一）先總後分再總
		（二）先分後總再分
七	演繹例證法	
八	歸納例證法	
九	首尾照應法	
十	平鋪直敘法	
十一	重疊反復法	（一）句句重疊反復
		（二）隔離重疊反復
十二	聯珠頂真法	
十三	層層遞進法	（一）順層遞法
		（二）逆層遞法
		（三）順逆交錯法
十四	比翼雙飛法	
十五	三足鼎立法	
十六	對比映襯法	
十七	連續設問法	
十八	自問自答法	

資料來源：整理自杜淑貞，1996：392

　　內在結構中，第一類到第十類以及第十五類，屬於詩內容的組織結構的方法；而其餘的七類，以修辭法為主，進而形成內容的內在結構。

　　至於詩的外在結構，是指外在的詩句的排列，或刻意安排的形式，其中所說的「分節」，有些人稱為「分段」，在有限的字句中，詩人必須剪裁安排材料，創造出富有個性的「型態美」，這就是詩的外在結構。下表為童詩的外在結構——剪裁安排手段分類整理：

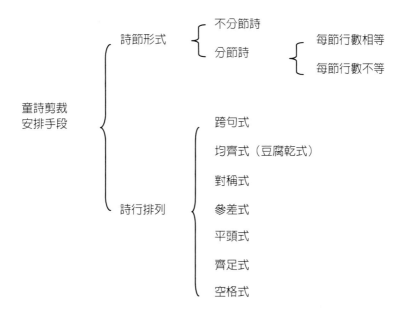

圖 3-2-1　童詩的外在結構——剪裁安排手段

資料來源：整理自杜淑貞，1996：461

　　除了詩排列的分行分段外，其外在結構的一些元素，如標點符號的運用、童詩中的連接詞、童詩中的斷句與抬頭等，教學者在教學時也不免要注意到。有鑑於此，黃華程（2006）提出了以下看法：

一、童詩的標點符號

　　就散文而言，標點符號如果運用得體，不僅可使語意、文意表達得更加明確，還能增加文辭的氣勢和神態。就童詩而言，因為已經一句一行，就算標點符號被省略了，也不致有太大影響。不過，有時為加強語意、詩意、氣勢和神態，適時的加上標點符號，加以巧妙的搭配，如在感情強烈時，運用疑問號或驚嘆號，將可收到畫龍點睛的效果。

二、童詩的連接詞

　　學童在寫作文章時，常會用到一些連接詞，如「而且」、「然而」、「可是」、「因為」、「所以」等，如能善用，可使句子環環相扣，增進文章的流暢。然而，詩是一種藝術，用字特別講究「精鍊」，不必要的連接詞應儘量避免。分行是詩的特色，其產生的空間效果，遠比用有形的連接詞更具特色，讓讀者欣賞時也會產生耐人尋味的效果。詩的句子常具有跳動的韻律美感，寫童詩不必用連接詞來連接，而是用意義來連接。但是有時為了重複強調某一詩語詩意，或用來造成有力語法，強調詩的語氣，適當地運用連接詞，尤其是轉折連詞，卻可營造另一番特殊效果。

三、童詩的斷句與抬頭

　　寫作童詩時，如果一句話太長了，為了加強語氣的特殊效果，可以分成好幾行來寫，這就是「斷句」。其功能在於運用長短不同

的句子，隨著感情和節奏的起伏，除了表達更清晰明白，還可調整節奏，製造音樂效果，使感情躍然紙上。而所謂「抬頭」，只是要把某一個字或幾個字，從一行的最下面處搬到隔壁一行的最上面處，使得情感與詩意更強烈的表達出來，具有「強調」的作用。

「想像」可以說是詩的靈魂，要直搗兒童詩的豐富內涵，這是一條必經之路，且是不能逃避的；只有從此經過，才能得著兒童詩的精髓。透過想像，童詩創作者可以將思緒馳騁奔放，不受拘束的將腦海中的創造力傾洩而出；因此在教學時，讓學生體會並能善用「想像」在童詩創作上也是相當重要的課題。

什麼叫做想像？洪中周（1987：117）認為就是要把抽象的心理意識變成具體的圖畫意象，也就是要把握物象的特徵，把意境象徵為意象，有形的表現出來，造成「詩中有畫」的圖像。

不過談及意象時，總是會讓人摸不著頭緒，為了把意象作進一步的解釋，王夢鷗談及意象表達的技巧問題時，提出以下看法：

從修辭上觀察詩人文學家們對於意象的表述，大體可分為三個層次：第一層，是積極運用記號所能達成的效果，而直接把意象翻譯為外在的語言。第二層，則連同意象所衍生的類似的意象，同時譯為外在的語言，而就以那類似之點來代表原意象。第三層，是為著注意那衍生的意象，就把它當作原意象來描寫；如果使原意象是由客觀的事物促起的，但促起之後繼起的意象，則是純主觀的另一經驗的再現，以純主觀的另一經驗的再現當作主體來描寫。

（王夢鷗，1976：122-123）

　　除了上述的闡述之外，王夢鷗又各以一句話來標明他所謂的「三層次」表達方法：第一層叫做「意象的直接的傳達」；第二層叫做「意象的間接的傳達」；第三層叫做「意象的繼起的傳達」。（同上，123）周慶華針對這三個層次的意象表達技巧作出說明：如杜甫〈旅夜書懷〉「星垂平野闊，月湧大江流」一句，這是詩人曾見過（或曾想像過）的景象，屬於他記憶的一部分，現在被促成一個意象，詩人就直接把它翻譯為「外在的語言」，也就是「意象的直接的傳達」。又如王昌齡〈春宮曲〉「平陽歌舞新承寵，簾外春寒賜錦袍」一句，明是在描寫失寵的宮妃欲怨不得的心情，卻不直接把原意象翻譯為外在的語言，而從受賜錦袍的平陽公主謳者這個衍生的意象入手，間接的表述出原意象，這就叫「意象的間接的傳達」。又如李商隱〈無題〉「春蠶到死絲方盡，蠟炬成灰淚始乾」一句，表面在敘述「蠶死絲盡」和「蠟燃成灰」等意象，事實上是要表述某種情思（有殉情的意味），這才是原意象。他把「衍生的意象」當作原意象來描述，這就叫「意象的繼起的傳達」。（周慶華：2000，27-28）換句話說，「意象的直接的傳達」是直敘，「意象的間接的傳達」是比喻（以甲比乙，意義在乙），「意象的繼起的傳達」是象徵（以甲比乙，甲乙都有意義）。經此說明，意象的表達技巧更易了解。（周慶華：2004b，86-87）

　　回到想像的範疇。杜淑貞（1996：111）認為所謂「想像」，絕非胡思亂想，它應表現出一種有組織的設計。將一些平凡、膚淺、通俗，人人習見周知的現象與材料，轉變為一種美妙、神奇的事物，是一樁令人驚嘆的「化腐朽為神奇」的工作。寫詩重在構思，構思貴在發現，貴在創新。

　　黃新生、艾曉林（2000）認為「想像」是在頭腦中改造已有的表象，而創造新形象的過程。彭碩（2000）提到想像的特徵，認為想像的基本材料是「表象」，因而具有具體的形象性的特點。但這一表象，又不一定實際存在過。它可以是世界上從未存在過，或根本不可能存在的事物的形象，因而想像又具有虛構性的特點。不過，無論怎樣虛構，想像都必須以客觀現實作為基礎的泉源。例如學生將雨滴想像成「淚珠」時，首先腦海中先出現「水」的「象」，再經由改造，想出另一種在腦海中也已經出現過的事物，而且其形態或外觀等有其連結的地方。不過學生的想像尚不只如此，有時出現在他們腦海裡的「表象」——諸如巫婆的飛天掃帚、太空戰士的雷射槍等，在世界上未曾出現過，但是經由想像的力量，卻創造出了無限的可能，也豐富的作品的內容。

　　林紅梅（2007）將想像分成三類：

一、補充式想像

　　有些作品內容並沒有都寫出來，寫出來的只是其中的一部分，沒有寫出來的那部分，便要憑藉想像能力去完成。

二、膨脹式想像

　　在原有的想像基礎上，進行擴充式再想像，例如大量的古詩詞。比如說「月落烏啼霜滿天」僅僅只有七個字，學生利用腦中已存有的月落、鳥類啼叫及寒霜來進行當時季節、天候等的擴充想像。

三、突破式想像

新的想像完全突破了原有的形象，在創作中加入跳躍式的思考，例如許多科幻小說，在《哈利波特》中作者羅琳（J. K. Rowling）將咒語、魔法等融入巫師及「麻瓜（只不會魔法的普通人）」的日常生活中，其想像完全跳脫出一般的邏輯思考。

陸承剛（2003）認為所謂的想像，就是「虛構」。聯想是由此事想到彼事，是實打實的思維活動；想像也不是天馬行空，所謂虛構，實際上更側重於調動頭腦內存的聯想。我們倘若把想像比喻成一棵樹，聯想就是樹枝，樹枝倘若經過美好的修剪（聯想的調動），就會長成一棵壯碩漂亮的樹。

而周霞（2004）將想像作基本分類：

一、再造想像

根據語言的描述或圖樣的示意，在人腦形成相應的新形象的過程。例如：沒有去過的人，根據圖片或影片或文字資料，在頭腦裡構成故宮博物院的形象。

二、創造想像

在創造活動中，根據一定的目的、任務，在頭腦中獨立地創造出新形象的過程〔劉曉瑩（2005）認為創造想像，不依據任何現成的描述，而是按照自己的創見，來創造新形象〕。

　　趙天儀（1992：118）指出，詩的情感與意義，是藉著音響的韻律與節奏，乘著意象（想像）的翅膀飛揚。此一見解，則為兒童詩的特質，下了一個完美的註解。其中，都不約而同的提到「想像」是兒童詩的特質之一，可見兒童詩與想像的關係相當濃厚。

　　與想像緊密相連的是「聯想」，聯想是想像的基礎，想像是聯想的發展。任何一種新的發明、創造，都離不開想像。

　　黃新生、艾曉林（2000）認為聯想是對頭腦中已經存有的事物的再現；而想像是對已有形象的更新，是一種再創造。彭碩（2000）提到想像與聯想的區別時談到：想像是「從無到有」，具有創造性，其認識的意義大於語言的意義。想像是在原有感性形象基礎上，創造出新形象的心理過程。

　　馮小武（2006）則是將想像解釋成是人腦對記憶中的表象進行改造並創造新形象的過程。它是以聯想為基礎，又比聯想更深刻；跟聯想比起來，最大的不同是想像有「創新」，而聯想沒有。聯想是從一物想到另一物的思維活動，聯想在寫作上能引起拓寬思路，豐富文章的作用。聯想是在已有感性或理性形象之間，不斷跳躍相連的心理過程。這些形象一定是現存的或曾經存在過的，所以其特點是「由此及彼，由甲而乙」，從一事物想到跟它有某種聯繫的其他事物。聯想之物也應是現實中存在之物，修辭中比喻等也是利用聯想來完成的。（謝錫文，2008）

　　可見，聯想是想像的基礎，想像是聯想的昇華或發展。就修辭而言，比喻修辭是聯想的結果，而比擬修辭是想像的結果。例如「她像一位仙女」是一種聯想的結果，看見「她」的美麗而聯想到仙女的美麗；而「當街燈亮起來向村莊道過晚安」這句話中，將街燈比擬成人來向村莊道晚安，屬於比擬的用法，是在街燈這個原有的形

象上，透過想像創造出「人」的新形象。總而言之，聯想是於存在的形象之間，彼此的聯繫；想像則是在原有的形象上，創造出新的形象。

例如黃邦豪小朋友寫了一首〈風〉，談到「春天的風╱是小草跳舞的舞臺╱夏天的風╱是小蟲睡覺的搖籃……」透過風吹在草上如浪般的聯想，將風聯想成是舞臺、搖籃；又如林武憲〈北風的玩笑〉中，寫到「北風最喜歡和樹開玩笑╱害得樹都笑彎了腰」時，將樹比擬成「人」笑到彎了腰，也是透過想像創造出有別於樹之外的人的形象。（張春榮，2002：114、116）

第三節　童詩圖像教學的新嘗試

一次在進行童詩教學時，我引了一首範詩讓小朋友欣賞，詩一開頭是這麼寫的：「郵筒有兩個兄弟╱他們喜歡站在一起╱而且個子一樣高╱只是一個愛穿紅衣服╱一個愛穿綠衣服╱穿紅衣服的，性子比較急╱他叫郵差去送信╱要騎摩托車去╱……」（林良等，1985：63）當我說明這首童詩寫的「主角」是平信和限時信的郵筒因顏色不同而有所區分時，原以為郵筒因寄信速度不同而顏色有所差別的認知是常識，沒想到有學生卻說他沒看過紅色的郵筒，當然他也不知道限時信是什麼。這時我馬上走向教室的電腦，在網頁上搜尋出各種顏色及形狀的郵筒圖片。除了紅色及綠色外，在國外也有許多國家郵筒顏色是黃色或其他顏色的。這麼一來，除了一開始不知道紅色郵筒的那位學生外，其他原本認知中只有紅綠兩色

郵筒的學生，經由圖片的介紹，腦海中也因此出現更多顏色及形狀的郵筒。

對於這次的童詩教學，在沒有圖像配合的引導下，當然是會有一點美中不足之處。倘若是先行讓學生欣賞童詩教學主題（或事物）的圖像，那麼學生的接受度想必會有不同程度的影響。

蔡榮勇（2000：9、12）也曾提到在指導兒童詩時，介紹好的童詩集給學生閱讀，並且指導學生兒童詩的欣賞，還可以利用視聽媒體。例如雪景，可拍成幻燈片，播放給學生看，讓學生認識雪的面就更大了。杜榮琛（1996：175）談到兒童詩的教學指導，不外乎欣賞的教學、思考的教學、練習的教學、發表的教學，其中的「思考教學」，就是構思的階段。他認為一首兒童詩的表現是否成功，想像和思考是決定性的重要關鍵，如果教師在指導兒童寫詩時，格外注重想像力啟發，以及自我心靈思考的訓練，往往會影響其作品的創作水準。他搜集了國內外許多有創意的圖片，自編成「腦力激盪」的一套教材，在童詩寫作之前，他將這些圖片介紹給學生欣賞，對於兒童的想像和思考，有料想不到的激盪作用。

自有人類文明發展，留下許多的圖像記錄，而不同的文明因生活方式、環境差異、不同的表達方式、所產生圖像也有所不同。根據考古學家認定，人類最早的圖像記錄約在西元二萬年前法國南部的「拉斯哥的洞窟畫」。這是目前已知的人類最早的繪畫，假如從傳達訊息的意義來說，這面洞窟壁畫也就算是世界最古老的圖畫之一了。而最著名的是西班牙北部的阿爾塔米拉（Altamira）洞穴壁畫，距今約一萬五千年左右。石器時代著名的洞穴藝術如歐洲西班牙北部與法國境內的許多洞窟的壁畫，所描繪的題材主要以野牛、馬、鹿等動物為主，所畫動物的線條簡練有力、姿態生動，色彩呈

黑褐色，外加簡單的明暗描繪，表現出自然而粗拙的風格。所以畜牧的發展在人類史上，是由新石器時代，在人類由狩獵與採集生活，轉為農耕與豢養動物的型態後開始發展，動物與人一直保持相當密切的關係。（常和，2004）而這些訊息便是從「圖像」上理解來的。這些人類遺留下的珍貴圖文記事，從內容、符號的意指可以漸漸解開的古代文明的原始立意記錄與意念的傳達。

圖像文化泛指人類社會的生活方式，其範疇涵蓋生活的總括，包括思想、語言、社會活動、藝術與科技等。圖像本身具有傳達真實世界的訊息與喚起過去經驗與記憶的功能，是人類溝通的主要媒介。隨著時代的進步，圖像的發展也從起初的二度空間平面式圖像，發展至三度空間立體式圖像乃至四度空間流動式圖像，圖像的種類也更為多元。

圖像的種類很多，其中包含所有非文字的視覺訊息。不單是指繪畫，舉凡照片、圖片、影片，甚至是圖表等都是。（李漢偉，2005：255）在本研究中，將圖像分類為平面式圖像（如平面繪畫）、立體式圖像（如立體物品）及流動式圖像（如內含時間流動性的影片、戲劇表演等），就包含上述各種媒材。

也有學者認為，圖像可區分為真實畫面的擷取以及想像情境的描述，將外在景物及想像以描繪的方式呈現，就可稱為「圖像」。（張霄亭等譯，2002：139）蘇振明表示圖像、語言、文字是人類溝通情感、傳達思想的三大媒體，其中圖像最能打破時間、空間和人際間的隔閡，是古今中外不分國籍性別，均能相通的視覺語言（何應傑，2002）。圖像的呈現，改善了書寫文字的冗長、口語文字的不明確，以及概念連結的鬆散性等，並改變了傳統以文字作為思維中心的模式。（黃學誠，2000：27）

　　圖像因為具有清楚並易於理解的特色及外表，使得許多必須使用例證說明內容的教科書中，經常運用視覺圖像以作為輔助傳達的具體工具。多年以來，許多實證研究試圖探討圖像在學習上所扮演的角色。Levin 和 Lesgold（1978）曾檢視 12 篇有關學生在聆聽童話故事時，圖像對學生了解程度影響的研究。結果發現使用適當的圖像可以增進學生對口語訊息的了解和記憶。又如 Lesgold、DeGood 和 Levin（1977）的研究指出藉由圖片的幫助，一年級的學生可以正確的回憶起 68%的故事內容，但倘若說故事時沒有同時呈現圖片，那麼學生只能記起 47%的故事內容。除此之外，圖像對學生認知學習的影響也顯示在非童話的故事中。根據 Levin 和 Barry（1980）的研究，四年級的學生在聽完由報紙上所擷取的一系列圖文並茂的真實故事後，比起只單聽故事的學生，更能回憶起更多的細節，並且此結果在數天後測試效果仍是如此。「圖像」的延伸，最能讓學生獲得「空間推廣」的具體概念，藉由領略圖意的要領，再透過語言文字表達出來，是達到文意生動的關鍵所在。

　　在知識的傳遞上，雖然圖像與文字常被視為平行表達的工具，但由人類認知學習的觀點而言，可以發現圖像的認知先於文字的學習。正如林良所說：「圖畫是小孩子起步閱讀所接觸的『第一種文字』。」（林良，2000：169）圖畫也屬於圖像的一種，由此可知，經由圖像作為媒介的教學，其效果比起單純透過文字的呈現所作的教學來得要好。應用在童詩教學上，倘若只是讓學生憑空想像而要創作出童詩，效果必定比不上以圖像來作為媒介的教學；你要讓學生寫出小鳥兒活潑的樣貌，但是學生卻沒有機會仔細觀看小鳥兒活蹦亂跳的情形，經由圖像的觀察，至少可讓學生在寫作時多了想像

的空間。由上述文獻所獲得的成果看來,將圖像帶入教學中,不論
是在認知或是記憶上,對於學生的學習是有一定的正向成效。

　　林菁(1994:173)談到,隨著現今社會中視覺訊息的蓬勃發
展,圖像教學成為現行教育體系中傳遞知識的主要管道之一。多元
化的視聽教材已普遍地使用於各級學校,以輔助傳統教學方式的不
足。對於圖像在教學上的功能,Levin、Anglin 和 Carney(1987)透
過圖片分析並提出論述,其看法具有相當價值。他們認為圖像在學習
上具有五種功能,分別是表徵、組織、解釋、轉化以及裝飾等五種。

一、表徵

　　以圖像的方式將抽象概念具體呈現,圖像內容與文字文本互相
重疊。由於圖像能使文本中的命題具體化,以致可使學生增進所欲
學習內容的了解,並加強對文字文本的記憶。

二、組織

　　此種圖像形式可將文字文本中的相關訊息作連結,或將概念予
以簡化、分類,以幫助學生了解訊息之間的關係,並增加學習記憶。

三、解釋

　　以圖像來輔助說明文字文本中不易理解的概念,但僅需使用與
概念相關的訊息。其能展現文字文本的整體結構及細部結構,幫助
學生理解文字文本。

四、轉化

將文字文本內容轉換成圖像，以圖像來表達所有的訊息，其具有幫助記憶的功能。

五、裝飾

圖像與文字文本內容無關，其呈現的目的僅作為美化、豐富版面或引起學習興趣之用。但是過多裝飾圖像的使用可能造成學生分心，甚至對學習產生負面影響。

除了上述國外學者對於圖像在教學上的看法之外，張瓊云也整理多位研究者研究分析指出，圖像在教學上的效用大致有：

一、圖像可作為內容的提示，並引導學習者將注意力集中在學習重點上。藉由圖像所提供的視覺刺激，可以擴大並強化教學內容的主要概念，以便學習者對於教材主要概念的了解。

二、圖像可提高學習者動機。讀者喜歡閱讀影像、圖片已成為一種必然的趨勢。大部分的人對圖像教材的喜好更勝於文本內容。因此將圖像使用於教學上可吸引學習者興趣，提高學習動機。

三、圖像可引發舊有經驗的連結。透過視覺圖像的傳達，可連結教學內容中的文字與個人舊有知識經驗。藉由真實

情境的視覺呈現與時空的安排，學習者能將個人所見與
先前經歷的舊經驗作一個整合，使文字內容產生意義。
四、圖像可幫助文本內容的解讀。透過圖像與文本內容的對
照，可幫助學習者理解教材內容的意義。同時學習者可
藉由文本內容與圖像訊息的相互比對，以更近一步了解
內容的主要概念。

（張瓊云，2008：11-12）

溫文玲（2006：30）認為圖像的教學流程有四個步驟，分別是
圖像輸入、觀察與理解、思考與討論與產生意義，詳列如下：

一、圖像輸入：提供各類圖像，吸引學生注意，激發興趣。

二、觀察與理解：引導學生觀察圖像的內部細節，理解圖像
內容。

三、思考與討論：讓學生思考圖像可以告訴我們什麼，並讓學
生討論，分享彼此上同的看法。倘若解釋與圖像內容有出
入，可回到第二步驟。

四、產生意義：學生了解這圖形的內容與其代表的意義，並與
自己生活經驗作連結，進行價值澄清。倘若解釋與圖像內
容有出入，可回到第二或第三步驟。

因此，圖像化的教學乃是將圖像透過組織後呈現，以使教學活
潑化的視覺化教學策略；透過此種教學策略，可使圖像訊息的傳遞
更具系統，讓學習者易於整合知識、增進批判性思考，有助於理解
和學習。（溫文玲，2006）而本研究的圖像化教學，乃是指教學過
程中，教師指利用文字、聲音、音效、動畫或影像等多種媒體激發

學生聯想與推論，進行圖像與文字的交叉學習；透過媒體影像與文中的插圖，喚起學生舊有經驗，開始進行有意義的連結，激盪學童對新教材的聯想以及文字的理解，並能進一步分析與應用。

　　目前的童詩教學或是詩畫集，大多是讓學生寫出童詩後再加上圖畫，這種先有童詩後有圖像的方式，是建立在學生已經可以寫出童詩的前提上。不過在教學的實際情況，讓教師感到棘手且困難的是讓學生能提筆寫出童詩，而不是將它視為畏途。讓學生藉由欣賞詩作來創作圖畫的過程，因為已經有文字文本可供參考，透過語文刺激來活化圖像的刺激，學生在創作圖畫時便顯得較為容易上手。目前經由圖像化教學來促進學習的研究在許多領域都有涉及，例如《運用圖像化教學於國小文言文學習成效之研究》（張瓊云，2008）中，張瓊云發現以「圖像化教學」進行文言文教學後的學習保留效果明顯高於「傳統講述教學」。另外，《透過圖像化學習提升國小學童語文閱讀理解能力之研究》（溫文玲，2006）中，溫文玲研究後也得到：在輕鬆自在的圖像化學習活動中，能增進學童的學習動機；圖像化學習對學童學習能力的提升，具有積極正面的效果。上述研究均是透過圖像來刺激學生的認知系統，喚起學生的舊經驗抑或輸入新的視覺元素，讓學生在學習上更有效率。

　　在童詩的圖像化教學中，教師教學時透過各種類型的圖像呈現，引導學生針對圖像中的視覺要素進行聯想和想像。在目前的童詩教學中，創作內容多侷限在前現代的寫實風格中，創作的表現系統多以抒情、敘事或寫實為主，對於存在這世界上其他的文化系統較少涉及。當我們觀看西方（創造觀型文化）的畫作（平面式圖像），如米開朗基羅的〈創世紀〉中創造世界的過程時，思考的理路與面對東方（氣化觀型文化）的潑墨山水畫（平面式圖像），必定有所

不同，其背後所蘊涵不同文化系統下的要素更值得了解與探討。在所呈現的圖像中，教師須引導學生涉及創造觀型、氣化觀型及緣起觀型等三大文化系統的解讀或賞析。例如《魔法阿媽》這部電影中，所涉及到的便是氣化觀型文化系統，在影片中在在可以察見此型文化系統中關於「道」的自然氣化過程。倘若教師在教學時能夠針對此一論點進行講述，那麼學生在思考時，其聯想或想像的思路一定更為開闊，在創作時的面向也容易較為多元化。

第四節　童詩圖像教學的方向

　　心理學者認為在認知領域的學習過程中，學習者必須是主動的建構者，學習是種個別化的經歷，所有外在刺激必須經由引發學習者原有的想法，將所選擇注意的知覺嘗試與長期記憶產生關聯，再經有意義的理解程序儲存於個體的記憶中。有研究指出，視覺上的刺激能在短時間內帶給人們情感上的反應，也可以呈現真實生動的影像，對學習有很好的增強效果，同時展現教學訊息，並以具體的方式呈現文字和語言難以表達和釐清的抽象概念，幫助學習者組織資料和建構知識。（林鴻瑛，2003）

　　周慶華（2007a：112）認為，以語言表述的內在樣式或取義向度作為依據的話，文體可區分為「抒情式的文體」、「敘事式的文體」和「說理式的文體」等三大次類型。雖然如此，相關的教學還得再「細緻化」，才有具體指稱的便利性。換句話說，抒情式的文體、敘事式的文體及說理式的文體等都是高度概括的文體指稱，必須再

進行細分，以便作為論說和實踐的憑藉。因此，周慶華將文體類型再細分為如下圖：

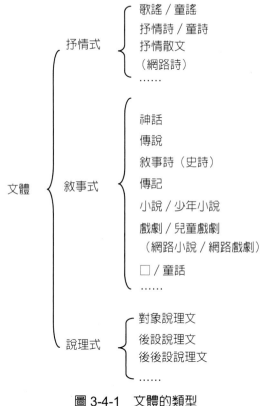

圖 3-4-1　文體的類型

資料來源：周慶華：2007a，114

　　由上圖可知，童詩可歸類在抒情式的文體類型中。進行童詩圖像教學時，必定要涉及「抒發情感」的過程。換句話說，抒情是要把情感加以提煉而後透過比喻／象徵等藝術手法來傳達的；情感經

過一番「萃取」和「包裝」後，就可以與「普泛之流」有所區別。抒情的基本律大體可分為「意象的安置」和「韻律的經營」，然後再將情感本身特別限定在「深情」或「奇情」層次，以及必要時以「反義語／矛盾語」和「形式變化」來強化藝術的張力。（周慶華：2007a，120）這樣的過程可以用下圖來表示：

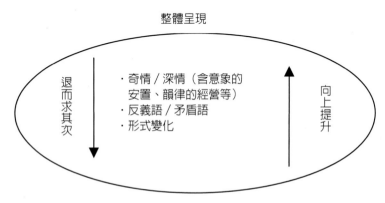

圖 3-4-2　抒情式文體的創作過程

資料來源：周慶華：2004b，94

　　如前所述，童詩也屬於抒情式的文體，因此創作的深度可以從「形式的變化」往「奇情／深情（含意象的安置、韻律的經營等）」來發展，例如常見的圖像詩／前衛詩／超前衛詩都是屬於「形式變化」的範疇。（丁旭輝，2000；焦桐，1998；孟樊，2003）當然，寫作時是不得已的情況下才要「退而求其次」的，不然都得「向上提升」直到能夠「整體呈現」為最佳典範。

　　文體在「跨系統」後都會再發生變化，而這種變化最明顯的變項就是「學派」，學派的變項介入知識系統的運作後，便產生了諸

如前現代／現代／後現代等學派類型。依理說來，童詩屬於抒情式的文體，而抒情式的文體也產生了前現代／現代／後現代等學派。簡單的說，前現代，是指現代出現以前的時代，前現代所可以考及設定的特色在於世界觀的建構及其運用，而前現代的產生並可以為人類的文化「奠定」良好的基礎。（周慶華，2007a：163）其寫作風格大抵可用「寫實」（模象）來描述前現代所見文學整體的情況。

　　相對於前現代所見的世界觀的建構及其運用，現代則傾向於將原有的世界觀予以演變發展。它起源於西方世界對於其長期遵循的創造觀文化內所信仰的造物主「絕對支配力」的動搖，而讓西方人獲得思慮自由想像和意志無限伸展的機會，從此多方交流激盪而塑造得出的。現代展現在十四世紀到十六世紀文藝復興時期中，對於古希臘時代「人文主義」的假想，以及十七世紀啟蒙運動所強調的「人文理性」和十八世紀工業革命以來對於「工具理性」的崇拜。其中也包含十八世紀以來，由美國獨立運動和法國大革命所掀起的「政治民主」和「經濟自由」等世俗化的浪潮。（周慶華，2007a：168-170）在文學的表現上，我們會以「新寫實」（造象）來描述現代所見文學整體的情況。

　　人類對於前現代到現代，也逐漸演繹出一番不同於以往所形塑的認知觀點而產生了後設認知，這樣的後設省思於是便有了後現代的出現。所謂的後現代，就是對於這個「等待尋繹」空檔所產生的發覺，涉及的是對西方現代及前現代所有成就的全面性的省察和批判。在文學的表現上，我們會以「語言遊戲」來描述後現代所見文學整體的情況。學派跟世界現存創造觀型文化、氣化觀型文化和緣起觀型文化等三大文化系統結合後，便出現的如圖 1－3－1 的情形。世界現存三大文化系統中，各有其「模象」（寫實）的表現風

格，不過名稱雖然相同但卻有各自不同的意涵，也鮮少產生交集。在創造觀型文化中的寫實主要是在描寫人與神衝突形象的「敘事寫實」；在氣化觀型文中的寫實主要描寫「內感外應」形象的「抒情寫實」；至於緣起觀型文化中的寫實，則是在描寫種種「逆緣起」形象的「解離寫實」。（周慶華，2004c：143-144）

在本研究中圖像可區分為二度空間的平面式圖像、三度空間的立體式圖像及四度空間的流動式圖像。在各種圖像的類別中，所創作出的童詩又依創造觀型文化、氣化觀型文化及緣起觀型文化來探討，在各個文化系統中便出現了前現代／現代／後現代乃至於網路時代等學派類型的童詩創作（按：如本章第一節所說，因技術問題，網路超鏈結詩暫不列入本研究的討論範圍）。當然，創造觀型文化比其他兩種類型的文化本著其信仰緣由而有較多發展各種學派類型的機會。

除了上述的創作途徑之外，所謂的「圖像詩」也包含在童詩圖像教學的範圍之內。在圖像化的教學中，創作者也有可能將心中所存事物的外像（或外觀）直接應用於創作上；應用於童詩上，便產生了「圖像詩」這種類型的創作。創作者必定先有所欲表現圖像詩的「外像」，再將創作的文字排列成「外像」的形狀。當然，好的圖像詩不只有外像的排列而已，更向上提升至意象的安置、韻律的經營等。陳正治引臺灣詩論家林東和對於圖像詩的定義：「凡是一首詩，部分或整首，以詩行的排列展示圖像的，都可以稱為圖像詩。」又引大陸詩論家呂進之言：「圖像詩的特點，是訴諸讀者的視覺：詩人以文字排列模仿各種事物的外形，企圖以此讓『那件事物本身站在那兒向你逼視』。」（陳正治，1997：326）例如寫一首題目〈火車〉的詩，就將整首詩排成火車的形狀。由於外表跟其他詩不同，

深具視覺的效果,自然能引起廣大兒童的興趣。然而,值得注意的是,圖像詩仍然要重視詩的內容,畢竟內容才是文學作品的根本。對於圖像詩的應用,詩人羅青說:

(一) 內容與圖形應配合無間,相輔相成,相互發明。

(二) 內容必須是詩,必須具備有詩的要素,而圖形的安排也必須對詩的內容有啟發闡揚或暗示象徵的功能。

(三) 寫圖像詩必須有基本的繪畫修養,對構圖及造形了解深刻,是有助於創作的。

(1978:69-70)

因此,只有詩意和圖像配合得恰到好處,才能將內容表現得淋漓盡致;而如果只是一味的講求詩句外型的排列,對於童詩的內涵則一概不管,那無非是捨本逐末,只會貽笑大方,一點都不值得鼓勵。

此外,也有人將「文字詩」視為圖像詩的一種。它是利用中國文字本身的趣味和藝術性,創作出以字形字義為聯想的童詩。根據杜榮琛(1983:40)的見解,目前的文字詩有兩種:一種是結合兩個字或兩個字以上,從文字的部首與結構的相似性,作為創作的聯想;另一種則取象形文字(或六書中的任何一種文字結構)的外在形象、輪廓與特徵,來創作出想像新奇的作品。

例如臺中新興國小涂致逸小朋友所寫的〈眼鏡〉,整首童詩的外觀便如一把平放在桌上的眼鏡;想必作者創作此詩時,心中必定先出現眼鏡的圖像,再將構思好的文字依照圖像的外觀創作而出。

倘若作者並無觀賞過眼鏡外觀的經驗，這首詩就無法以這樣的表現
方式呈現在讀者眼前了：

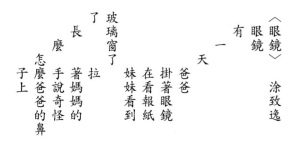

了玻璃窗了　　　　　　　　　　　　　　〈眼鏡〉
　　　長　　　　　　　有　眼鏡
　　麼　拉　　　　　　一
　怎麼著媽掛在　天
子麼手說著看爸
上爸說奇眼報爸　　涂致逸
　爸怪鏡紙
　的妹
　鼻妹
　看
　到

（杜榮琛，1996：117）

　　當然，好的童詩是以表現好的內容為主要關鍵，在必要時倘若
能配合自然得體的外貌形式，往往更能相得益彰；「圖像詩」就是
為了追求更充實的內容，配以更堂皇的外貌，所產生的一種視覺性
的文字排列，的確有強化詩的效果。（杜榮琛，1996：119）不過，
創作時仍是得儘量朝「向上提升」至意象的安置、韻律的經營等來
發展，才不至於顯得空有外表而內容空洞。在學生創作圖像詩時，
倘若是合理的配合圖像外在形式的表現所創作出來的童詩，我們則
可以抱以鼓勵的態度來欣賞。

　　詹冰於 1966 年發表的〈水牛圖〉可謂圖像詩的經典之作。（丁
旭輝，2000：33）漢字的圖像基因與建築特性在此有著精采的發揮，
全詩就像一隻自然站立而往右回首的水牛：

〈水牛圖〉　詹冰

角

角　黑

擺動黑字型的臉
同心圓的波紋就繼續地擴開
等波長的橫波上
夏天的太陽樹葉在跳扭扭舞
水牛浸在水中但
不懂阿幾米得原理
角質的小括號之間
一直吹過思想的風
水牛以沉在淚中的
眼球看天空的雲
以複胃反芻寂寞
傾聽歌聲蟬聲以及無聲之聲
水牛忘卻炎熱與
時間與自己而默然等待也許
永遠不來的東西
只等待等待再等待！

（詹冰，2008：34）

前三行像水牛往右回首時的臉部特寫；第四行以後則是一個站立的牛身形象；兩隻站立的前腳則在第五、七行表現……圖像描寫的細膩度，可以見到詹冰實際的農村生活體驗，這樣的創作靈感，絕非一位從沒實際接觸過水牛的人所可以達成的。這首〈水牛圖〉在「形式變化」上已達成高超的圖像技巧，在意象的安置上，也能讓全篇詩思的發展連綿不斷，一氣呵成。從水牛的外在形象與環境寫到水牛內在的心境，然後再轉化出他對時間生命的態度。圖像內的文字，則把臺灣的牛與「臺灣牛」──臺灣的農民──的性格與特質，表現得十分貼切傳神，與其外形作了最佳結合。

「穿梭」在不同文化系統之間，教師透過圖像化的教學，讓學生有更多的思考面向來創作童詩，孩子的創造力相當豐富；透過圖像的刺激，視覺元素進入腦中與原有的先備知識互相交流，激發出更多的火花。雖然我們不能限制學生創作童詩的方向，但教師灑下的「童詩魔法」種子，必定會開出更多樣的奇花異果。

第四章　平面式童詩圖像教學

第一節　概說

本章要來討論平面式童詩圖像的教學方法。首先，我們得先釐清何謂平面式圖像？接著再來談屬於平面式圖像的教學具體方法，提供教學者在進行平面式圖像的童詩教學時能夠參考遵循的具體模式。平面式圖像也是大多教學者進行童詩教學時較常運用到的教學媒材，或是教學者在學習者創作完成後所產出的作品型式，如童詩繪畫、手工圖畫書、甚至繪本書等，都是屬於平面式圖像的範疇。

目前國內的童詩創作，不論是成人或是由國中小學生所寫的童詩，其學派類型多是屬於前現代模象／寫實風格，除此之外，圖像詩也是其中一種，例如馮俊明的〈滑梯〉、張賢坤的〈傘〉等，透過圖形的排列技巧，寫出外貌、內容兼優的詩作；而現代、後現代、網路時代乃至基進風格的童詩可說是少之又少。除了前現代風格之外的童詩創作，其他風格的學派類型似乎較無機會能夠有「大顯身手」的機會，是不適合兒童閱讀觀看，還是其他風格的學派類型無法創作而導致「此路不通」，似乎無人談及。縱觀國內新詩或其他文學種類的發展，除了前現代風格之外，均已涉及現代、後現代及基進等風格，唯獨童詩不能？如此的發展值得教學者思考。

有兩首基進風格類型的童詩創作是這麼寫的：

〈我最好心了〉　吳文祥

兩隻鬼鬼祟祟的螞蟻

在我的書桌上急速移動著

那裡聞聞

這裡看看

突然一隻爬到我的書本上

似乎發現書上有更多牠的同伴

我好心的闔上課本

讓牠和牠的同伴永遠不分離

……

（吳文祥等，1998：4）

〈我是好學生〉　陳志豪

下午又要交作業了

我好心的

昨天就幫老師收齊

今天

忙了一個上午

吸收各家菁華

終於完成一份

包準會讓老師讚不絕口的報告

又聽到一些人

在背後派老師的不是

我好心的

將他們的意見

詳細的報告老師

當然

每一次

老師都會問我

他們是誰

……

（黃仁俊等，1999：192）

以上兩首童詩都屬基進風格的童詩（第一首型塑出「暴力美學」，第二首則形塑出「反道德形象」）都充分體證了諧擬或戲仿的反影響取向。（周慶華，2004b：83）我曾在課堂上舉出這兩首基進風格的童詩給國小六年級的學生欣賞時，不需要教學者的解釋，只見學生們「恍然大悟」的哈哈大笑著，這樣的童詩風格類型難道不會更加拓展兒童在欣賞童詩時的眼界嗎？

雖然多數童詩作家把童詩定義為適合「兒童」閱讀的詩（徐守濤，1990；雷僑雲，1990；陳正治，1995；杜榮琛，1996；林淑娟，1996；杜淑貞，1996；周慶華，2004b），不過是否有寫給成人所閱讀的童詩？ 在林德俊的著作《成人童詩》（2004）中談到：「有一種童詩，是寫給成人看的，每一首『成人童詩』，都住著一個『稚氣的老人』與一個『老成的兒童』。而詩，就是『童』與『老』之間的愛情。」而余崇生在周慶華著作《我沒有話要說：給成人看的童詩》（2007）序中也說「雖然這本書是給成人讀的，但在表達上仍有幾分追仿童詩的情趣，除了自然天真的情韻表露無遺外，豐富

的詩意及內容的充實也有其引人之處。」這些詩集是作者擬定書名的噱頭還是作者將童詩的讀者族群更加擴展了？想必這問題見仁見智。不過，讓童詩的讀者族群更加多元而不只限定於兒童，對於童詩的創作及發展的向度豈不更「如魚得水」而有利於童詩的發展。

在本章第二節中，將對平面式的童詩教學的理念作一完整的說明與分類。一般而言，平面式圖像乃是指「二度空間」的圖像，例如繪畫、照片、幾何圖形等「靜態」圖片都是。而上述這些媒材中，運用在童詩教學時，是否也有不同的方法？學習者觀看簡單的幾何圖形、繪畫或更寫實的照片時，他們內心的感受、觸發的「內心意象」以及喚起的「舊經驗」，想必也有所不同；此外，不同文化系統中的平面式圖像有其各自的文化背景，可分別依創造觀型文化、氣化觀型文化及緣起觀型文化等文化觀點來進行討論，從不同文化觀點所創作而出的平面式圖像運用在創作前現代、現代、後現代乃至網路時代等不同學派風格的童詩，是否有其可行途徑？將在本章第二節中提及。

第三節將依照幾何圖形、繪畫、照片等平面式圖像的分類，試著建立出可行的童詩教學模式，以利教學者能夠參考使用。例如在欣賞繪畫時，東方的國畫和西方的油畫，各自的線條、色彩、投影、透視及創作方式都不相同，甚至東、西方圖畫的創作因素也都大不相同；此外，照片和幾何圖形運用在圖像的觀察時，也必定有其不同的「著眼點」可供教學者運用，藉以讓學習者有所參考並且有利於創作童詩，這些不同類型的處理模式將在第三節中一一介紹，提供教學者運用。

如第一章所述，本研究在談及平面式童詩圖像教學時，考慮不同文化的要素，可以嘗試依創造觀型文化、氣化觀型文化、緣起觀

型文化等角度來探討，希望在這「跨文化系統」背景的論述之下，使本研究能夠擴展童詩教學的面向，提供教學者在進行童詩教學時更多元的參考。目前童詩教學理論或創作，多只針對單一文化觀點來進行，不免讓學生缺少接受不同文化系統刺激的機會，因此在第四節中，將依創造觀型文化、氣化觀型文化及緣起觀型文化等三大文化系統下的童詩創作來進行比較和說明。在不同的文化下生長所創造而出的童詩，其內在的文化蘊意必定也有其特別之處，透過這樣的說明，讓教學者及學習者有更多思考的方向來進行教學或學習。

第二節　平面式童詩圖像教學的理念

從心理學家布魯納的認知表徵理論觀點來看，兒童的閱讀活動是有「進階性」的，兒童的閱讀歷程是從「實物閱讀」、「圖像閱讀」而到「文字閱讀」，這樣的閱讀歷程也廣泛的應用在小學閱讀教育的施行歷程，低年級提供大量的圖像繪本輔以簡短文字，隨著兒童年齡增長再提高文字的分量。換句話說，當孩子進入「兒童期」後，是開始由圖像閱讀轉換至文字閱讀的關鍵期。因此，培養兒童的閱讀能力，可以先從圖像閱讀的教導開始，讓兒童從圖像中漸漸獲得閱讀的樂趣，並且營造閱讀的氣氛、培養主動閱讀的興趣與能力，了解圖像所要傳達的訊息。圖像閱讀屬於視覺刺激，比起文字閱讀的語文刺激顯得更易被活化，有鑑於此，透過圖像來進行教學容易產生事半功倍的效果。

　　侶同傑（2003）在其論文《透過童詩賞析導入兒童繪畫創作教學之行動研究》中，透過童詩的賞析，讓學生來進行繪畫的創作教學，這樣的教學歷程便是先有童詩，再產生平面式圖像，著重的是繪畫的教學。我也曾經在我的班級實施過童詩與繪畫連結的教學，讓學生將自己所創作童詩加上插圖，就成為如下圖的成品：

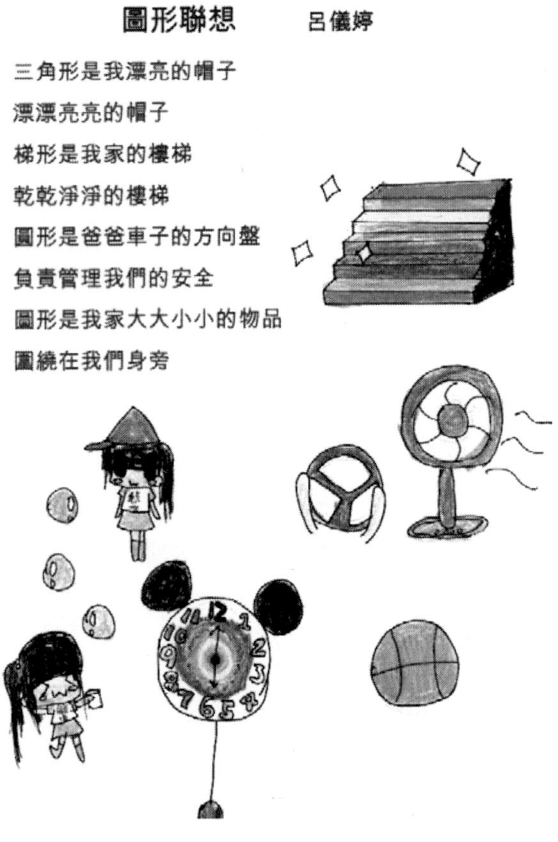

圖形聯想　　呂儀婷

三角形是我漂亮的帽子
漂漂亮亮的帽子
梯形是我家的樓梯
乾乾淨淨的樓梯
圓形是爸爸車子的方向盤
負責管理我們的安全
圓形是我家大大小小的物品
圍繞在我們身旁

圖 4-2-1　透過童詩進行繪畫創作

　　這樣的教學方式，是讓學生先透過想像來思考而創作出童詩，等到童詩創作完成後，再讓學生經由繪畫的方式畫出符合童詩內容的圖畫。不過這樣的教學方法，卻讓學生在創作過程遇到了一些難題──如何把童詩創作出來？學生的繪畫能力不佳的話，在第二階段的繪畫創作上，等於又出了一道難題給他們了。因此，在實施了這樣的教學方法後，我心想是否我們可以把上述的教學過程順序調換？也就是說，先讓學生來欣賞圖畫，經由老師的提示或是同儕間的課堂討論，再讓學生來進行聯想而創作出童詩，這樣的教學流程會不會讓學生更容易進入童詩寫作的創作殿堂？

　　以下圖 4-2-2 為例，教師在進行教學時，可以讓學生先觀察圖 4-2-2 的圖像，教師可以提示從顏色、形狀等方向進行觀察，學生的答案便出現了「褐色」、「藍色」、「白色」及「一」、「V」、「T」等答案，教師可以依照學生的答案來進行引導教學。例如：英文字母「V」可以聯想到什麼？學生的答案便出現了「比 YA 的手勢」、「曬衣夾」等，教師接著引導學生，那什麼情況又會比出「YA」的手勢或是「曬 衣夾」的功用為何等問題；又如英文字母「T」可以聯想到什麼？學生的答案出現了「曬在竹竿上的衣服」、「T 字型路口」等回答，教師接著引導學生，那什麼情況會看到「曬在竹竿上的衣服」或是「T 字型路口」會發生何種狀況等問題。

圖 4-2-2　透過繪畫進行童詩創作（一）

那麼，圖 4-2-3 又可以聯想到什麼呢？

圖 4-2-3　透過繪畫進行童詩創作（二）

於是林芳妤小朋友寫出了「V 像一個曬衣夾／每天可以夾衣服／S 像一條大蟒蛇／大家看了會害怕」；也有小朋友看到英文字母「D」，便聯想到了「孕婦的肚子」，寫出了「D 是孕婦的肚子／要把寶寶平平安安的生下來」。雖然這些詩句，還需要經過潤飾，但是經由學生的童心所寫出來的詩句，竟然是那麼的天真而自然。兒童在寫詩時要靠靈感來創作，與其等靈感從天而降，不如自己去找靈感。要靈感當然就要善用自己的五官及大腦，用眼睛去看、耳朵

去聽、鼻子去聞、舌頭去嚐以及皮膚去接觸生活周遭的一切，再用大腦去聯想、去想像。

韓叢耀（2005）認為，圖像接受者必須在認識圖像事物的前提下，圖像才能夠被解讀。例如在教學時，一個曾未見過筆記型電腦的兒童，看到筆記型電腦的圖像時，是沒有辦法理解出圖像所代表的事物是所謂的筆記型電腦的。因此，教師在進行圖像教學時，必須同時考慮學童們對圖像的認知理解程度，並且運用學童們熟悉的教學策略來進行教學。二者配合的結果，才能使學童對圖像產生意義，進而達到理解內容，促進學習的效果。從另一個角度而言，教師只要透過適當的引導及講解，當然也可以教授學生認識新的事物，拓展學生的視野，尤其學生和學生間的程度並不相同，也存在著程度的差異，因此教師在進行圖像教學時，想要將圖像內容控制在所有學童都認識圖像事物的情況下並非是唯一適合學生程度的方法，教師或許可以提供更新穎、更流行的圖像，一方面引起學生學習的興趣，一方面也可以拓展學生的視野。

或許一個成名且善於寫作的童詩創作者，可以靜靜的思考便能透過聯想或想像就能創作出一首童詩，但是多數的童詩學習者（尤其以國小學生居多）卻無法容易的在腦海中迸出靈感，更遑論要將靈感經過詩的寫作方法及詩的格式創作出一首所謂有「童心」的童詩。

對大多數進行童詩教學的教學者而言，較為常見的教學法是透過「修辭」的賞析來進行童詩教學，例如顏福南（1995：序）曾說道：

透過詩，可以讓孩子領略文字之美；透過詩，可以讓小孩學會修辭……在課堂上，我指導小朋友用修辭學詩，用經驗寫詩。在一年內，我們對外發表了三十幾篇作品。

對一般正處國小年紀的學生而言，運用修辭寫作並非每個人都能做得很好。當然，也有不少出色的童詩教學者透過修辭教學讓學生寫出不少優秀的作品並且提高學生的寫作興趣，例如邱雲忠（2002：4）曾指出：

我曾試驗指導小朋友利用修辭的技巧來寫兒童詩，效果相當不錯。後來，經過幾年平時教學的經驗，發現小朋友的反應都出乎意料之外，非常的熱烈。

不可否認，透過修辭教學可以讓學生將所創作的童詩稍加「美化」而使童詩更容易琅琅上口。寫詩的方法雖然不限於修辭技巧，但是它是童詩創作中不可缺少的技巧之一。例如以下利用「映襯」的方法來寫出「老師不在」和「老師回來」兩種不同情境的童詩就顯得相當有趣了，

〈老師不在的時候〉　許美慧
啊！老師不在了，
老師不在時，
教室好像是菜市場
一樣熱鬧，

有的唱歌，有的跳舞。

老師回來了，

一個個被叫起來，

好像一根根的電線杆，

靜悄悄的。

（張春榮，1993：30）

　　詩中寫到「教室好像是菜市場」和「一個個被叫起來，好像一根根的電線杆」的動靜對比；從「唱歌」、「跳舞」到最後變成「靜悄悄的」，對比鮮明，十分寫實。不過，當教師實際教學時，卻發現要讓學生僅僅憑著想像就能聯想到「吵鬧的教室像菜市場」以及罰站的學生像「靜悄悄的電線桿」，並不是簡單的事！

　　從戴爾的經驗金字塔中，教師在進行教學活動的時候可運用「介紹與認識」、「說明與理解」、「問題與思考」及「回饋與評量」四個步驟來進行教學，其中「介紹與認識」就是「介紹主題、喚起舊經驗、引起動機並認識新主題」；而在「喚起舊經驗」這部分，多數的教師在教學時是讓學生透過「討論」或「想像」，來喚起學生對於菜市場吵雜的印象，進而聯想到老師不在教室時學生吵雜的情形。而依照培威爾雙碼理論的觀點，圖像刺激較容易活化心象，刺激思考，假設教師在進行「老師不在教室」主題的童詩教學時，利用「傳統菜市場」叫賣吵雜的圖片，或是靜靜豎立的電線桿、樹木的圖片來讓學生討論、聯想，學生思考的面向是不是更為多元、更多靈感？

　　在第三節中，將針對平面式圖像為材料來進行童詩的教學。簡單的說，平面式圖像可界定為「二度空間」的二維圖像，符合此定

義的素材有幾何圖形、繪畫、照片等「靜態」圖片，本章的童詩教
學將以上述種類的平面式圖像作為媒材，教學者在教學時對於上述
的圖像取得較為容易，在操作時較不會產生素材不易取得的困擾。
透過不同的教學過程，引導學習者嘗試寫出不同學派風格的童詩。
而目前的童詩創作多屬於前現代模象風格，在本章第三節中教學者
可以透過不同風格學派類型的範詩賞析，來擴展學習者的視野。當
然，目前現代、後現代及網路時代風格的童詩作品數量相當少，因
此在教學時會輔以現代、後現代及網路時代風格的新詩來配合教學。

　　在進入下一節前，先來回顧創造觀型文化、氣化觀型文化及緣
起觀型文化等三大文化系統在文學上的表現關係。如圖 1-3-1 所
示，西方社會所屬的創造觀型文化經過了工業化和世俗化的革命之
後，從前現代發展至現代，再經由資訊革命後而產生了後現代及網
路時代的風格，其文學表現也分別依時代先後而出現了「寫實」（模
象）、「新寫實」（造象）和「語言遊戲」以及「超鏈結」等文學表
現，因此西方文學在近代的發展可說是大放異采且類型繁多；而東
方社會所屬的氣化觀型文化則因為近代西方國家殖民主義興起的
緣故，因此其文學表現從二十世紀初期以來的前現代寫實風格就幾
近停頓而轉而向西方取經，從此沒有了「自家面目」；而印度所屬
的緣起觀型文化內的文學表現，受其文化本身創發系統的影響本來
就不甚積極，而以解脫為務，不事華采雕蔚顯得「素樸」，因此其
文學表現一直維持在前現代寫實風格中。我們可用下圖來針對第三
節中平面式圖像的各種類型作說明：

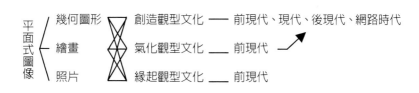

圖 4-2-4　平面圖像、三大文化系統及文學類型關係圖

　　由上圖可知，在不同文化系統的發展下，平面式圖像所發展而出的文學表現也有所不同，可以從創造觀型文化、氣化觀型文化及緣起觀型文化等三個文化系統來探討。值得注意的是，各系統都有其各自的前現代風格，但因為文化系統發展的關係，氣化觀型文化從現代風格後便轉為向創造觀型文化「取經」了，而緣起觀型文化則一直維持在所屬的前現代風格。對於上述各系統的風格變異，在此又引申出如下的圖示：

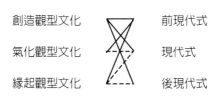

4-2-5　三大文化系統及文學類型關係輔助圖

　　上述圖示中，很明顯的另外兩種文化是無緣連到現代派／後現代派的（因為它們都是在創造觀型文化內部醞釀發展出來的），但為了顧及「反向」相對時還有一些文體類型和抽象類型要「過渡」過來，所以輔助圖中以虛線表示二者的部分連線。

　　這樣本研究透過圖像來進行童詩教學時，將以常見的前現代風格來作為主要的創作方向。可以料見的是，想要創作出除了前現代之外如現代、後現代風格的童詩有其難度，但仍試著透過讓學習者欣賞各種風格學派的童詩，從而引發創作各種風格學派童詩的可能性。

第三節　平面式童詩圖像教學的具體作法

　　一般指導兒童寫詩的過程，大多是先從童詩的「欣賞」入手。（杜榮琛，1987；宋筱蕙，1989；張清榮，1997；邱雲忠；2002）許多童詩名家都建議學生在進行童詩創作之前，要多欣賞童詩作品，以吸收別人的經驗，透過大量優秀作品的觀摩與賞析，可以走入作者的心靈世界，窺探詩作之美。但是在寫作之前，讓學生「欣賞」相關的圖像更是有其效用。溫文玲（2006）在其研究中指出，在輕鬆自在的圖像化學習活動中，能增進學童的學習動機；除此之外，圖像化學習對學童學習能力的提升，具有積極正面的效果。因此教師在教學時，透過圖像的展示，有助於學生進行有意義的討論。童詩的欣賞教學仍是目前多數教師在進行童詩教學時所採取的第一個步驟，不過在本研究中，將「圖像」的欣賞教學與範詩的「欣賞教學」結合在一起，讓學生可以在寫作前接受非語文刺激及語文刺激，試圖讓更多的創作火花能在學生的腦海中進行激盪，而「圖像」的欣賞教學也試圖創造童詩教學的另一種「途徑」。

　　教導學生學習寫童詩，「仿寫」對一些兒童而言，可能是一個入門的好方法，但是學生有個別差異，千萬不要要求每個學生都得利用這個方法練習，而常見全班作品如出一轍，也容易讓學生誤以為學習的模式只有這種方法。教師在教學時需視學生接受程度來提供各種童詩教學的方法，倘若是學生有寫詩的靈感，則不妨讓其發揮想像；倘若學生絞盡腦汁而寫不出時，則不妨讓學生多多欣賞同樣類型的童詩，或是利用「仿寫」來進行寫作。

　　當然，也有學者認為切忌灌輸兒童太多專門的寫作技巧，老師要採取放任的態度，讓他們自由自在的創作，使他們在自由的展現中不斷的進步和突破。老師太過刻意灌輸兒童專門的寫作技法，反而會使學生的習作落入固定的窠臼，永遠也無法突破出來，他們的詩也將永遠的僵化、呆板。（宋筱惠，1994）當然，倘若是學生寫作基礎已在，或是學生靈感十足且又能將抽象的思考轉化成有形的文字的話，上述說法當然是成立的。可是在實際的教學上，倘若無適當的引導，學生能夠隨心所欲的創作童詩，可能是緣木求魚。其實，教師可以將寫詩的技巧，例如擬人、譬喻、對比、誇飾、摹寫、設問等修辭法，落實在平時教學的每一個機會裡（例如在國語的課文分析中，或是利用一段話來進行斷句練習童詩的分行，都是可行的方法）。日積月累、潛移默化，讓學生先蓄積童詩創作的技巧和能量後，經過適當的提示，學生的創作較容易產生。

　　對於圖像教學，杜榮琛（1996）曾蒐集國內許多富有創意的圖片，自編成「腦力激盪」的一套教材，裡面融會了趣味性與創造性的圖片，在童詩寫作之前，將這些圖片介紹給學生欣賞，對於兒童的想像和思考，有料想不到的激盪作用。此步驟也就是符合第三章

所述培威爾雙碼理論中，視覺刺激經由感覺系統而產生心象的過程。以下是杜榮琛的兒童詩寫作教學指導流程：

(一) 先展示一張圖片。

(二) 再讓學童口頭解釋。

(三) 經過激盪後寫成作品。

(四) 最後說明作品。

(五) 童詩的創作及發表。

透過「欣賞」、「練習」、「想像思考」和「創作發表」的四個教學流程，引導學生一窺童詩的世界。在他的「腦力激盪」自編教材中，便是運用圖像來進行教學。此處所使用的圖片相對於本研究而言，指的就是「平面式圖像」了。

杜榮琛曾經舉出教學實例，透過展示圖片來引起學生想像和思考，他所舉出的圖片上是一個地球，被刀子在海洋上切割，又被一支刀叉將成塊的海洋舉起；圖片裡的地球把五大洲三大洋，均拍攝得十分逼真，切割和舉起成塊海洋的那雙手，可以明顯地看出是一雙人的手。在經過展示後，學生有的說地球像一個蛋糕，有一個巨人想用刀叉把它當點心吃掉；有的學生說宇宙裡有一個巨人，專門吃地球的肉，有的學生說巨人今天吃日本，明天吃蘇俄，那不就成了地球的末日了嗎？又有的學生說如果巨人那麼「咬鬼」，那就請他吃「太陽」好了，讓太陽把巨人活活燒死算了。這麼多天馬行空的想法，都是在學生看過老師所展示的圖片後所激盪出來的成果，倘若不是看見圖片中的地球、雙手和刀叉，我想學生就是要做白日夢也很難想像出來吧！最後，經過激盪後寫出了一些作品。例如：

〈地球〉　陳美廷

地球真可憐

被叉子咬了一口

血（海水）流了滿地，

肉（陸地）噴到各處；

自己還不知道。

（杜榮琛，1996：200）

　　雖然像這樣的童詩「品質」好壞見仁見智，但我們可以從詩中看到學生充分的發揮了想像力，把「陸地」想像成地球的「肉」，把「海水」想像成地球的「血」，想像的空間是何等的遼闊啊！

　　當然教師教學時，要取得如上例這種圖片可能不太容易。其實，在目前我國小學的國語教科書中，各版本均在課文中搭配了許多的插圖或是插畫，這些插圖、插畫均可歸屬在平面式圖像的範圍內，由於取得方便，非常適合當作教師在進行平面式圖像童詩教學操作時的素材。此外，近來流行的繪本書也相當適合教師在進行教學時所用。教師在教學時可以將書中的圖畫以單幅或系列長篇來進行，不過教師必須依照學生吸收程度的不同來挑選圖像。一般而言，學生在觀看系列長篇的圖像時，總是比僅僅觀看單幅圖畫來得更容易吸收，也更容易在心中產生想法。

　　溫文玲認為圖像的教學流程有四個步驟，分別是圖像輸入、觀察與理解、思考與討論與產生意義，詳列如下：

（一）圖像輸入：提供各類圖像，吸引學生注意，激發興趣。

(二) 觀察與理解：引導學生觀察圖像的內部細節，理解圖像內容。

(三) 思考與討論：讓學生思考圖像可以告訴我們什麼，並讓學生討論，分享彼此不同的看法。倘若解釋與圖像內容有出入，可回到第二步驟。

(四) 產生意義：學生了解這圖形的內容與其代表的意義，並與自己生活經驗作連結，進行價值澄清。倘若解釋與圖像內容有出入，可回到第二或第三步驟。

（溫文玲，2006：30）

倘若以圖表來說明上述的圖像教學流程與杜榮琛配合圖像的兒童詩寫作教學指導模式的相互關係，則可以下圖呈現：

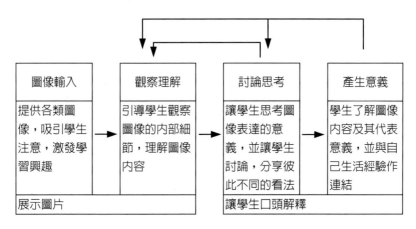

圖 4-3-1　圖像教學流程圖

　　從上圖可以了解，教師在讓學生欣賞圖像時，首先還是著重在引導的部分，接著才是讓學生進行思考、討論乃至於發表，也就是培威爾雙碼理論中，由視覺刺激（圖像）形成心象（理解圖像內容），再經由與語文系統的參照、連結互相激盪而在語文系統中形成語文反應（討論、發表）。而在此過程中，「形成心象」是圖像教學相當重要的一個環節。教師在教學時常會碰到一個問題，那就是學生對於圖像的內容並不了解，所以在未能理解圖像內容之下很難形成心象，這種情形容易發生在單幅圖像中。例如繪畫或相片等，因為單幅的圖像給予學生理解的線索也較少，如果遇到學生對於圖像中的內容不甚了解的話，那麼就有賴教師的引導或是讓學生經由討論來理解圖像內容，或者在教學前可以先指派作業，讓學生查詢相關的訊息，以利實際教學時的應用。

　　周慶華（2004b）認為，童詩指的是兒童所能理解的（抒情）詩，也就是指詩是抒情式的文體，既然是詩，那麼詩中必得要顯露出文學的「美」；此外，徐守濤（1990）也認為兒童詩必須具有文學的「美」，由此可知創作者可以透過童詩的文字來傳達出心中想要表現的「美」感。不過，「美」是一種高度抽象的說法，也就是當我們對別人陳述某個事物很美的時候，那是基於個人感受而發出的讚美；但是基於每個人對「美」的感受都有所不同，很難確認彼此對於「美」的客觀標準是什麼，因此就得將「美」再加以細分為次級類型，以提高說明性。姑且以到網路時代為止所被模塑出來的「優美」、「崇高」、「悲壯」、「滑稽」、「怪誕」、「諧擬」、「拼貼」、「多向」、「互動」等九大美感類型作為美學的對象。這些對象也可稱為「境界」、「意境」、「風格」或是「美的範疇」，雖然當中有些差距，

但它們同為美感內容卻是一致的，因此我們可以用下表來說明「美」在不同抽象程度的表現：

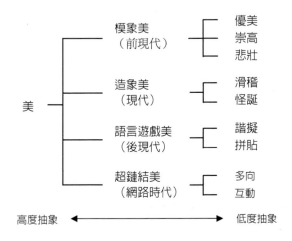

圖 4-3-2　美的抽象類型（整理自周慶華，2007a：252）

　　當中優美，指形式的結構和諧、圓滿，可以使人產生純淨的快感；崇高，指形式的結構龐大、變化劇烈，可以使人的情緒振奮高揚；悲壯，指形式的結構包含有正面或英雄性格的人物遭到不應有卻又無法擺脫的失敗、死亡或痛苦，可以激起人的憐憫和恐懼等情緒；滑稽，指形式的結構含有違背常理或矛盾衝突的事物，可以引起人的喜悅和發笑；怪誕，指形式的結構盡是異質性事物的並置，可以使人產生荒誕不經、光怪陸離的感覺；諧擬，指形式的結構顯現出諧趣模擬的特色，讓人感到顛倒錯亂；拼貼，指形式的結構在於表露高度拼湊異質材料的本事，讓人有如置身在「歧路花園」裡；多向，指形式的結構鏈結著文字、圖形、聲音、影像、動畫等多種

媒體，可以引發人無盡的延異情思；互動，指形式的結構留有接受者呼應、省思和批判的空間，可以引發人參與創作的樂趣。（周慶華，2007a：252－253）

在教學時，我們可以試著從上表中理出關於各種風格童詩的權衡標準。當然在彼此間也會出現衝突，而在模象美中偶爾也可見到滑稽和怪誕，但總不及在造象美中所體驗到的那麼強烈和凸出；同樣的，在造象美中有時也可見到諧擬和拼貼，但也總不及在語言遊戲美中所感受到的那麼鮮明和另類。但總觀而言，以上表來作為各種風格的分類是「足當適用」的了。

接著，我們將依照幾何圖形、繪畫、照片等平面圖像來歸納出各自的教學模式。

一、幾何圖形

本處的幾何圖形指的是「平面幾何」，平面幾何是指「只具備點、線所構成二度空間的幾何圖形」，例如圓形、三角形、長方形、多邊形等都是。一般而言，在進行平面幾何圖形的童詩教學時，教師多會利用生活中常見的幾何圖形來作為創作的題材，例如山的外觀形似三角形、火車的外觀由長方形及圓形等所組成、英文字母或是阿拉伯數字與生活中事物的想像（如 B 像屁股、2 像蛇）等，透過讓學生經由觀看生活中的幾何圖形，產生寫作童詩的聯想及創造力，有利於學生寫作童詩。

透過欣賞幾何圖形來創作童詩時，可以利用「單字詞連鎖聯想法」來進行聯想，所謂「單字詞連鎖聯想法」，是根據一個刺激字或詞，而聯想到另一個字或詞，以此累進聯想，獲得更多合乎邏輯

基礎的字、詞。（張添洲，2000）例如，「三角形」一詞可聯想到「三明治」，「三明治」一詞再聯想到「食物」，由此累進聯想，得到更多詞彙；「長方形」一詞可聯想到「魚缸」，「魚缸」一詞再聯想到「水族箱」，於是伍筱棻小朋友寫出了這首童詩：

〈圖形之家〉　　伍筱棻
三角形是姐姐作的三明治
愛心是小金魚的嘴
長方形是小金魚的水族箱
圓形是小金魚的飼料
三角形、愛心、長方形、圓形
姐姐的三明治掉入了小金魚的水族箱
小金魚快樂的吃著三明治
卻不吃飼料了

　　透過幾何圖形來創作童詩不能不談到「圖像詩」。圖像詩又稱為「具象詩」、「具體詩」，所指的是「利用漢字的圖像特性與建築特性，將文字加以排列，以達到圖形寫貌的具體作用，或藉此進行暗示、象徵的詩學活動的詩」。（顏福南，2007：206）圖像詩在教學上是學生相當感興趣的一部分，這種詩因為按照圖畫排列，和一般的詩不同，所以一看就知道詩的主題。而陳正治引臺灣詩論家林東和對於圖像詩的定義：「凡是一首詩，部分或整首，以詩行的排列展示圖像的，都可以稱為圖像詩。」又引大陸詩論家呂進之說：「圖像詩的特點，是訴諸讀者的視覺：詩人以文字排列模仿各種事

物的外形，企圖以此讓『那件事物本身站在那兒向你逼視』。」（陳正治，1997：326）

　　劉彥和在《文心雕龍‧情采篇》中說：「立文之道，其理有三：一曰形文，五色是也；二曰聲文，五音是也；三曰情文，五性是也。」（王利器，1982：205）所謂「情文」，指的是文章或說話以情境為第一要義，意即內容情感為文章或說話內容的根本；所謂「形文」，包括辭藻的修飾及應用文字形體作各式各樣的變化，不但能引人注意、增強視覺效果，更形成中國文字特有的文學美妙。（黃永武，2002：71）舉例來說，茶詩之中有一種「一七體」，這種詩體是古時唐朝的一種古體詩種，類似古埃及的金字塔，是有趣的「寶塔詩」。排列為一，二二，三三，四四，五五，六六，七七，首句一字，末句七字，韻依題目，全詩一韻到底。平仄也有講究，中間字數依次遞增，各自成對。創作難度之高，而唐代元稹卻能以「茶」為題，將這種詩體運用如神，妙趣橫生：

茶，

香葉，嫩芽，

慕詩客，愛僧家，

碾雕白玉，羅織紅紗，

銚煎黃芯色，盌轉麴塵花，

夜後邀陪明月，晨前明對朝霞，

洗盡古今人不倦，將知醉後豈堪誇！

（唐，元稹，〈茶〉）

　　此外，與元稹合稱「元白」的白居易，也隨他的好友一般創作了一首以「詩」為題的寶塔詩：

詩。

綺美，瑰奇。

明月夜，落花時。

能助歡樂，亦傷別離。

調清金石怨，吟苦鬼神悲。

天下只應我愛，世間惟有君知。

自從都尉別蘇句，便到司空送白辭。

（唐，白居易，〈詩〉）

　　從千年前的古人們，便知道透過仿擬幾何圖像的外形來創作詩作，而留下妙趣橫生的「寶塔詩」。近代曾以童詩集《太陽・蝴蝶・花》入選「臺灣兒童文學一百」書目的詩人詹冰，其名作之一圖像詩〈山路上的螞蟻〉，「螞蟻」一詞中的「螞」、「蟻」都屬形聲字，就文字符號來看，連外形、筆劃都相似，聚合在一起密密麻麻的景象，確實很像一群螞蟻匯集；三段合併整體來看，正如詩名「山路上的螞蟻」般，沿著崎嶇的山路慢慢將食物扛回巢穴。

〈山路上的螞蟻〉

螞蟻螞蟻螞蟻螞蟻螞蟻螞蟻

蝗蟲的大腿

螞蟻螞蟻螞蟻螞蟻螞蟻螞蟻

螞蟻螞蟻螞蟻螞蟻螞蟻螞蟻

蜻蜓的眼睛

螞蟻螞蟻螞蟻螞蟻螞蟻螞蟻

螞蟻螞蟻螞蟻螞蟻螞蟻螞蟻

蝴蝶的翅膀

螞蟻螞蟻螞蟻螞蟻螞蟻螞蟻

（詹冰，2008：44）

　　這首詩的結構形式很簡單，分成三段，每段各三行，一三行都只是「螞蟻」的疊詞，然後在第二句中夾一句名詞，分別是「蝗蟲的大腿」、「蜻蜓的眼睛」、「蝴蝶的翅膀」形容昆蟲屍體分解的部分。三段合併，整合觀看，我們不難想像如題這首詩是在述說有一群螞蟻正在搬運食物這一件事。而我們對螞蟻這種昆蟲的理解，不外乎是團結合作，因此詹冰的圖象排列也成理。初次看到這首詩，相信都會直覺體會出詩意。

　　常見的圖像詩是以學生日常所見的圖像作為詩的外型，或是由教師提供「平面圖像」讓學生參考。例如幾何圖形、生活中常見的事物如眼鏡、汽車、山峰等都可以成為圖像詩寫作的素材。又例如學生天天見到的阿拉伯數字 0、1、2、3、4、5、6、7、8、9，雖然代表數學「數量」的觀念，但其形狀，也可以運用想像，聯想為某物的造型，甚至延伸寫成一首數字詩：1 是小拐杖／2 是小鴨子／3 在爬樓梯／4 是小帆船／5 是小桌子／6 是大肚子／7 是一把槍／8 是小眼鏡／9 是大頭鬼／0 是一張嘴。（黃秋芳，1994：38）當在課堂上舉出這首童詩後，馬上就有小朋友馬上聯想到：「8 像小雪人、4 像旗子、2 像一尾眼鏡蛇、3 像麥當勞站起來……」等句子。

　　一般來說，圖像詩分成兩種：一種以圖像的意涵來寫，例如以「○」圓形意涵寫詩；另一種，則以文字排列成圖像，例如要寫「山」，除了詩的內容和山有關外，又將文字排列成山的形狀，構成一首圖像詩。在實際寫詩之前，首先讓學生經由圖像的輸入來欣賞幾何圖形的外觀，因此先以簡單的幾何圖形來引導學生作聯想：

　　○：游泳池、頭、橡皮擦、汽球、躲避球、西瓜、奇異果、橘子、柳丁、月亮、月餅、乒乓球、籃球、輪子、撞球、燈泡、瓶蓋、零分、雞蛋、太陽餅、時鐘、CD唱片、甜甜圈太陽、磁鐵、句號、帽子、碗、嘴巴、雪人、蘋果、彈珠、湯圓、眼睛、眼珠、橡皮筋、煙、包子、、泡泡、鼻孔、輪胎、星球、地球、鈕扣、象棋、巧克力、豬、錢、指北針、貼紙、印章、錢包、兩個量角器、戒指、耳環、珍珠、披薩、瓢蟲、是非題、圓規、漢堡、手銬……

　　▲：山、箭頭、三角錐、斗笠、積木、金字塔、御飯團、三角板、聖誕樹、屋頂、三明治、磁鐵、三角形、鼻子、手錶、耳環……

　　□：正方形、電腦、牙齒、骰子、餅乾、書包、門、本子、杯子、飲料、積木、電動、盒子、色紙、桌子、窗戶、板擦、黑板、磁鐵、紙、招牌、書、相框、手帕、錄影帶、機器人……

　　＋：加號、教堂的屋頂、天線、準星、樹枝、醫院、救護車、墓園、死人、乘號、星星、耶穌、十字架、十字路口、東西南北……

　　接著教師提供範詩讓學生進行欣賞並引發學生創作的靈感，教師也可鼓勵學生經由仿作來寫作童詩。雖說仿造童詩可能會陷入「抄襲」的陷阱，但在教學之初，經由仿作來學習寫童詩不失為一種提升學生寫作自信的好方法。教師可以把範詩中的主語及賓語等塗掉讓學生填空，例如數字詩中的「2是小鴨子」便可以改為「（　　）是（　　）」，學生此時就會知道不可以再填入「2是小鴨子」而要想

出不一樣的詞語來填入空格，這時通常會出現富有創意的句子呢！例如下面這一首由黃基博所創作的圖像詩，便是透過山的外型，以三角形的樣子來寫出童詩：

〈山〉　黃基博
滂
沱
烈大狂
為日雨風像
何晒淋吹一
堅我你你你個雄
不強不不不大偉
嘲被挺像頭感動男高山
笑人立你暈冒搖人大啊

（黃基博，1995：19）

　　雖然有人會認為這樣的圖像詩僅僅是把一段文字「硬生生」的「塞」進三角形的框架中而已，並沒有詩味，但換個角度來想，這樣有著獨特外型的詩作比起一些「毫不起眼」的童詩，難道不會更引起孩子們閱讀的興趣嗎？也因此，只要是創作圖像詩時，孩子們總是躍躍欲試，甚至還會互相比較彼此間的創意呢！

　　教師也可以舉一般的童詩讓學生練習改寫為圖像詩，透過圖形的變化讓童詩彷彿動了起來。例如林良的〈白鷺鷥〉：

青青山下，綠綠水田，
白白的鷺鷥，低低飛。
青青山下，綠綠水田，
白白的鷺鷥，飛飛飛。

　　這是還沒有排列的文字，可以讓學生試著分組討論，要怎麼排才會更有趣？經過重新排列後，變成了如下所示的童詩，是不是感覺更有趣？

青青山下
綠綠水田
白白的鷺鷥
　　　　　飛 低 低

青青山下
綠綠水田
白白的鷺鷥
飛
　　飛
　　　　飛

（林良，1993：25）

　　嚴格說來，在現有的童詩作品中還看不到道地的現代式的表現。坊間一些童詩及書裡所見有些「貌似」現代派的圖像詩，其實都還停留在前現代的模象階段。例如張志明的〈火車〉和吳澤明的〈湖畔之夢〉等就是。（二者分別收錄在林煥彰編著，1985：162－163引；林文寶等編著，1989：142引）前者將童詩的文字排列成舊式蒸汽火車的車廂連結和車頭冒煙的形狀，很清楚的是在描寫舊式蒸汽火車給予人的觀感；而後者排列成一座山和倒影在湖中的形狀，也很容易看出裡面有山跟自己的倒影對話所隱喻的夢囈，彼此都不脫模擬／反映觀的範圍。（周慶華，2004b：74）

　　至於幾何圖形在圖像詩現代式的創新上，可以從林亨泰的〈房屋〉談起。〈房屋〉所取材的雖然是舊式的平房（兩排牙齒代表屋瓦；而兩排窗戶則誇示實物），但它也不是在寫實，而是在提示人觀物置情的方式，頗有意要創造新形象或新情境。（周慶華，2004b：75）也就是說，這八個「齒」字與八個「窗」字，是當作符號、圖像，而不是文字。「齒」字也有人認為都市叢林中排成的樓房像「齒」，「齒」上凸起的「止」是陽臺、「齒」下排陳的「人人」是相親的群聚；至於「窗」，則是屋前後或左右的窗，「窗」關上窗的封鎖、封閉，窗上的「穴」、窗下「囱」的「簾幕」、屋上的「煙囪」。這首詩一方面就像在看一幅房屋風景圖片，看到兩層樓房上的窗戶，開了。感覺是笑了？還是哭了？關了。感覺是笑了？還是哭了？經由視覺給我們一些意義與想法，但並不一定要深究其中背後的微言大義或大道理，重要的是圖像詩所傳達給我們的視覺感官力量。而這所規模而出新的置情圖也頗相近於現代派中的現代主義手法。雖然這類造象觀的作品仍少有人創作或仿效，但此類現代式童詩作品仍然可以作為一種創造性童詩寫作的趨向。當然要學生憑空創作出此類的現在式童詩難度是相當高的，因此我們不妨試著從仿作著手，我曾舉例一首如下的現代式童詩讓學生欣賞：

	⑦	⑥	⑤	④	③	②	①	〈新民主頌〉
	連萊勢	呂毋志	陳角杏	李高固	蔣大頭	孫小毛		

（周慶華，2007a：179）

　　這一首〈新民主頌〉為近於表現主義的「新寫實詩」，既寓譏諷又帶造象效果（指出「等值參與」的新民主道路），首先先向學生解釋這是由一張外表為長方形的選票，選票上的「候選人」姓氏恰巧與歷任的正、副總統候選人有所雷同，不過其姓名卻又帶點嘲諷意味——例如「角杏」音同「僥倖」，「毋忘」音同「無望」……等，透過長方形來表達出民主時代的「選票」，但是卻在第七號的候選人處留下空白，是否選票上的候選人都是人民心目中的最佳候選人？會不會有一天選票上會出現「以上皆非」的選項或是寫下選民自己心目中的「理想人選」？

　　這一首現代式的童詩我選擇在學校進行兒童節模範生選舉時來進行教學（當然也可以在任何選舉時進行），每個學生心目中的模範生一定都不相同，尤其模範生選舉容易出現候選人是「人氣最好」而非學生「模範」的情形，因此我正好以這首童詩作為講解的範例。當講解完詩中嘲諷的效果後，多數學生都能了解，因此我讓學生進行仿作，也產生了如下的作品：

④	③	②	①	〈模範生選舉〉陳冠銘
	王八蛋	陳臭屁	潘驕傲	

多麼充滿創意和嘲諷的現代式童詩！

　　雖然學生在創作時必須遷就圖像的外型而使得童詩在分行上「不甚標準」，但是。從「圖像」中建立「意象」，再從「意象」中體會「意境」，也是一種趣味。當然有人會對這樣的詩。不以為然，

因為圖像詩意圖跳脫「意義」的範疇。詩的藝術性，也可以向圖像、音樂方向推展。要求文章一定要「清楚」、「明瞭」，那就寫篇「論文」就好，何必寫詩？但這樣的反應也是可以理解的，畢卡索以降的現代藝術不也受到如此的攻擊嗎？如果這樣的嘗試都要被限制，我們還要創作嗎？

二、繪畫

繪畫在藝術層面上，是一個以表面作為支撐面，再在其上加上顏色的行為，那些表面的例子有紙張、油畫布、木材、玻璃、漆器或混凝土等。（維基百科，2009）將主題以象徵的特質加以詮釋，以視覺圖像或象徵圖形的組合，來創造一個隱喻有趣的圖像。

象徵，是藉有形的事物，表現無形的概念。而視覺象徵，則是藉著特定圖像來傳達意義及訊息。例如：紅色交叉的十字代表急救，鴿子代表和平，還有代表著國家、企業、活動的造型及各種通號誌等。（王其敏，2004：154）當我們看到象徵平靜、知性、新鮮和安全的綠色時，常會聯想到春夏、田園、山脈與環保等。

繪畫類依據圖片張數的多寡，對不同寫作能力的學童也會產生不同的影響：

(一) 單幅圖為概括性的主題呈現，在寫作上，學童必須自行構思文章段落的安排與內容。學童自主寫作提高，寫作能力中下的學童較不易寫作，寫作作品受圖片影響較少，學童創造力與想像力有較大的發揮空間，較適合寫作能力較佳的學童。

(二) 多幅圖的優點是段落具體明確，學童按圖寫作容易，運用在學童初學作文階段，學習效果最明確。缺點是學童容易

完全按圖寫作，比較容易限制住學童創造力與想像力的發揮。適合在學童剛開始寫作及寫作能力中、下學童的寫作引導。

在進行單幅繪畫的教學時，首先找出圖像中具代表性的事物或景象，作為觀察的重心，然後再推展出去，此種圖不可能有頭有尾的展現故事的全部情節，因此教師必須指導學生透過聯想來進行想像，在此單幅繪畫的聯想可使用「蛛網圖」來進行，蛛網圖繪製的第一個步驟是先將相關的概念與細節列出，再依照概念的隸屬關係，從最普遍的概念到最特殊的概念，依序畫出。首先來欣賞以「蝸牛」為主角的一張繪畫，這是由我們班洪瑞廷小朋友所畫的，描述在一片樹葉上有一隻瞇著眼睛，張開嘴巴哈哈大笑的蝸牛，透露出歡愉的氣氛。

圖 4-3-3　蝸牛素描圖

在學生欣賞繪畫圖像的同時，我也舉了一首有關蝸牛的童詩來讓學生閱讀，這首詩這樣寫的：

〈蝸牛的殼〉　　顏錦泉

蝸牛的殼

像好吃的冰淇淋

每天背來背去

不知賣給誰？

顏錦泉小朋友把蝸牛螺旋狀的殼想像成好吃的冰淇淋，是不是恰恰與上圖中的圖像互相呼應？如此一來，學生們便開始七嘴八舌的討論，把上圖中有關蝸牛的素材開始大作聯想，接著教師在黑板上畫出「蛛網圖」，指導學生將他們把有關蝸牛的聯想記錄下來，準備當作創作童詩的材料。

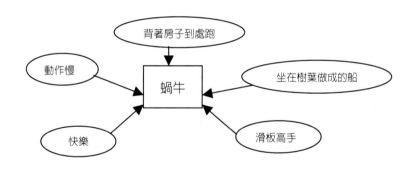

圖4-3-4　蝸牛聯想蛛網圖

因為有圖像可供學生觀察，學生們的討論顯得相當熱烈，想像的空間有更為擴大，此時教師可以觀察學生的學習狀況，如果學生心中已經有可以下筆寫作的材料，不妨讓學生開始動手寫作。假如學生聯想的材料不夠，那教師可以指導學生再把上面的蛛網圖再擴大一層，這麼一來可供寫作的材料又大為增加了。下圖便是擴大後的蛛網圖：

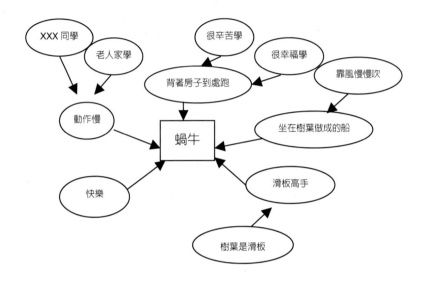

圖 4-3-5　蝸牛聯想蛛網圖擴大圖

　　經過蛛網圖的聯想激盪後，學生的腦海中出現了許多可供創作童詩的材料，下面這一首童詩就是我們班的黃竣暉小朋友在課程後所寫出來的童詩：

　　〈小蝸牛〉　黃竣暉
　　小蝸牛
　　笑呵呵
　　背著房子去旅行
　　搭乘樹葉過河去
　　風先生
　　幫個忙

讓我快樂出門去

旅行平安又有趣

假若是在使用多幅圖片時，應該要注意圖片與圖片之間，應講求內容的銜接和意思的連貫，才能讓兒童看了之後，立即了解每一幅圖片所表現出來的內容。但圖片或圖畫排列順序可由兒童自己決定。

現在教室裡常見到的繪本書籍也是屬於平面式繪畫的一種，何謂「繪本」？繪本是圖畫與文字的組合，可以是文字為主，圖畫為輔；可以是文字與圖畫相輔相成；可以是圖畫為主，文字為輔；甚至是只有圖畫沒有文字，將故事主題、情節融入其中，具有故事性及連續性的獨特藝術形式。（張梅虹，2004）也有人說，「繪本」大概是一本書，運用一組圖畫，去表達一個故事，或一個像故事的主題。（郝廣才，2006：12）因此繪本又可稱為圖畫書或圖畫故事書。就繪本特色而言：包括簡單的故事大綱、反覆句型、押韻……特別的是繪本書籍通常是由多幅的繪畫所組成的，以教學現場的經驗來看，多幅式的繪畫（如繪本）對於學生而言，其理解程度比單幅式的繪畫來得較佳，因為繪本的圖畫多是有故事性、情節性的，因此學生在欣賞完繪本的連續圖畫後，心中對於故事的情節也有一定的認知在，反映在寫作能力上也不會無所適從。

繪本故事裡有虛構的歷史、神話和傳說、夢境、想像世界、神秘世界、英雄冒險等。呈現想像的世界使閱讀從平面二維空間，拓展到三維立體世界。繪本所呈現除了包羅萬象的精采世界，更棒的是藉由故事的想像性輕易的將讀者抽離現實所在的狹隘世界，盡情遨遊在真實與想像之間，讓年幼讀者在任何感興趣的地方駐足、享受、玩樂、探索。繪本中建構的想像世界掌握兒童想像的特質，提

供兒童真實生活的另一層面的思考經驗,這也是目前語文教學比較
欠缺的面向。

　　繪本裡呈現快樂與悲傷、融洽與緊張、兩難與困頓、享受與擔
憂、愛與嫉妒、分離與衝突、驚奇、家庭關係、社會偏見等。透過
繪本讓讀者投射自己的情感,也深入理解不同的立場懷持不同的情
感。經由閱讀讀者可以深入理解自己內在情感、同理他人情感、享
受故事流露的真實、交錯、豐沛的情感。

　　珍‧杜南(Jane Doonan)在《觀賞圖畫書中的圖畫》提出關
於圖畫書中「圖畫」的多數觀點。例如:透過色彩給予眼睛愉悅的
感受、傳遞強而有力的視覺經驗、輔助文字與語言的發展;不過很
明顯的是她更在乎讀者的感受,因此她還提出一個較不普遍,側重
於美感經驗的觀點:

> 圖畫書所擁有的表現力量,可將圖畫書轉化成一件藝術作
> 品,所謂藝術品就是能將意念用具體的形象呈現,而觀賞者
> 也能把自己的意念依附其上……這本書的主要目的是帶領
> 讀者跨越圖畫的表面意義與描繪功能,進而了解圖畫的表達
> 力,以及圖畫如何運用暗喻手法表現出意念、情緒、抽象概
> 念和格調等等這些無法直接傳達的東西。
>
> (珍‧杜南,2006:11)

　　上面這段話說明了要能夠充分了解圖畫,就必需要留意畫面上
的每個小細節。雖然學生在觀看圖畫時,無法馬上領略畫家真正的
意涵,不過如果一旦理解了畫中的線條、色彩、構圖所傳遞的訊息,

就可以探索圖畫表象之外的更深層意義，藉著圖畫與畫家、甚至是整件作品所藏蘊的文化意涵產生鏈結。

　　繪本通常有其故事性，而故事中角色的視覺特性、事件的順序、情節結構、圖文鋪陳的情景、文章敘事的口氣與觀點、插圖呈現誰的觀點、敘事的技法，都可提供許多高層次讀寫技能的示範，也提供老師進行各種討論與讀寫活動的素材。在進行繪本欣賞教學時，教師可以先從繪本「故事元素」的分析下手，故事元素指故事裡的「角色」、「情節」、「場景」、「主題」等，正是這些故事元素抓住兒童的專注力與想像力。

　　對兒童而言，「角色」是趨近文學作品最立即、最容易的途徑。角色是故事的心臟，是作品與讀者間的延長線。無論故事的情節多麼令人興奮、場景多麼特別、主題多麼富含意義，關心角色所發生的一切，經常是將讀者推向故事深層核心的持續動能。角色是兒童最容易與個人生活經驗關連的部分；「情節」就是探究故事裡到底發生什麼事及為什麼會發生。如果說關心角色有助於學生對故事發生興趣，則創作得宜的情節，就是使學生持續此興趣的活水源頭。簡單的說，情節就是使故事所以為故事的部分；「場景」邀請讀者聚焦於某些特定的部分，解析故事氣氛的來源。場景提供讀者貼近的檢視一本書，提供讀者拓展與超越世界的現況；探討「主題」是深入文學作品最個人、最獲報償的歷程，也就是文學作品所發揮的心靈洗滌作用。傳統經典兒童故事富含強有力的主題，如：虎姑婆、狼婆婆、灰姑娘、醜小鴨、三隻小豬等，這些流傳久遠的故事讓無數兒童相信：冷靜、機警、善良、忍讓、努力、勤奮等美德的力量。

　　指導學生欣賞繪本時，首先讓學生閱讀整本繪本，初步了解故事內容（就是情節），接著教師指導學生找出書中的主要人物（就

是角色），欣賞圖像的配色及結構（就是場景），最後探討繪本故事的主要意涵（就是主題）。當然以上的步驟可互換先後順序，甚至教師也可依繪本內容來進行取捨。經由上述的步驟讓學生欣賞繪本，並且配合書中圖像的觀察，學生對於繪本故事較能產生清楚的概念，轉化到創作童詩的素材也會較為豐富。

　　繪本的主要角色如果是「人物類」的話，通常可以透過「擬人為物」的手法來表現，如楊喚所寫的〈小蜘蛛〉：

　　　〈小蜘蛛〉　楊喚
　　　要黏住小蚊子討厭的尖嘴巴。
　　　要黏住小蒼蠅亂飛的翅膀。
　　　蜜蜂姊姊小心呀，
　　　可別飛到這裡來給我蜜糖！
　　　風兒把落花吹上我的網，
　　　露水把珍珠掛上我的網：
　　　最漂亮的呀，
　　　是我的家。

　　　　　　　　　　　　　　　　（歸人編，2006：205）

　　如果主角是「非人類」的角色如狗、花、鳥類等，在找出主角後，教師可以先讓學生利用「擬人」化修辭來讓主角「活」起來。例如這首〈仙人掌〉，就是利用擬人修辭法創作而成：

　　　〈仙人掌〉　張春德
　　　仙人掌

　　住在沙漠裡

　　沙漠水不多

　　只好伸出很多手

　　向四面八方說

　　給我水喝

（林煥彰編著，1980：30）

　　當然，除了擬人修辭外，適合童詩寫作的修辭有相當多種可供運用，但本論述因為研究範圍所限，因此不對童詩可供運用的修辭法進行深入的探討。

　　教師在進行繪本圖像教學時需要注意到多數的繪本都附帶有文字，學生在閱讀時通常是將圖像和文字混著閱讀，此時文字會帶給學生在閱讀上的引導，或是成為學生創作童詩的仿作對象。倘若是程度較佳或年紀較大的學生，教師不妨可以利用投影片播放的方式，將繪本的圖像利用掃瞄器掃瞄或是相機拍照成數位檔案，透過單槍投影機來播放，將繪本上的文字遮蓋住，讓學生有較多想像的空間；教師也可視學生的學習能力增減文字的出現部分。例如可以省略結局部分的文字讓學生多一點想像的空間，或許他們在創作童詩時可以迸出饒富創意的火花。

　　每年四、五月期間，臺灣山林裡的桐花盛開，白色的花瓣遠遠看起來就好像下了雪一般，但是我班上的學生，卻是絕大多數未曾親眼一見五月雪的盛況，因此我使用馮輝岳撰文，徐麗媛繪圖（2006），由東華書局所出版的《油桐花‧五月雪》繪本來進行教學。

　　對於多幅圖像的教學，黃秀金在其論文中指出：

(一) 在綜覽圖片時，要指導學生全面觀察，從中找出觀察重點的方法，了解圖片間的關連，才能立即掌握大概的圖意，此時重在對畫面的「感知」。

(二) 在逐圖概覽時，要指導學生根據重點仔細觀察，運用聯想策略，結合生活經驗，發揮想像、運用詞語、練習擴句，才能準確掌握各幅圖畫豐富的內涵，此時重在對畫面的「理解」。

(三) 在綜述圖意時，要指導學生連貫各幅圖的方法，兼顧說話的語調及速度，才能流暢而完整的表達整個內容，此時重在對畫面的「表達」。

（黃秀金，2008：17）

以下列舉幾張書中的圖像提供參考：

圖 4-3-6　桐花圖

資料來源：馮輝岳，2006

　　如同黃秀金所言，閱讀多幅圖像時，首先要綜覽圖像，了解圖像間的關連性，畢竟以多幅圖像的繪本而言，其圖像所表現出來的意義有其相聯性，學生在觀看完整本繪本的圖像後，對繪本所要表達的故事也有了初步的了解；接著教師可以挑出幾張主體鮮明的圖像（或是由學生自行挑選）來進行討論。例如在上面三張圖中，我們可以清楚的發現圖像的主體都跟白色的油桐花朵有關，教師除了讓學生透過油桐花的顏色、形狀、外觀等來進行聯想之外，還要觀察三張圖中是否有哪些不同之處。例如第一個圖像中，畫面的左方還有幾隻小鳥停在樹枝上，而遠方可以看到數座小山；而第二個圖像裡，油桐樹矗立在山中小路旁，當油桐花瓣落下時，這條路一定會像鋪滿花朵的地毯般美麗；而在第三個圖像中，我們可以很清楚的看到一隻蝴蝶正在畫面的右下方，牠正在做什麼？不妨讓學生們思考。

　　在看完上面這些有關油桐花的圖像後，範詩的欣賞對於創作能力較為低落的學生而言總是有如「雪中送炭」般，畢盡他們腦海中有許多的材料可供發揮，只是不得其門而入，不知如何下筆罷了。在此我節錄許釗滂所創作的詩當作引導：

　　　　〈油桐花〉　　許釗滂
　　　　……
　　　　油桐花、油桐花
　　　　滿山遍野是你家
　　　　風一吹嘩啦啦
　　　　螺旋飄下像雪花
　　　　油桐花、　油桐花

你的淳樸像客家
……
油桐花、油桐花
每年五月待開花
花落滿地人人抓
你一把我一灑
天上人間你我他

（臺灣攝影圖庫網，2009）

　　這首詩除了寫出油桐花像什麼及盛開的情景之外，眼尖的學生馬上就發現作者刻意讓全詩押韻，讓讀者念起來特別琅琅上口。這時教師也可以蒐集跟圖像有關的文章來讓學生閱讀，例如粟耘有篇文章〈滿山花兒開〉就是把油桐花盛開的景象描寫得十分動人，文中對於油桐花的描寫運用到許多的摹寫和擬人、譬喻等修辭，值得學生參考。現節錄如下：

　　現在，正是油桐花開的時候。別的花不過是一樹一樹，或是一叢一叢的開，最多，也只是一片一片的開而已。油桐樹可不，它高興怎麼開就怎麼開，開得滿山滿谷都是花。平常翠綠的山，一下子全變白了，好像是哪個神仙用仙杖一點，山爺爺馬上把綠袍子脫下來，換一件雪白的衣裳，連帽子和鞋子都是白色的了。因為油桐樹很高，開了花，遠遠望去，就像一頂頂大帽子一樣；而且，花兒不但開得很起勁，落得更痛快，連草叢裡，小路上，小溪裡，甚至小溪的石頭上都鋪滿了花兒。這麼多落花，好像山爺爺不只穿白花鞋而已，我

想，它的衣裳一定跟新娘子的禮服一樣，雪白的裙子脫得又
蓬又長，把整座山都蓋住了。

（馮輝岳，2000）

　　在此可以將上述談及平面式多幅繪畫圖像的童詩寫作模式稍
作整理，以圖 4-3-7 表示整個寫作流程：

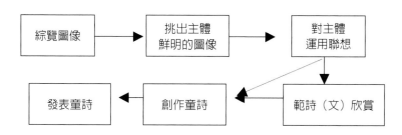

圖 4-3-7　多幅繪畫圖像的童詩寫作模式

　　有了前面圖像教學的引導，學生們莫不熱烈的討論著油桐花像
什麼？油桐花瓣灑落一地又像什麼？經過一番討論後，學生們便開
始寫作了。以下是伍敏嘉小朋友所創作的童詩

　　　〈穿著雪衣的油桐樹〉　　伍敏嘉
　　　咦！春天怎麼下雪了？
　　　翠綠的油桐樹，
　　　身上怎麼穿著白花花的雪衣？
　　　風伯伯一來關心，
　　　卻把油桐樹一身的雪衣

吹落滿地，

鋪成一條潔白的花地毯。

近年來市面上的繪本書籍如雨後春筍般出現，種類相當繁多，題材也是相當多元化，更有些繪本作家顛覆了傳統的童話故事，以不同的創作角度來「衝擊」原本存在我們腦海中根深蒂固的故事情節。這樣的「衝擊」恰恰可以提供給我們當作創作有別於前現代風格童詩時的靈感來源，並且藉由故事情節的「翻轉」，讓孩子們的思考來個「大洗三溫暖」！

我曾使用三之三出版社出版的繪本《三隻小豬的真實故事》〔雍‧薛斯卡（Jon Scieszka）著，方素珍翻譯，藍‧史密斯（Lane Smith）繪圖，三之三文化出版〕來進行繪本圖像教學。會使用這一本繪本的原因是多數人從小就看過「三隻小豬和大野狼」的故事，但這個家喻戶曉的故事卻是從小豬的角度來看問題的，而在《三隻小豬的真實故事》中，作者一步一步的將狼和豬改頭換面，鋪陳出合情合理的「真相」，而這個「真相」，卻顛覆了許多人對於三隻小豬和野狼的觀感。故事中的大野狼叫做「阿力」，「他」娓娓道來大野狼長久被世人所誤會的「真相」：第一，他吃小豬是天性使然，是不得已。而且小孩不也吃漢堡嗎？（這其中的思考邏輯，由讀者自己去想囉）第二，重感冒打噴嚏，也是不得已。他已多難受啊！第三，他是要為奶奶做生日蛋糕耶！這個理由不但正常，簡直就該表揚。至於那些豬？第一隻小豬蓋了間危險易塌的房子，該算自己笨死的。第二隻小豬不但不聰明，還不友善。第三隻小豬更兇惡，竟然開口罵老奶奶。你仔細聽聽阿力講話，他一直很有禮貌，到這時才為了捍衛奶奶而失控。他是被這些又笨又兇的豬逼的。作者不

但暗示「受害者」咎由自取，又加入一個現代角色「記者」——擋在讀者和事實之間。作者挑戰原故事的可靠性，請讀者接受這個「從未被報導過的真相」。在這本繪本裡畫家史密斯在圖畫裡設計了許多線索，提供讀者思考究竟我們早已熟知的三隻小豬到底是「含冤而死」或是「咎由自取」？史密斯用油彩和水性壓克力噴漆，再塗上層層透明的薄釉，製造特殊質感和點狀效果，營造撲朔迷離的氣氛。打噴嚏的場面，一再傳遞力量和動感。在造型和布景細節，更可見圖畫不僅搭配文字，也扣緊作者的訴求。阿力，瘦長的臉掛著細細的鏡框，白襯衫配條紋毛衣，還有整整齊齊的領結呢！他的牆上掛著奶奶的相片。而小豬出現在我們面前時，已經一副「漢堡相」啦！唯一見到的一張豬臉，是兇惡的眼睛和大鼻子塞滿小小的窗口。鏡頭拉遠，狼抓狂的樣子成了報紙的新聞圖片，右上方一欄小字「適合豬閱讀的新聞」，層層新聞稿就像被處理過的事實，凸顯了外觀與真實的誤差。在還沒有看過這本書之前，孩子們都異口同聲認為大野狼是不折不扣的大壞蛋，而可愛的小豬們簡直是可憐的受害者；當我讓孩子們看完這本書後，想不到有許多孩子為大野狼打抱不平，認為小豬們也要負一些責任而不能全怪大野狼，尤其大野狼天生就吃肉啊，所以野狼吃豬不是天經地義嗎？不過在當我把圖像裡的線索再作進一步的解說後，卻有孩子認為野狼是在為自己的貪心強加辯解、自圓其說，從原本一面倒的支持三隻小豬，但最後各種意見紛雜而出，孩子們已經知道從不同角度來看待問題，更顛覆了他們腦海中存在已久的觀念，甚至有孩子說出：「這本書的作者根本是在諷刺大野狼嘛！」

　　於是我再讓孩子們欣賞一首前引的用不同角度來描寫事物且富含「基進」風格的童詩：

〈我最好心了〉　吳文祥

兩隻鬼鬼祟祟的螞蟻

在我的書桌上急速移動著

那裡聞聞

這裡看看

突然一隻爬到我的書本上

似乎發現書上有更多牠的同伴

我好心的闔上課本

讓牠和牠的同伴永遠不分離

……

作者把螞蟻尋找食物的動作形容成「鬼鬼祟祟」，最後爬到書上來，作者自以為「好心」的闔上課本讓螞蟻跟他的同伴們「永不分離」，跟《三隻小豬的真實故事》野狼為自己開脫的口吻豈不是有異曲同工之妙？接著我讓學生們討論《三隻小豬的真實故事》中的野狼和〈我最好心了〉這首詩作者看待事情的角度有何同異之處，再以〈我最好心了〉作為仿作範本來寫作。伍敏嘉小朋友看完《三隻小豬的真實故事》後寫了下面這一首童詩：

〈我是無辜的〉　伍敏嘉

我是無辜的野狼

我只是想借個糖

做蛋糕給奶奶吃

誰知道我只是打個噴嚏

小豬的房子卻倒了

誰知道我只是打個噴嚏

小豬們就在我的肚子裡團圓了

我真的是一隻無辜的

大野狼

　　敏嘉小朋友透過「諷刺」的口吻讓小豬們在野狼的肚子裡「團圓」了，「基進」的風格是否令人莞爾？透過繪本書圖像的介紹，學生們在創作童詩時較容易產生靈感，當然難度還是存在的。不過有了圖像的輔助後，至少讓學生們的腦海裡有些材料可以參考了。

三、照片

　　這裡談到的「照片」，指的是由相機（包含傳統相機、數位相機）所拍攝而成並輸出成紙本相片或經由數位螢幕所輸出的靜態影像，也就是我們平常在生活中常見的相片及數位照片等。近年來因為科技技術的發達，人們可以利用容易取得的相機來拍攝物美價廉的影像，尤其現在多數的教室裡至少都會配置電視機，甚至還有投影機及電腦，教師倘若能善用這些資訊器材，配合多媒體來進行童詩教學，不僅可以提高學生興趣，更可以把學生的視野帶出教室外。

　　本研究把照片分為以「人物」為主角的人物類照片和以「風景事物」為主角的景物類照片。黃秀金認為觀看人物圖的原則有以下幾點：

(一) 先看畫面的全貌，總觀全圖。透過看全圖，領會全圖的
　　 主旨，即中心思想是什麼，在文中該如何呈現這個中心
　　 思想。

(二) 再仔細觀察畫面的背景和人物，抓住人物的特徵。如畫
　　 面的背景反映的是什麼，背景和畫面上人物有什麼關
　　 係，還要看清人物的身分、年齡、正在做什麼、內心在
　　 想些什麼等等。

(三) 觀察細節。如人物表情、服飾、動作、用具等，看這些
　　 細節對畫面內容有什麼作用。

(四) 分清主次，看畫面以什麼為主。一般畫面上以人物為
　　 主，有幾個人物的畫，要分清楚誰是主要人物。

（黃秀金，2008：51-52）

　　從上面這段話可以了解，以人物為主角的照片可以從人物「身
分、動作、表情、服飾」等來進行觀察及聯想，也可以讓學生來討
論是否曾經作過類似照片主角進行的活動，藉以喚起舊經驗。以下
圖 4-3-8 為例，照片主角是一個正在餵乳牛喝奶的小朋友，我們可
以從照片中獲得一些相關的訊息：小朋友相當興奮，但是可能是第
一次嘗試因此顯得有點害怕；當時季節約為秋冬，地點應該是在牧
場內……等。當然學生看到這張照片時，可能也有許多人已經有過
這樣的經驗了，這個時候老師可以引導學生思考：什麼時候需要喝
牛奶？誰會餵你喝牛奶？小嬰兒喝不到牛奶會有什麼反應？喝到
牛奶後又有什麼反應？照片中的乳牛喝著牛奶像什麼？餵乳牛喝
牛奶的小朋友又像什麼？經過這樣的討論後，相信學生經由欣賞一

張照片，透過聯想及喚起舊經驗的的思考過程，可以讓學生創作童詩時更有靈感、更為容易。

圖 4-3-8　小朋友餵乳牛喝牛奶（作者攝）

一年級的伍芳蓉小朋友在上完這個圖像教學課程後寫出了這一首饒富童心的詩：

媽媽的手像天使的手
餵我喝牛奶
牛媽媽也餵小牛喝牛奶
所以牛媽媽也像天使
一樣偉大

景物類的照片，是指照片的主角是風景或物件。看這類圖像，可以從以下幾方面展開想像：（一）考慮景物所處的季節、時令、

天氣和地理、環境、位置。（二）設想行踪路線、觀察景物和角度以及觀察視野範圍。（三）想像景物的形態模樣、色彩和可能發出的聲音。（四）想像景物的動態各畫面無法表現出來的那一部分的情況。

那麼如何利用照片來進行童詩教學？我們知道，童詩可以由「觀察」──「聯想」來作為開端，有了細心的觀察，便容易產生更廣泛的聯想。教師先展示一張阿勃勒開花的照片（如圖 4-3-9），詢問圖片中的金黃色的花朵讓學生們聯想到什麼？接著教師再展示「葡萄」的圖片（如圖 4-3-10），請學生針對「金黃色花朵」和「葡萄」作形體相關的聯想。最後再跟學生討論，除了葡萄之外，阿勃勒金黃色的花朵還可以聯想到哪些東西？教師可以引導學生從物體的顏色、外型、功能、象徵意義等方面來進行聯想，並且準備相似物體的圖片提供給學生觀看，如圖 4-3-11 的風鈴和圖 4-3-12 的鈴鐺等，幫助學生思考。

圖 4-3-9　阿勃勒開花（作者攝）

圖 4-3-10　葡萄（作者攝）

圖 4-3-11　風鈴（作者攝）

圖 4-3-12　鈴鐺（作者攝）

在觀看完圖像之後，教師再展示有關阿勃勒的童詩供學生欣賞，觀摩別人創作的手法。例如下面這首〈阿勃勒開花了〉：

〈阿勃勒開花了〉　作者不詳
阿勃勒的葉子
靜悄悄的掉光
樹枝上出現
一點一點的綠芽
黃黃的花也靜悄悄的
冒出來
一星期以後
樹上出現了
一串串黃橙橙的葡萄
以及
吵鬧的風鈴

在此可以將上述談及平面式照片圖像的童詩寫作模式稍作整理，以圖 4-3-12 表示整個寫作流程：

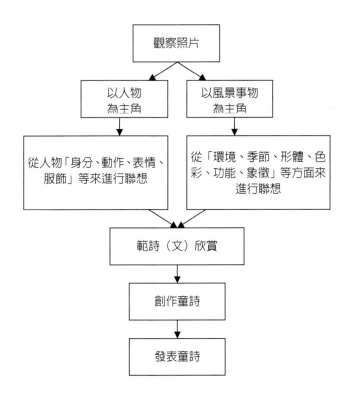

圖 4-3-13　平面式照片圖像的童詩寫作模式

利用本節所探討的幾種平面式圖像的教學模式來進行童詩教學，依據平面式圖像種類的不同選擇適合的教學模式，並且嘗試進行各種風格學派的童詩創作。雖然在平面式圖像的教學過程中，除了目前佔大多數的前現代風格童詩外，其餘風格的童詩對於國小學

生而言實屬困難，但不可否認的是，資質佳者仍能偶有佳作出現，因此不能因為創作有難度而放棄了這條途徑；另外，我們也不應將童詩的創作者僅僅侷限在國小學生，而忽略了還有許多可以創作童詩的族群——例如教師、作家、甚至是學生的父母親等，都可以透過本節所提出的教學模式來嘗試創作，一同「豐富」童詩的面貌。

第四節
異系統的平面式童詩圖像教學的模式

　　人類透過視覺所看到的事物，有十分之一是屬於「物理」層面，另外十分之九則屬於「精神」層面。「物理」層面是指圖像資料以光線反射的形式經由人類視覺的刺激再傳送到大腦，使人類得以「看到」東西；而「精神」層面是指人類在「看到」東西之後，會依據個人已有的成長經驗、偏好、或是環境的影響等，來決定所「看見」的東西，並經由個人的詮釋而形成有意義的事物。（李賢輝，1997）由此可見，受到不同文化薰陶的個體在面對同一個圖像時，對於圖像的解釋是會深受個體本身的文化概念而有所不同。例如一個身受基督教陶冶的學生在觀看如電影《達文西密碼》中耶穌受難的影像時，其體會想必跟一個從小到大接受道家觀念的學生必然有著相當大的不同，也因此教師在進行上節所述的平面式圖像的童詩教學後，可以再行嘗試「異系統」的平面式圖像童詩教學。

　　所謂的「異系統」，是指相異的「文化系統」而言。周慶華在《語用符號學》中，對於世間不同的文化系統，整理出如下的論述：

> 大體上，世界存在的創造觀型文化、氣化觀型文化和緣起觀型文化等三大文化系統，都可以依文化本身的創發表現所能夠細分為「終極信仰」、「觀念系統」、「規範系統」、「表現系統」和「行動系統」五個次系統。
>
> （周慶華，2006：46）

　　這三大文化系統及其次系統圖可參照圖 1-2-1。透過跨文化系統間的比較分析，對於圖像的詮釋將會從表面的語言文字深入至根柢的文化意蘊，更有助於教學者或讀者的理解。這樣的異系統文化間的理解，可以提供教師在進行童詩教學時作為參考。在進行異系統文化的童詩教學時，可以從兩方面來進行討論：

一、欣賞異系統文化的童詩作品時

　　目前國內多數童詩教學者（當然包括大多數的國小教師）在進行童詩教學時，童詩的「欣賞」仍是佔了相當重要的份量，而童詩欣賞的範詩，也多是國內作家或是學生的童詩作品，更甚者會提供海峽對岸（也就是中國大陸）的作品，較少提供華語圈之外的童詩作品供學生欣賞，也因此國內學生較少機會接觸到不同文化系統的童詩作品，殊為可惜。

　　先來欣賞一首描寫蛇的外國童詩：

〈蛇〉　　狄瑾生

一條細長的傢伙突然從草叢升起，

你以前一定碰見過──沒有嗎？

牠的出現總是突然的。

青草就像波浪樣的分開，

所能看見的只是像飛箭似的一點；

然後牠已來到你的腳前，

並且張開大嘴撲向前來。

……

我還認識另一些自然界的動物，

牠們都非常的誠實而且隨和；

但從未見過這種傢伙，

這樣的孤獨且小心眼兒，

毫無一點氣息，

且陰冷到肉骨裡的零度。

（蘇梗松編選，1979：32）

　　主角是一條蛇，而這條蛇被作者描寫成孤獨、陰冷且小心眼兒，這樣的負面感覺在童詩中甚少被當成寫作的題材。很多人不喜歡蛇，甚至達到恐懼的地步，不只是因為蛇的形體，在西方基督教世界的創造觀型文化系統中，蛇可是還有另一段故事呢！這得從《聖經》裡有關蛇的寓言故事談起：

　　最早的時候，神創造了天地，又造了萬物和人類。亞當和夏娃是世界上第一對夫妻，有神為他們證婚，他們快樂地住在

伊甸園裡。伊甸園是一個美麗的園子，園子裡長滿各式各樣的果樹。亞當好高興，因為園子裡一切的動物和植物，神都交給他管理。但是神特別吩咐亞當一件重要的事。神說：「有樹上的果子，都可以吃，只有分別善惡樹上的果子，一定不能吃，吃的話，你就違背我，而且你也不能和我在一起了。」創造的人願意聽神的話，不違背神。每天要摘果子吃的時候，他會特別注意不吃分別善惡樹上的果子。伊甸園裡，有一種最狡猾的動物，那就是蛇——魔鬼的化身，它故意要破壞神的計畫。魔鬼有一個本領，就是說謊；牠喜歡騙人，讓人相信假的事情。如果人上了牠的當，做錯了事，牠就會得意地躲在一旁冷笑。有一天，牠又鬼頭鬼腦的來找夏娃了：「夏娃呀！你不要相信神的話啦！不聽神的話，不會怎麼樣的！」可憐的夏娃真的被魔鬼騙了。居然伸手去摘了一個善惡果，把它吃到肚子裡去。夏娃自己吃了那果子，又摘了一個拿去給亞當吃。糟了！亞當和夏娃已經犯下了大錯，他們違背了神！那天傍晚，神在伊甸園裡散步，涼風陣陣的吹來，好舒服啊！咦！亞當和夏娃怎麼不見了？亞當和夏娃，因為做錯了事，兩個人躲在樹叢裡不敢出來見神。神的心裡好難過，因為他親手所造的人違背了他！魔鬼好高興！它破壞了人類和神之間的關系，這麼一來，亞當和夏娃就不能和神那麼親蜜，而且他們再也不能住在伊甸園裡了。神看到狡猾的蛇，生氣地對牠說：「從今以後，你必須用肚子走路，一輩子吃土，永遠再沒有好日子過。」蛇受了神的咒詛，真的就在地上，用肚子一扭一扭的爬走了。」

（61 童話故事網，2009）

　　就這樣，蛇在基督教的世界裡永遠跟狡猾、邪惡歸類在一起，再也抬不起頭來了！

　　在東方社會中，對於蛇的象徵意義也是「貶大於褒」。對於蛇，人們首先想到的是牠的狠毒，很多人一想到蛇立刻有一種莫名其妙的恐懼感。為什麼人們那麼恐懼蛇？其中原因除了蛇外形怪異，主要是有關毒蛇的神話傳說、寓言故事等對人們的影響，人們對蛇已經有了深深的先入為主的印象，絕大多數人還沒親眼見過蛇時，就已經對蛇有一種恐懼心理了。在其他有關蛇的傳說故事中，也有很多是關於蛇興風作浪、危害人類等內容，這無疑更加深了人們對蛇的壞印象。人們用蛇來形容人的狠毒，如說某人「蛇蠍心腸」；在以男性為中心的社會，婦女在很多時候被認為是禍害之源，因此有「女人是毒蛇」的話。蛇也象徵陰險、冷漠。這大約與蛇是所謂的「冷血動物」有關，因此陰冷也被認為是蛇的特性；再加上蛇沒有聲帶，不能發出聲音，這更加深了牠陰冷的印象，例如「蛇蠍美女」正是描寫女性在美麗的外表下有著惡毒的內心。

　　但是並非所有的文化都是厭惡蛇的，例如古埃及人認為蛇是君主的保護神，法老用黃金和寶石塑造了眼鏡蛇的形象，並飾進皇冠，作為皇權的徽記。而臺灣的原住民排灣族和魯凱族，他們都自認為是蛇的兒子，在排灣族人眼中，百步蛇的性格很類似排灣族人的頭目形象：獨立、安定、和平、彼此不會互相攻擊、不會主動攻擊別人但會反擊、不會到處遊走；魯凱族傳統上相信魯凱族的祖先除了大頭目等貴族由太陽所生之外，平凡的老百姓則由百步蛇所生，他們和排灣族一樣把百步蛇當成自己親靈的化身，認為百步蛇會保佑他們。由此可見，不同的文化系統對於同一件事物可能會產

生南轅北轍的解釋，也因此東埔國小二年級學生方銳雯寫出「爸爸獵到的山豬四腳朝天／百步蛇雄赳赳氣昂昂」也就不足為奇了。

不過，孩子畢竟是個有童心的個體，我們班的黃憶君小朋友就寫出了下面這首童詩，把大家討厭蛇的情況，透過蛇的言語寫出來表達抗議，成了一首有趣的創作：

〈蛇〉　黃憶君

大家看見我

都要攻擊我頭

哼！

我要發起一個運動

在草叢裡玩

請戴

安──全──帽！

除了蛇之外，其他的動物在西方宗教中也有其象徵意義，例如羊、公牛等。以下來欣賞一首由英國著名詩人、畫家，以及雕刻家威廉・布雷克（William Blake）所創作的〈綿羊〉：

〈綿羊〉　威廉・布雷克

小綿羊，誰造了你？

你知道誰造了你？

賜你生命，吩咐人餵你

在溪河旁，青草地那邊；

賜你歡悅的外衣，

……

小綿羊，誰造了你？

你知道誰造了你？

小綿羊，我告訴你，

小綿羊，我告訴你。

人以你的名字叫他，

因他叫自己綿羊。

他溫馴無比，他柔和順服；

……

小綿羊，上帝祝福你！

小綿羊，上帝祝福你！

（布雷克詩集，2006）

西方文學與藝術常常是以基督教信仰為出發，在基督教的世界裡，上帝創造萬物，所以這首詩先以問句帶出造物主的創造。《聖經》裡面也多次比喻「耶穌」是無罪的「羔羊」，裡面有引用《聖經》詩篇，有基督教背景的讀者，一看就會明瞭這詩的意義何在。不過，倘若沒有看過《聖經》，對於作者所要描寫的意涵便無可得知了。

國內目前有關於緣起觀型文化的童詩較為少見，因此本研究以禪詩來作討論。「禪」，是來自印度的佛教思想與幾乎和它同時產生的中國古老儒道文化相結合後，產生的一種清奇文化形式和思想方法。（吳言生，2002：40）眾所周知，禪對中國文學尤其是中國古代詩歌的創作發生過重大的影響。在中國古代文學史上佔有重要地

位的多位大詩人，因受過禪宗思想的影響，在詩歌創作上獲得重大突破，在自己的時代獨樹一幟。比如詩人王維、孟浩然、白居易、蘇東坡的詩歌，都受過禪宗思想的影響。唐代著名高僧拾得有一首禪詩〈無事閒快活〉：

> 無事閒快活，唯有隱居人。
> 林花長似錦，四季色常新。
> 或向岩間坐，旋瞻見桂輪。
> 雖然身暢逸，卻念世間人。

（吳言生，2002：52）

詩的首二句點明了隱居之人（即禪者）特有的心境，「唯有」二字在強調禪者快樂的同時，也排斥了一般人的快樂。一般人為欲望所困擾，成為物質的奴隸；禪者則不然，心中妄念盡消，閒適自如。中間四句便集中地描寫了使隱居者法喜充滿的景致。「林花長似錦，四季色常新。」多麼清麗撩人的句子。林中的花，凋謝得很快，然而在禪者的眼裡，它卻永遠那麼嬌豔，美得像錦緞似的。一年有春夏秋冬、炎涼寒暑，然而在禪者眼裡，每一季節總是有賞心悅目的景致。正因為花朵會凋落，四季會更替，所以當每一株花兒綻放、每一個季節來臨的時候，才愈顯其美，才愈讓人珍惜，使人感受到它的美麗與真實。並且不但白天可以欣賞到這些景致，即便是在晚間，也仍有使人賞心悅目的景致。有時他隨意地在岩石上一坐，一坐就忘了回去，不知不覺天就黑了，不知不覺月亮就笑盈盈地來到他的眼前，月亮走進他的心裏，他也沒入月內。雖然為求得自心的寧靜，面悟禪不失為一種很高的境界，但求得自心的寧靜

後，還要使眾生也能獲得寧靜，而不惜放棄自己已經獲得的這份寧靜，這卻是更高的境界。因為他要解放的不僅僅是他自己的心，而是所有眾生的心。（吳言生，2002：53）

近代詩人傅予曾經寫過富含禪味的童詩〈歲計〉，全詩是在寫「時間」在一個人的生命歷程中各個時期的感覺：

〈歲計〉　傅予
當一雙黑白小腳
踩着歲月的密碼
讓地球自轉了 365 個輪廻
當開歲的鐘聲
在零時零分零秒響起
啊！是誰
我生命的存摺上
又提走了一筆，又
給我一元，新的
揮霍

（傅予，2009：113）

時間在二十歲以前青少年人的心中，似乎「時間」就是「時間」，不是眼前重要的事。但在五十或六十歲以上人的思維中，「時間」不僅是「時間」，它也是生命的歷程。作者相信倘若在三十歲以前寫這首詩，「時間」也只是「時間」，他只是跟着地球，在 365 個黑白歲月中玩迷藏而已。但「歲月的密碼」在六十歲以上人的心中，他必然警覺自己生命存摺上的「存款」已不多了，因此本詩的張力

完全在二個「又」上，作者在這二個「又」上，充分傳達出他對生命的無力感！

　　全詩畫龍點睛的高潮是詩末「揮霍」這兩個字，面對生命存在的嚴肅性，作者以輕鬆的「揮霍」故作自我調侃，而化解時間在生命中的壓力。讓本詩〈歲計〉的時間，在生命的過程中，又回到另一個層面的原點。這個層面的境界，它就是「看山不是山」，但也可以是「看山是山，看水是水」，就像「時間」是「時間」，時間也可以不是時間，它是「生命」的另類解讀。（傅予，2009：114）

　　閱讀異系統的童詩作品不僅可以讓學習者擴展視野，加深見聞，對於各種文化系統中的異同也能透過比較來作進一步的探討，教師也可以透過讓學生閱讀異系統文化的作品並將異系統文化的題材加入自己的創作之中，讓童詩作品產生更為多元的面貌。

二、閱讀異系統文化的平面圖像作品時

　　自古以來，東西方的文化發展大相逕庭，各自受到不同文化系統的影響而表現在各種文化層面上，不論是建築、繪畫、文學等方面，都存在著相當大的差異。直至近代西方殖民主義興起，西方的文化才跟隨船堅砲利的武力侵略傳播到各地去。二十世紀以來，西方文化更藉由資訊科技的無遠弗屆，強力衝擊全球各國的文化發展，以至形成近年來西方流行文化在全球各地盛行的情況。不過，早期東西方文化在各自信仰系統的薰陶之下，仍在其各自的文化中發展出屬於各自的風貌，並且與其他系統之間存在許多的差異。以繪畫來講，西方的繪畫和東方的繪畫從各方面而言都有著截然不同的性質。舉例來說，油畫（西方）濃墨重彩；國畫（東方）淡雅寫

意。油畫的色彩繁複豔麗，筆觸濃重；國畫墨色的明暗層次。就墨韻作畫時，毛筆中水與墨的份量不同，與紙張融合程度的差異，可產生濃淡乾濕的變化，足以表現物象的質感、立體感、動態與韻味；用墨還能表達色彩的效果，就是所謂「墨分五色」。

　　油畫源於西方，受到創造觀型文化觀念影響，早期繪畫的內容多以體現崇高的神／上帝創造萬物的精神為主要目的，描繪《聖經》故事或是希臘神話。以義大利畫家波提且利（Sandro Botticell）創作的〈維納斯的誕生〉為例，畫中維納斯站在一只貝殼上，從海中升起，飄飛在一陣灑落的玫瑰花中的風神，將貝殼吹拂到岸上。四季女神展開了一件紫色斗篷，迎接正要上岸的維納斯。據希臘神話的諸神世系裡說，維納斯是塞浦路斯島海上泡沫生的，被西風一吹就把她吹到島上，再由季節女神荷拉為她添上艷裝，奉到諸神面前。在波提且利的畫中，左邊一個裸體的天使，飄翔在空中，向維納斯吹一口氣，頓時鮮花從空中落下，美艷的維納斯便誕生了，畫面右方拿著粉紅衣裳的正是弗羅娜（Flora），正準備為維納斯粧粉。維納斯在波提且利的筆下，有著曲線般的美麗，姿態動作優雅，天真無邪的臉龐，配合著美妙的動作，雙腳提起，正要步出蚌殼，雪白的肌膚配合著綠色的海面，讓我們感覺到維納斯的美是那麼神聖與不可侵犯，猶如聖母般。波提且利〈維納斯的誕生〉可說是繼古希臘羅馬時期之後，第一位以巨大的形象來描寫一個裸體女神，同時也開創了將女性美理想化的傳統。在中世紀我們似乎看不到任何有關裸體女性的描繪，直到文藝復興才又開始出現裸體女神的畫像。這直接反映出人們已從宗教裡種種禁忌的束縛下解放出來，也反映當時崇尚古希臘羅馬文化對人體美的讚頌。維納斯女神和聖母瑪莉亞連接在一起，作為神聖愛的根源及代表，這種愛的代表就是上帝聖靈的表現。

　　從這種觀點來看〈維納斯的誕生〉和宗教畫〈耶穌臨洗圖〉的構圖形式與內容，它們的相近處讓我們發覺畫家似乎有意在這幅畫中呈現著半宗教性的涵意。耶穌的臨洗在基督教來說是「上帝的再生」，而維納斯女神的誕生也是一種再生的希望，文藝復興這個名詞也有「再生」的意思，女神旁的兩位風神看起來是不是很像那兩位天使，右邊迎接維納斯上岸的花神弗羅娜看起來就像聖約翰在迎接救世主一樣。或許也正因為如此，古希臘羅馬的典型美與其神話文化能夠適時融入於整個基督教文化中。

　　西洋藝術史中，早期的美術作品主要是在為教會服務，大多以宗教故事為題材，目的在榮耀上帝。十五、十六世紀間，歐洲發生了拜占庭帝國沒落、土耳其人征服歐洲東南部國家、西班牙及英國的海外殖民等幾件大事，使得人們發覺自己竟可與上帝比拚並正視自己存在的價值，不單單以神的宗教思想為基準，因而發展出「文藝復興」。（陳意爭，2008：98）此一時期的典型作品，可以舉米開朗基羅（Michelangelo Bounaroti）在西斯汀教堂（La Cappella Sistina）的壁畫〈最後的審判〉為例，張心龍在其《從名畫了解藝術史》一書中對於這件作品如此解釋：

　　　　我們從〈最後的審判〉中可看出這種孤絕惶恐的情緒，畫中的人像被他們的罪惡拖向絕望無緣的境地，上帝憤怒地譴責世人，而在上帝腳下的一位使徒手裡握著一張剝下來的人皮，代表向神贖罪的殉道者。這張人皮的臉還可以辨認出就是米開朗基羅自己，這種冷酷悲慘的描繪正顯示出畫家本人的罪惡感。

　　　　　　　　　　　　　　　　　　　　　　　（張心龍，2001：61）

　　由此可以看出，在創造觀型文化的影響下，上帝這個至高無上
的力量依然支配著他的子民，人們仍舊惶恐自己會向上提升或向下
沉淪的問題──也就是能不能在死後回到天國中。及至「巴洛克藝
術」、「浪漫古典主義」、「寫實主義」、「印象派」、「象徵主義」等風
格的發展來看，不難看出藝術家尋求自我表現：「像」就要非常像，
「特殊」就要極盡所能的凸出，企圖媲美造物主、在人與上帝間拉
鋸抗衡。（陳意爭，2008：99）

　　在人物畫的表現方面，西方宗教教義中，造物者將人類的祖先
亞當和夏娃以裸體的形式在伊甸園裡生活著（如圖 4-4-1），直到文
藝復興時期，才把這對伴侶或穿上了無花果葉，或以他們的手作出
羞怯的姿勢。

圖 4-4-1　亞當和夏娃〔克拉納赫（Lucas Cranach）繪〕

　　因此，我們常可見到西方繪畫中女性的裸體畫作或是男性的裸體雕像；反觀東方氣化觀型文化中，中國傳統的人體審美受氣化觀影響，僅著重在相貌俊秀／風度翩翩（指男性）、容顏俏麗／嫵媚動人（指女性）等為「靈氣所鍾」的部分，而無關體型的健壯豐腴。（周慶華，2007a：260）因此描寫中國古代如「（劉裕）身長七尺六吋，風骨奇特。家貧有大志」（沈約，1979：1）、「（赫連勃勃）其器識高爽，風骨魁奇。姚興睹之而醉心，宋祖聞之而動色」（房玄齡，1979：3214）等，都在強調這種描寫男性的審美特性；而描寫女性則近在臉孔姣好和儀態萬千上著眼。

　　再看看達文西（da Vinci）的〈最後的晚餐〉為了呈現出每位門徒的形象，達文西將這戲劇性的一幕安排在一個大型食堂裡，讓聚集在長條桌一方的耶穌及其門徒都能面對觀眾，傳神的刻劃出每位門徒在瞬間所顯現的驚異又複雜的表情。畫面的構圖以耶穌為中心向兩旁展開，就像一個等邊三角形，再以高低起伏的人物動作形成三人一組的四個小三角形，使畫面顯得協調平衡又富有動態感，同時確立了文藝復興極盛時期高度理想化的構圖原則與表現手法。

圖 4-4-2　最後的晚餐（達文西繪）

　　達文西還運用正確的透視法成功呈現出〈最後的晚餐〉中的立體空間構圖。畫中食堂兩邊的牆與天花板上一格格的嵌板都向後退，創造一種景深的效果，最後集中並消失在耶穌頭上後方的窗戶，這一點正是整個壁畫的中心點，也是視覺的焦點。達文西透過天花板、掛氈、地板勾勒透視線條，所有線條匯聚於基督頭部，就是畫面正中央，線條明快清晰，形成一種對稱、協調。窗戶的光線極其自然的落在耶穌的頭上，形成光環的效果，完美的表達了耶穌的神性，可說是「透視法」極其成功的運用，也反映出創造觀型文化中人們極欲透過透視法的運用來「還原」或「存真」造物主造物的實況。

　　也因為受到創造觀型文化的影響，早期西方繪畫多以彰顯上帝風采為主要目的，因此在畫作中常可見到《聖經》人物或是與《聖經》人物相關的象徵。下表簡單說明西方宗教畫裡常見的人物及其象徵：

表 4-4-1　西方宗教畫裡常見人物及說明表

人物	說　　　　　明
耶穌	耶穌基督
聖嬰	耶穌幼兒時期
聖母	耶穌的母親——瑪利亞
馬太	似人、似天使的造型
約翰	老鷹為這位聖人的象徵
馬可	獅子為這位聖人的象徵
彼得	手持鑰匙為這位聖人的象徵
路加	公牛為這位聖人的象徵
聖三一	聖父、聖子和聖靈三者合而為一，也就是上主
施洗約翰	幫耶穌受洗的約翰，通常手持手杖
十二使徒	追隨耶穌的十二位使徒

（整理自吳靜雯，2008：30）

　　除了人物之外，西方宗教畫裡也有其他的象徵物件，如「雲」，用來分隔人間與天堂的景象。通常以線性透視表達人間的有限空間，將天堂的空間表現出深不可測的深度。使觀者看到天地、虛實這兩個世界的交流與關係。通常畫的一部分是在顯神蹟的場景，另一部分則強調經驗世界；又如「巨大的柱子上部深入雲層」，中心的象徵並暗喻俗世與天國的連結，這與哥德式大教堂大量採用尖聳石柱有異曲同工之妙。

　　至於東方社會特有的水墨畫，則受到氣化觀型文化觀念的影響，在繪畫中表現出萬物氣化自然生成的映象，在畫中甚至留下大片空白反映出自然諧和的狀態。以水墨山水畫〈谿山行旅圖〉為例（如圖 4-4-3），一座雄渾的主山矗立在畫面正中央佔了畫作的大部分，予人宇宙蒼莽磅礡的氣度，流水自山上傾瀉而下，彷彿「氣」的流動不止。大幅畫作中，右下方的山丘上有一些屋舍，被四周樹木包圍著。山丘下方是一條道路，一隊驢子正馱著貨物，由兩個大鬍子的人驅趕著。最前面的一個人裸袒肩膀，拿著皮鞭在引導隊伍；後面一個拿著小扇，為自己帶來點涼風，可知當時是夏暑的季節。這樣一幅大畫，山勢雄偉，然而細處的人物或驢子卻又描摹細膩，一點也不馬虎。而畫面下方的樹叢、溪流、小徑與行旅又把人帶回現實平凡的生活中，氣勢萬千的雄偉高山下，兩名旅者帶著一群小驢子在趕路，令人感到自然的永恆偉大和人類的渺小短暫。畫中主山的雄偉是宇宙自然的奇觀，但更偉大的還是近處的卑微生命。正因為有這麼強烈的對照，更顯示出平凡的偉大，畫中景物的調和表現出氣化觀型文化中重人倫、崇自然的觀念，而水墨畫獨有的筆觸更是體現氣化觀中「氣」的流動的特性。

圖 4-4-3　谿山行旅圖（范寬繪）

　　中國畫移動視點，是指中國山水畫特有的觀物方式「散點透視」
（或是「多點透視」），利用平遠、高遠、深遠之法，看到山前也看
到山後，千里江山可盡收於畫中。而范寬的〈谿山行旅圖〉最主要
運用的是「高遠」這個技法。〈谿山行旅圖〉畫面很大，畫中一座
大山雄偉蒼茫，山頂層岩密樹，抬頭仰望有一種頂天立地的樣子。

遠景的山幾乎佔滿了三分之二的畫面，相較之下，前景的山和旅人就顯得非常渺小，更凸顯雄偉的氣勢，這就是高遠的表現。也就是說，中國畫與西方畫最大的不同在於中國畫較重視畫的意境，為了提高作品的藝術價值，可以犧牲掉透視及遠近的合理性，〈谿山行旅圖〉就是最好的證明。

水墨畫重視「畫外之意」，藉內容表現作者內在的心靈世界。畫家見景生情，把難以言傳的心思藉著圖像表達出來，這種寓「情」於「景」，「情境」與「景物」融合的，正是所謂的「意境」。童詩寫作也是透過文字將意境表達而出，在表面的文字上加入了作者心中的情感，例如「急急急／急急急／蟋蟀不停的催／秋天才慢慢移動腳步／降臨人間」（洪志明主編，2000：144）這段童詩，作者心中把秋天透過擬人化的表現，受到蟋蟀不停的「催促」而來到人間，原本不相干的兩件事情，加入了作者的情感後，利用文字寫出來，變成了富含詩意的語言。

相較於西方創造觀型文化對於各學科的影響，跟氣化觀型文化相鄰的緣起觀型文化，在乎的是「因緣」對所有事物的決定性力量，因此就不會將重心放在塵世的福分，或者費心經營人間的網絡。（周慶華，2007a：187）印度人物畫的表達和西歐油畫風格完全不同，倒和中國的工筆畫有點神似，但又大異其趣。印度畫莊嚴細膩、平和中透出一股神秘氣息，是共同的特色。比起充滿禪境的中國畫的抽象、空靈、印度古繪畫色彩鮮豔奪目，充滿了光和熱；但缺乏西方的浪漫熱情，因此習慣西方畫風的人，對印度古繪畫的色彩、構圖、畫風不是很理解或欣賞。不過再仔細比較，緣起觀型文化更是超脫萬事萬物之上，強調絕對境界的解脫，也就沒有「像」與「不

像」的差別。因此在藝術表現上，以印度為主的佛教文化，從古至今都沒有什麼明顯的差異。

　　在探討完各種系統平面式圖像所產生的差異後，我們可以嘗試運用異系統的平面圖像來進行童詩教學。我曾展示以下在義大利旅行所拍攝的照片讓學生欣賞：首先我讓學生先討論照片中的景物是什麼？有何相同之處？照片中的建築又有什麼特別的地方？

圖4-4-4　威尼斯大教堂（作者攝）　圖4-4-5　佛羅倫斯百花大教堂（作者攝）

圖4-4-6　米蘭大教堂（作者攝）　　圖4-4-7　西耶納大教堂（作者攝）

　　倘若是沒有對三大文化系統的產生及其表現有過了解的話，在看到上述四張教堂的照片後，多數人僅僅會從建築的樣式來討論，而對於背後的文化系統卻一無所知。在創造觀型文化中，西方世界的人們相信宇宙萬物受造於一個至高無上的主宰（神／上帝），人終其一生所作所為就是為了最終能回到上帝的身邊，西方人在塵世創造器物和發明學說為了要媲美上帝的風采，因此西方人把在世間與神溝通的專用建築——教堂盡其所能的蓋得又巨大又高聳，期待經由高聳的塔尖能夠更加接近上帝。最為明顯的是「哥德式藝術」的教堂，建造方式加入大量的尖塔，營造出直入天聽的感覺，並運用飛樑、扶壁營構出輕快的感覺，顯現出歌德式建築的優雅與充滿韻律感的線條。教堂內部以大片玻璃裝飾，透過五彩繽紛的馬賽克鑲拼玻璃，引進燦麗的自然光，讓教堂呈現出有如天堂般的氛圍。（吳靜雯，2008：26）

　　我們看看上面這些西方的教堂，不論是教堂本身的尖頂或是旁邊鐘樓的尖塔，總是那麼的高聳直入天際，彷彿可以經由這些尖塔縮短人們與上帝的距離。當講解過後，再與東方氣化觀型文化及緣起觀型文化系統下的寺廟建築比較，氣化觀和緣起觀分別崇尚自然氣化和因緣和合的觀念，認為萬物是氣化／緣起而成，其諧和自然及無欲解脫的觀念根本不用像西方人建立接近上帝的尖塔般找尋途徑與造物者相「會合」。

　　在了解不同文化產生的背景後，我讓學生去思考，東方的廟宇跟西方的教堂是不是因為文化系統不同的關係也產生了不同的建築風貌？西方教堂的尖塔甚少在東方廟宇中看到，西方教堂的華麗裝飾，與東方廟宇的樸實更是截然不同。因此學生在觀看不同系統的圖像時，配合教師講解異系統文化的觀念後，便容易產生更多元

的思考。當然，學習者的資質殊異，每個人對於圖像的解讀程度有
會有所不同，創作表現也會有所不同。以我親身教學為例，在欣賞
完上面四張教堂的照片並進行講解教學後，並非所有學生都能體悟
而寫作童詩。以下列出一首伍敏嘉小朋友的作品，她平常會跟家人
一起上教堂禮拜，對於我上課時的講解或許是較有感受，因此她寫
出了下面這首童詩：

〈教堂和寺廟〉　伍敏嘉
教堂一天天長大
想要讓信徒
回到上帝的懷抱
寺廟是個安靜的老和尚
鐘鼓聲中
讓我們心靈沉靜

這樣的童詩風貌，是不是更為多元？

第五章　立體式童詩圖像教學

第一節　概說

有一首童詩是這麼寫的：

〈稻田〉　褚乃瑛

風吹過
油油的秧
掀起一波一波
綠色的浪

波動的綠呀
含有無限的希望
農夫的汗水呀
變成了
稻子的金黃

（陳木城等，1999：143）

　　收成的季節，稻田裡成熟的稻穗，呈現金黃色的喜悅；那是耕
耘了不少歲月，農夫們最後享受到的豐收快樂。那可是從辛勤的插
秧所努力來的成果。透過作者精簡扼要的描寫，以及準確生動的比
喻，使這首詩表現得想像新奇、情趣動人。詩的前半段先描寫風吹

過稻田的景色，只要曾經看過風吹過綠油油的稻田的人，一定會對那一波波綠色的稻浪印象深刻，我相信唯有親眼看過這樣景象的人才能寫出這些詩句來；在後半段中，作者聯想到稻田的豐收，再將綠浪蘊含的成長希望，巧妙的跟農夫的汗水結合，而產生顆顆金黃色的稻穗，這裡是從第一段所見的「景」，加入作者對「綠」所產生的「情」，最後再回到稻子成熟時所變成的金黃色結尾。整首詩作的脈絡為景——情——景的寫作方式，其中波動的綠呀，更是將顏色寫活了，成為本詩最動人的地方。其中的如浪般的稻子、金黃色的稻穗，卻不是想像便能達成的，當欣賞者沒有見過如此景象時，我想是很難體會到詩中的景象的。

記得有一次我問學生：「你們說海是什麼顏色的？」幾乎所有人都回答：「藍色的。」我再問：「真的只是藍色嗎？你們要不要去外面看看，但是不要吵到別人。」因為我們學校就位在漁港旁，因此學生們靜靜的走出教室，在圍牆邊看著海水的顏色。沒多久學生們陸續回到教室，我再問他們：「你們說海是什麼顏色的？」這時候的答案就變得相當豐富了，有人說：「黑色的，因為都是漁船的汗油。」嗯，我想這大概是住在漁港旁的孩子才有機會發現吧！還有人說：「海的海色是黑色的，晚上我陪阿公到海邊散步，那個海全都是黑色的啊！」也有更特別的回答，「老師，海是白色的，因為只要颱風來時，從我家看出去整個海都是大浪，看起來一片白濛濛，所以是白色的！」還有人說是「墨綠色」的，因為他的理由是「陽光照下來，海面看過去就是墨綠色的呀，那根本不像藍色。」也對，我從小時候就一直想，大家為什麼都說海是藍色的？明明我去看就像墨綠色的啊！孩子們踏出教室透過親眼觀察後，得到的答案竟然比腦袋中原有的認知多出幾倍，也就是說可以當作童詩寫作材料的題材也多了好幾倍。

　　人類是視覺型的動物，在所有的感覺器官中，眼睛的構造最為精巧；眼睛的神經數比耳朵要多，不管是運動或行為，思考活動所需的最大情報來源就是來自視覺；從視覺獲得的情報，比聽覺更簡潔有效，而且內容豐富，完整無缺，一個頭腦越是靈活有才幹的人，越是特別重視視覺型情報。（葉顯國，1985）每個人在生活經驗中，都曾經使用過視覺思考，如果你想去超級市場，腦中浮現的不太可能是「超級市場」這四個字，而比較可能的是經由視覺的想像，看到了和超級市場有關的東西，也許是超級市場的外觀或環境，也可能是內部的商品陳設等；而當有人談起某個人的長相，或某個地方的風景時，我們便極其自然的使用視覺思考。

　　俗話說：「百聞不如一見。」不管曾經耳聞過多少次，只要能夠親眼見到，那種「歷歷在目」的感覺絕非只是「耳聞」可比擬。也因為透過視覺的思考可以讓學習事半功倍，因此在教學上我們常會使用道具或是教具來輔助教學，以加深學習者的印象。在前一章中，透過平面式的圖像來輔助童詩教學，希望能讓學習者經由平面圖像的展現來促進腦中「心象」的形成，以便讓學習者有所參考，進而達成創作童詩的目的。有別於前一章「二度空間」的圖像，本章將要透過生活中常見的「立體圖像」來進行教學，讓學習者透過觀看實際的物體能更有靈感的來創作童詩，甚至可以經由觸覺的感受，讓學習者有更多的感覺可供應用在寫作上。

　　本章所謂立體圖像，指的是由點、線、面（或是長、寬、高）所構成三度空間的物體，因為立體圖像種類繁多，幾乎包括生活中眼所能見的事物，因此範圍廣大，本章基於論述的方便，將立體式圖像分為三大類，包括「人造物」、「自然物」、「生物」。其中「人造物」指的是非自然天生，由人類所創造而出的立體圖像，舉凡建

築、雕塑、車輛、服飾等都屬於此類範圍；所謂「自然物」指的是自然天生而成，以風景山水為主要內容；而「生物」指的是有生命的個體，諸如人類、動物以及植物都歸類在此範圍中。

　　與前章平面式圖像不同的是，本章立體式圖像是屬於三度空間的物體，有別於二度空間的平面圖像，立體式圖像可以讓學習者親身感受物體的厚度、長度、重量、光影、高度等外在條件，不像平面式圖像僅能透過二度空間的平面並透過視覺來進行觀察，因此透過立體式圖像來進行童詩教學，可以讓學習者有更多機會獲得寫作的材料。舉例來說，看一張向日葵的「照片」跟實際觀看向日葵的「花朵」，想必效果是不同的，照片僅能從平面的圖像中觀察向日葵的顏色、外形等，但實際的花朵擺在眼前，不僅是顏色跟外形等，學習者還可以觀察向日葵的大小、結構，甚至還可以感受花朵的觸感、香味等，對於蒐集材料可說是更為容易。

　　在本章第三節中，將對立體式的圖像依照「自然物」、「人造物」和「生物」來進行童詩教學，並且從圖像的教學中，找出可行的具體作法，以利教學者能夠參考使用。例如在觀察一朵盛開的向日葵跟在海邊看著浪花起落，觀察的重點和心中的感覺想必也有所不同。另外，在第三節也試著在教學的過程中，對於現代／後現代／網路時代等不同的學派風格來進行探討，嘗試能創作更多風格的童詩，讓童詩的發展更為多樣化。

　　如第一章所述，本研究在談及立體式童詩圖像教學時，考慮不同文化的要素，可以嘗試依創造觀型文化、氣化觀型文化、緣起觀型文化等角度來探討，希望在這「跨文化系統」背景的論述之下，使本研究能夠擴展童詩教學的面向，提供教學者在進行童詩教學時更多元的參考。因此在第四節中，將針對異系統的立體

式圖像來進行論述，讓學習者針對不同文化系統的圖像，能有更進一步的認知。

第二節　立體式童詩圖像教學的理念

　　有首描寫臺東美麗風景的歌曲叫做〈來去臺東〉，當年由歌手沈文程渾厚的嗓音唱出後，讓聽者無不想要親自一探歌詞中的景點，這首歌可說是大家耳熟能詳的一首歌：

　　〈來去臺東〉　　沈文程作詞
　　你若來臺東，請你斟酌看；
　　出名鯉魚山，亦有一支石雨傘；
　　初鹿之夜，牧場唱情歌；
　　紅頭嶼、三仙臺、美麗的海岸；
　　鳳梨釋迦柴魚，好吃一大盤，
　　洛神花紅茶，清涼透心肝；
　　你若來臺東，請你相招伴，
　　知本洗溫泉，乎你心快活。

（魔境歌詞網，2009）

　　如果沒有親眼見過臺東美麗的海岸，如果沒有吃過臺東的名產，如果沒有玩過臺東的景點，對於這首歌的感覺想必不會印象深刻，甚至不易引起共鳴。在這裡舉這首歌詞為例的目的是，如果教

室裡的教學無法吸引學生的興趣，無法引起學生的共鳴，教師僅僅是作單向的知識灌輸的話，這樣的教學在現代社會中是落伍且效率不佳的。對照在童詩教學裡，學生對於未曾看過或是僅有模糊印象的創作題材，在運思上是不能得心應手的。教師在教學時可以運用引導的手段來引起學生的興趣，加強學生的印象。基於這樣的信念，在本章中將試著從「親眼所見」、「親身經歷」的方向著手，讓學生經由實際的觀察圖像來寫作童詩。當閱讀圖像後，再經過引導及聯想的過程，學生可供運用的材料也會比較豐富，而有助於寫作。圖像式的閱讀更是學生喜愛的學習方式，不論是報章雜誌或是書籍叢刊，帶有圖像的內容總是較易令人引起注意，尤其是帶有豐富色彩的圖像媒體，更是容易上手，令人喜愛。

　　在這一章中，我將立體式圖像依「自然物」、「人造物」和「生物」分類。從以上分類看來，立體式圖像在我們的日常生活中可說是隨處可見，屬於相當常見的創作題材。以我手邊現有的一本童詩集《國語日報童詩選》（陳木城等，2002）的童詩創作題材來看，就可以發現童詩的創作多為以景入情，透過對景物的描寫再帶出感情的抒發，因而引起讀者的共鳴。

表 5-2-1　童詩常見寫作題材分類表

詩　　名	題　　材	類　　別	次　分　類
秋天是個想念的季節	秋天	自然物	季節
清晨	清晨	自然物	時間
湖	湖	自然物	自然景觀
小露珠	露珠	自然物	自然景觀
大地之歌	大地	自然物	自然景觀

假如大地到處有樹木	大地、樹木	自然物、生物	自然景觀、植物
四季的雨	季節、雨	自然物	自然景觀
月亮	月亮	自然物	星球
兩朵雲	雲	自然物	自然景觀
我喜歡的衣服	衣服	人造物	服飾
美麗的書籤	書籤	人造物	工具
照相機	照相機	人造物	機械
傘	傘	人造物	工具
風箏	風箏	人造物	娛樂用品
櫻花開了的早晨	櫻花、早晨	生物、自然物	植物、時間
種子傘兵隊	種子、傘兵	生物	植物、人物
鸚鵡	鸚鵡	生物	動物
螢火蟲	螢火蟲	生物	動物
公雞和狗	公雞、狗	生物	動物
貓頭鷹老師	貓頭鷹、老師	生物	動物、人物

　　由上表可以看出，上述的童詩寫作多由立體式的圖像來進入，再帶入情感的抒發，當中有出現使用數種立體式圖像來寫作的例子，例如〈貓頭鷹老師〉使用了動物和人物的結合當作寫作題材，也就是童詩常見的修辭法「擬人法」的應用；〈種子傘兵隊〉也是如此，將植物比喻成人類才有的傘兵，這些都是把兩種以上的圖像結合而成寫作的例子。在此節錄劉正盛創作的〈貓頭鷹老師〉提供參考：

　　　　〈貓頭鷹老師〉　　劉正盛
　　　　戴方帽子，
　　　　很有才華的貓頭鷹老師，
　　　　白天養足精神，

晚上在夜間部教書。

他教青蛙朗讀：

嘓嘓嘓　嘓嘓嘓

……

他教夜鶯唱歌：

吱吱──啾，吱吱──啾，

……

他教飛鼠體操，

飛過來，飛過去，

……

（陳木城等，2002：342-343）

　　從這首童詩可以看出作者使用了數種圖像來作為聯結，包含「貓頭鷹」（動物）、「青蛙」（動物）、「夜鶯」（動物）、「飛鼠」（動物）等，再賦予這些角色們「人物」的形象，最後作者用「貓頭鷹老師，看到學生這麼認真，呵呵呵，呵呵呵，高興地笑了。」來作為結尾，也把情感帶入了這首詩中，也造就了這首詩的童趣來。

　　簡單來說，學生透過閱讀「圖像」裡的符號，所獲得的不只是符號的表象，還有符號的意義。例如當我們看到蘋果時，我們知道這樣外型、構造的組成叫蘋果；但就意義來講，它還代表好氣色（蘋果臉）、健康（An apple a day keeps the doctor away.）、愛情（酸甜的滋味），甚至西方世界裡的引誘。（陳意爭，2008：76）

　　既然要透過觀察來蒐集寫作資訊，那麼觀察力的重要性便不言可喻了。張春榮在〈國小作文教學的引導藝術〉一文中，針對看圖

寫作提出了他的看法。張春榮認為「觀察力」最為重要，教師必須
訓練學生的觀察力，激發其視覺智能，教師要成為活潑的解說員，
目光獨具的嚮導；帶領學生，展開「看」的世界；由「一般」的看，
到「深入」的看；由「看到」什麼（物體位置），至「看出」為什
麼（辨視物體的空間關係）；由「有意義」的看（物體的相關、統
一），至（有意思）的看（視角的意外、變化）；由「言之有物」、「言
之有序」的正確表達，至「言之有趣」、「言之有味」的創意書寫。
（張春榮，2008）

　　其實和成人相比，兒童的想像力更為奇特。面對新發現的事
物，他們總會情不自禁的以自身擁有的知識經驗，進行比較、猜測
和解釋，就這樣兒童最初的想像就產生了。好奇心是推動兒童獲取
新知識的動力，與他們的想像力及創造力密切相關。我們不得不驚
訝，兒童把自己眼裡的世界表現得那麼生動、那麼精采！他們按照
自己的感情意願來安排世界，而不是依照生活的本來面貌，精確的
再現事物，他們不自覺的對事物進行添加和移位，把不同種類的東
西重新組合在一起，也許以成人的眼光，兒童的某些想像是不合情
理的，但又因此而顯出「無理而妙」的趣味來。（陳靜嫻，2004：136）

　　既然是要藉由立體式圖像來引起學生興趣，刺激學生大腦的思
考，當然要引導學生「有意義的看」、「有想法的看」，而不是走馬
看花，一眼帶過。每個人因為生活背景、思緒方向、生長環境的不
同，看待事物的方向及角度也會有所不同。倘若從文化面的角度來
看，不同的文化系統下成長的個體看待事物的角度及產生的想法，
更會受到各自文化的影響而產生出截然不同的看法。舉例來說，一
個閩南族群的孩子看到蘭嶼島上的拼板舟時，對他而言可能只是一
件觀光題材；但對於視拼板舟為祖先智慧累積而成的蘭嶼孩子而

言，拼板舟的重要性不言可喻。因此，在第四節中，我將透過文化系統的角度來探討立體式圖像在童詩的教學上有哪些異同之處。

〈天堂在哪裡〉　黃仁俊
老師不乖的說：
「安靜！再吵試看看！」
夏天的教室真冷
冷得像冬天

小小的電視機裡
立法委員吵吵鬧鬧
活像長不大的小孩
老師卻不管
我要努力讀書
立法院才是我的天堂

（黃仁俊等，1999：3）

詩的第一句寫到「老師『不乖』的說」，學生怎麼會說老師不乖？原來是孩子看到了電視機裡立委「諸公」們吵吵鬧鬧的情形，但是老師卻不去管他們，所以才會說出「老師不乖」這句話來，可是老師卻管孩子管得緊，讓班上氣氛凝結，好似到冬天的冷空氣般凍住了。作者在這首帶點「諷刺」意味的「基進」風格童詩裡，短短的十個句子裡連「酸」了兩種人：一是把教室裡的學生管得死死的老師；一是喜歡「動手動腳」的立法委員們。以現在新聞媒體如此發達的今日，我想大多數的人看了都會莞爾一笑吧。

第三節　立體式童詩圖像教學的具體作法

英國詩人艾狄生（Joseph Addison）說道：

> 具有洗練的想像力的人，能夠進入粗俗的人所不能感受到的
> 許多喜悅的世界。他能夠和繪畫交談，而且在雕刻中找到趣
> 味相投的朋友。他在描寫中品味旁人所不知道的爽快，而且
> 時常在眺望田野或牧場時，發現到比擁有這些的人，所能發
> 現到的更大的滿足。

（引自杜淑貞：1996，110）

　　我們知道，想要有豐富的想像力的話，必定得要經過充分的聯
想。聯想的路徑很多，按內容分，有接近聯想、相似聯想、對比聯
想、因果關係聯想、種屬聯想、部分與整體關係聯想、象徵聯想、
推測聯想、遠隔聯想等等；按方向分，有縱向聯想、橫向聯想；按
數量分，有由一而多聯想、由多而一聯想，真可謂不勝枚舉。但是
對國小學生來說，最重要的有三種，就是所謂「聯想三定律」，「接
近聯想」、「相似聯想」、「相反聯想」。「接近聯想」就是由一種事物
的觀念想到空間上或時間上與之接近的另一種事物的觀念。（褚守
農，1999：38）譬如由根想到莖、葉、花；由海洋想到波浪、輪船、
鯨魚；「相似聯想」就是由一種事物想到性質或形式上與之相類似
的另一種事物。相似聯想反映了事物間的相似性和共同性，是一種
求同思維，關鍵在於尋找事物之間的相似點。（同上，67）「相反聯
想」就是由某一事物的觀念想到在性質或特點上與之相反或排斥的

另一事物的觀念（也叫對比聯想）。譬如由海洋（大）想到池塘（小）、或是從老鷹想到小麻雀、由根想到捨本逐「末」。（同上，101）

　　在教學時比較重要的是相似聯想與相反聯想，譬如相似聯想開展出去的就是譬喻的修辭格，相反聯想開展出去的就是映襯格。不過在進行相似與相反聯想時，最要注意的是所聯想事物特性的抓取，譬如「花」的特性除了美麗之外還有容易消逝、嬌貴等，而這些不同的特性都可以進行相似或相反的聯想，所以從一個事物出發，可以聯想到的事物是非常的繁多。（仇小屏、藍玉霞，2005：388-389）

　　在運用聯想方法進行創作時，有人聯想到此，有人聯想到彼；有人聯想豐富，有人聯想貧乏；有人聯想快速，有人聯想遲緩；有人聯想按一定的規律前行，有人聯想散漫、雜亂，毫無章法……這些現象涉及到聯想的條件問題。經驗的積累，知識的儲備，人腦中各種事物聯繫的強度和數量，以及人的寫作任務、興趣、情緒，還有外部環境等等，對聯想均有一定的制約作用。我們應努力創造聯想的條件，克服聯想的障礙和不利因素，使聯想又快、又多、又好、又活。

　　有了聯想的材料後，一首好的童詩也不應缺少情感的抒發。因此一般童詩的寫作多從「由景入情」的方式來表現。黃基博把「景」稱為「物象」，把「情」稱為是「心象」。他認為「物象」和「心象」結合的剎那，一首詩便自然而然的誕生了。「物象」指的是外部世界各種東西的形象。比方「椰子樹」是「物」，「椰子樹像一支大掃把」，就是「物象」；「心象」指內心深處的感受、感覺。簡單的說就是「感情」──心中的千情萬意，包括喜、怒、哀、樂……七情六慾都是「心象」。（黃基博，1995：16）某種「物象」從外面的世界進入了我們內心的世界，觸動了某種情感「心象」，這一剎那的

快感就是所謂的靈感。而要形成「物象」的第一個條件，便是物體形象透過視覺進入到我們的內心世界裡。

　　詩人使用具體真切的文字來描繪心中的「心象」，能帶給欣賞者豐沛的感受性，相對地也使詩人的創作意圖得以充分傳達。對於如何使描繪的文字具有如此的功效，可引用黃永武在《中國詩學：設計篇》中所說的多種方法：

> 化抽象為具體、變理論成圖畫；或將靜態的平面圖象，表現成動態的動作演示；或儘量加強色、聲、香、味、觸覺等的輔助描寫，使圖畫形象變為立體生動，能引人去親身經歷詩中所寫聲光色澤逼真的世界；又或以修辭上「移就」的技巧，使感官與印象錯綜移屬；又或仗聯想的接引，於瞬間完成「過脈」，使不同的意象意外地綰合或奇妙地換位；或將無限的心意，全神貫注於細小的景物，給予最大的特寫，使物象以嶄新的姿態現形；或則特別誇張物象的特徵，使其窮形盡相；或則以懸殊的比例襯映物象，使其顯豁呈露。
>
> （黃永武，1976：4）

　　上述的方法中就是童詩教學中的修辭法，修辭的種類很多，何者重要？如何取捨？張春榮在《國中國文修辭教學》中，對「重要辭格的共識」作了詳盡的討論。對照張春榮依據九年一貫語文領域三階段所劃分之十六種重要修辭法（表5-3-1），列出各階段作為童詩修辭教學的參考：

表 5-3-1　九年一貫各階段修辭教學參考表

階　　段	第一階段 （一至三年級）	第二階段 （四至六年級）	第三階段 （七至九年級）
修辭方法	比喻 擬人 誇張（誇飾） 雙關 類疊	對偶〈形式上對比〉 映襯〈內容上對比〉 排比 層遞 頂真	借代 回文 轉品 設問 反諷 婉曲

（整理自張春榮，2005：23）

　　因為本研究的論述要點不在修辭教學，因此在這裡不深入探討修辭在童詩教學中的應用。目前國內針對修辭在童詩上的應用所作的研究有《修辭技巧融入童詩教學之可行性研究——以五年級為例》（郭宗烈，2006）、《國小童詩教材與童詩創作之修辭研究》（吳純玲，2004）、《國語教科書詩歌體範文之修辭研究——以九年一貫第二階段之童詩為例》（張瓊華，2005）、《童詩修辭研究》（梁欽隆，2002），在此列出提供有興趣者參考。

　　如果說人類是造物者的結晶，那麼大自然就是造物者給我們最好的禮物。太陽、月亮、流水、露珠……等不同的事物，會讓人聯想到什麼？我們可以透過下表來稍作說明：

表 5-3-2　大自然的聯想

自然景物	聯想過程
太陽	耀眼→光明→勇氣→困境→堅毅→……
月亮	嫦娥→偷藥→懲罰→玉兔→流淚→……
流水	分支→大海→包容→美德→學習→……
露珠	清晨→開始→朝氣→工作→努力→……
白雲	漂泊→流浪→無家可歸→哭泣→……
微風	落花→新娘→愛情→結合→家庭→……
雷電	巨響→生氣→媽媽→零分→挨打→……
⋮	⋮

資料來源：劉佩佩，2008：41

　　詩是精鍊的語言，透過文字的表達出作者心中無形的意象，透過聯想的運用，當我們看到「月亮」這個圖像，經由聯想可以寫出「嫦娥→偷藥→懲罰→玉兔→流淚」等意象來。如果只是直接的「敘述」，那只是文字的排列，卻不帶「詩味」，就像「月亮很漂亮」這句話，直接說出卻毫無詩的樣子。寫詩就是要運用文字「間接的表現」，心中的話不直接說出來，把話意隱藏在字裡行間。（黃基博，1995：27）例如梁財妹寫的〈媽媽的胃〉，就把作者對媽媽的感謝用間接的方式寫出來：

　　　〈媽媽的胃〉　　梁財妹
　　　媽媽的胃最奇怪！
　　　我們喜歡的，
　　　它都不喜歡；
　　　我們不喜歡的，
　　　它卻吃得津津有味。
　　　媽媽的胃最不懂得營養，
　　　新鮮的，剛上桌的，
　　　它都不吃；
　　　隔餐的、我們吃剩的，
　　　卻又視如珍寶。

　　　　　　　　　　　　　　　（黃基博，1995：29）

　　作者把媽媽平常在家中辛苦的角色寫了出來，但是她卻不直接說，而是用媽媽的胃來表示，透過孩子的口吻，讀者們了解到媽媽是為了家裡的孩子，好的總是都先讓孩子們享用，自己才「收拾」

眾人不喜歡的食物，避免浪費。像這樣「間接的表現」方法是含蓄的，把情意巧妙的隱藏在詩中，使讀者感到「言外有意」、「話中有話」，相當耐人尋味。因此，在寫詩時要讓學生知道，不是把文字用分行的形式寫出來就叫做詩了，而是要加入「間接的比喻」，才能讓詩有詩的「味道」。來看看下面兩首詩，哪一首才有詩的味道？

〈衣架〉
一棵奇異的樹
晚上長出了
多采多姿的樹葉
早上就落掉了

（黃基博，1995：24）

這首詩把各式各樣的衣服想像成多采多姿的樹葉，但是缺少了情意的表現，因此詩的味道就出不來了，謝茜茹小朋友把它改了一下，就像這樣：

〈衣架〉　謝茜茹
一棵奇異的樹
晚上長出了
多采多姿的樹葉
早上就落掉了
孤獨落寞的
懷念著落去的葉子

（黃基博，1995：24）

　　加上後面兩句後，令人聯想到衣架就像是一位母親。「落去的葉子」就像是離開母親去上學或下班的一家人一樣。她道出了母親送走丈夫、子女上學上班後的孤單、也寫出了母親思念一家人的心情，是不是有很濃厚的詩味了？

　　所以要談上面這幾首詩，是因為很多學生在觀察圖像後形成「物象」，經過聯想後寫出來的詩卻只是變成分行的句子而已，總是少了一些詩味。當然要創造出詩的味道並非易事，需要多多閱讀童詩作品，欣賞別人的寫作手法，才會讓自己寫作的技巧進步。接著，以下將依照自然物、人造物、生物等立體圖像來整理出各自的具體作法。

一、自然物

　　我的學校位在屏東平原與臺灣海峽的交界處，往東邊一望，中央山脈最南端超過三千公尺以上的高山——南大武山及北大武山雄偉的矗立在屏東平原上。天氣晴朗時，從學校可以很清楚的看到大武山如安詳的巨人沉睡在東方的地平線上（如圖 5-3-1），比起鄰山的高度大約一千公尺左右，南、北大武山超過三千公尺的高度可以說相當明顯，因此遠遠看起來就像一個超級大被壓扁的「M」。雖然臺灣第一高峰玉山對學生而言名氣較大，但是學生們天天所見的卻是這兩座「雙胞胎」高山。尤其大武山是學生們親眼就能見到的山峰，於是我選擇大武山來作為教學的題材。可以天天看見大武山的好處是學生們可以在一年不同的季節，以及不同的天氣下都可以觀察大武山的多樣面貌，絕對不會只看到「綠色的山」這麼一成不變的景色而已。

圖5-3-1　大武山（作者攝）

先來欣賞一首向陽創作有關山的詩：

　〈雨後的山〉　向陽
　嘩啦嘩啦的雨
　從天上灑落下來
　青色的山
　仰起頭來
　高興地讓雨水沖刷
　臉上的塵灰

　嘩啦嘩啦的雨
　從蓮蓬中灑落下來
　漂亮的寶寶
　揮舞著小手
　快樂地讓雨水清洗
　身上的污泥

雨後的青山

在陽光下

迎接彩虹的來訪

剛洗完澡的寶寶

看到彩虹

眼中也亮出了光芒

（向陽詩房，2009）

　　這首〈雨後的山〉把山跟寶寶擺在一起作描寫，作者看到的是下雨過後的山，山高興的讓雨幫它洗臉，而洗完澡的寶寶也高興看到了彩虹，這樣的題材相當有創意，把兩個原不相干的事物連接在一起。接著我開始引導學生思考，觀察山可以從哪些方向來著手？一般常見寫山的童詩都描寫山的哪一面？不同季節的山會有什麼不一樣的風貌？如果你是山的話，你有沒有什麼話要說？在學生經過親自觀察圖像過後，利用問題的引導讓他們思考，因為對學生而言，倘若是沒有問題引導的話，思考面可能就沒有那麼的廣，觀察點也會比較窄了。

　　看完了別人寫的詩後，我們也開始討論山有哪些面貌？可以從山聯想到什麼事情？張博殷小朋友看了教室裡的傘之後，從「山」聯想到「傘」，我請他確定要描寫的「物象」，再想出要描寫的「心象」，他決定把爸爸張開的雙手，跟打開的雨傘抵擋狂風暴雨結合在一起描寫，最後他寫出了這首詩：

　　〈大地之傘〉　　張博殷

　山是大地的傘

保護住在山裡的動物

爸爸是家裡的傘

照顧我們全家人

動物快樂的在山的懷抱裡

我們也幸福的在爸爸的懷抱裡

爸爸的雙手

為我們抵擋

狂風和暴雨

　　大自然中有山也有水，看完了山的圖像後，我也進行「水」的教學。我的學校當地是一個漁村，從教室看出去，就可以看到舟楫遍布的美麗景色（如圖 5-3-2），每天漁船進進出出，卸下滿載的漁獲，汗水不停從漁人們的臉上滑落，常年的辛勞可以從他們臉上的皺紋看出來，拍賣漁獲的叫喊聲也不絕於耳；距離學校不遠處有個海濱公園，可以眺望遠方的海上明珠——小琉球。艷陽夏日下，常會有許

圖 5-3-2　屏東縣海濱
國小校景（蔡誌山攝）

多民眾在沙灘上抓著螃蟹、玩沙和戲水，遠方海面上漁船點點，海浪也經年累月不止息的拍打著岸邊的沙灘。這幅漁村景象，實在是寫作的好題材。尤其這幾年來，大鵬灣國國家風景區的成立，讓鄰近大鵬灣的居民又多了一個欣賞大自然的好去處。

　　先前我已經帶過學生們騎腳踏車環大鵬灣一周（圖5-3-3），學生們事先上網查詢大鵬灣的資料，並且趁著實地的參訪，引導學生寫出作文來。

圖5-3-3　大鵬灣自行車道（作者攝）

　　這裡先來欣賞一篇由王虹雯小朋友創作的〈置身大鵬灣　鐵馬逍遙遊〉，我們可以從學生的文章中來發現一些大鵬灣的訊息：

〈置身大鵬灣　　鐵馬逍遙遊〉　王虹雯
晴空萬里，陽光照耀著大鵬灣自行車道，置身在自行車道上踩動著腳踏車的踏板，一路上可以看見許多的自然景觀，其中家喻戶曉的潟湖，它的行程方式更讓人讚不絕口，有東港溪和林邊溪沖積而成的潟湖，更是東港的自然之寶。
除了潟湖，大鵬灣還有哪些名不虛傳的景觀？當然還有水中島──蚵殼島，當它浮在水面上時，猶如海龜的殼般。還有大鵬灣的生物更是我們生活中最稀有的哦！招潮蟹在潟湖溼地就就可看到，另外彈塗魚、白鷺鷥，就靠遊客的觀察去尋找囉！

來到東港，很多小吃值得您細味品嚐，色香味俱全的東港美食，奇妙的自然景觀，都要等您親身體驗。假日有空不妨來個親子活動——鐵馬逍遙遊！

這一次我試著讓學生創作不同的文體，也就是童詩，學校附近有這麼豐富的漁村和潟湖景觀，當然我不能放棄這麼好的寫作題材，於是我讓學生把討論的範圍限定在學校附近的海和大鵬灣的潟湖。首先，我請學生觀察這些大自然的景色，先找出想要寫作的題材，也就是「物象」，看是要把海洋當作題材，或是要選擇白雲、藍天都可以。因為自然物屬於無生命的物質，如果要當作童詩的題材，必定要從兩個方向去著手：

（一）運用擬人化的技巧

如日月星辰等自然景觀，由於它和人一樣善於變化，早上有早上的景色，下午有下午的景色，由這些不同的景觀，我們可以聯想到人的各種樣子或特性，所以可以利用擬人化的技巧，把這些自然物當作人來描寫。例如我們可以從太陽發出溫暖的陽光這點特性，把太陽比擬成和藹的老爺爺，或是雄偉穩重的山峰比擬成家中的父親等，都可以使用這個技巧。現在舉杜榮琛的〈兩朵雲〉為例：

〈兩朵雲〉　杜榮琛
一朵白雲，
躺在山的綠沙發上作夢，
夢見自己變成棉花糖。

　　一朵黑雲，

　　趴在山的綠沙發上作夢，

　　夢見自己變成黑天鵝。

　　作夢的雲，使天空變得更漂亮。

（杜榮琛，1999：63）

（二）運用比喻的技巧

　　在觀察自然界的景物時，我們也可以透過比喻的技巧把自然物的外觀描寫出來，例如山的樣子像張開的傘，雲像動物，河流彎曲的形狀像蛇等，都是觀察自然物的外形而得的。例如以下這首詩就把夜空中發亮的星星比喻成鑽石了：

　　〈黑夜〉　秦美君

　　是誰這麼有錢

　　掛上一塊這麼大的

　　黑天絨

　　是誰這麼有錢

　　在黑天絨上

　　鑲滿了鑽石

（洪志明，1999b：72）

　　針對自然物的寫作，可以透過上述這兩種方法來進行聯想，把「物象」連結到「心象」，再加入間接情感的表達，完成一首詩的創作。以下舉洪于茹小朋友所寫的〈頑皮的海浪〉為例：

〈頑皮的海浪〉　洪于茹
海浪是個調皮搗蛋的男生
一天到晚
都在搔沙灘的癢
抓來又搔去
氣得沙灘
臉都變黑了

二、人造物

　　上課時，我向一位學生借了一根髮夾，作為上童詩課的道具。這位女生常用的髮夾顏色是黑色的，形狀就如同英文字母「U」被壓扁般。接著我拋出了問題：請大家討論看看，生活中有哪些東西形狀像這根髮夾？或是當你看到這根髮夾時，你會想到什麼？這時我導引學生可以從幾個方向去想：天空中、山中、海洋中、河流中、陸地上、生活用品等方向去思考，在學生思考時，我在黑板上寫了一首名為〈髮夾〉的童詩，讓學生知道透過聯想來蒐集材料，可以把材料整合之後再寫出來，就如同下面這首詩般：

〈髮夾〉　蘇忠鉦
天空的髮夾是美麗的彩虹
河流的髮夾是一座座的橋樑
果樹的髮夾是顏色鮮豔的果實
山和草叢的髮夾是美麗的花朵

我也要請媽媽買一支美麗的髮夾

（洪志明，1999b：22）

　　這首詩的寫作方法是作者把形狀很像髮夾的東西都找出來，利用比喻的方法，把這些事物聯想成另外一種事物，由於彩虹和橋樑都像人類的髮夾一樣彎彎的，所以作者把它們當成了天空和河流的髮夾。詩的前四句都是屬於「物象」的呈現，如果這首詩只有物象的話，是沒有辦法引起讀者共鳴的。所以作者在最後一句加上「我也要請媽媽買一支美麗的髮夾」說出作者心裡的話來。我請學生想看看，上面這首詩如果只有前面四句話，而沒有最後一句話，那算不算是一首詩？還是只能算是「照樣照句」而已。透過這樣的講解，讓學生了解除了物象的呈現之外，童詩裡也要有心象的成分來抒發情感，引起讀者的共鳴。再來我請學生們任選教室裡一件物品，例如時鐘、電視、月曆、粉筆等都可以。像仙吉國小的吳淑蕊小朋友，就把茶壺描寫成一位兇巴巴的婦女：

〈茶壺〉　吳淑蕊
我家的茶壺
像鄰居那個婦人
一隻手叉著腰
一隻手指著我
好像在罵我

（洪志明，1999a：56）

　　這首詩利用茶壺外觀形狀的特點，把茶壺跟兇巴巴的婦人聯想在一起，尤其是茶壺嘴比喻成婦人罵人的手，讓人看了不禁會心一笑。從前面的〈髮夾〉到這一首〈茶壺〉，都是透過人造物外在的形狀來創作童詩，透過觀察並且使用修辭技巧，把一件無生命的人造物品加入作者的意象。也有透過觀察人造物的使用特性來描寫的。例如徐千雯小朋友寫的〈板擦兒〉，她觀察到板擦因為擦黑板的關係而變白，尤其學生都知道，板擦用過後要打一打才能再使用，所以作者把板擦比擬成一位愛玩的小朋友，寫了這一首童詩：

　　　　〈板擦兒〉　　徐千雯
　　　　板擦兒板擦兒很愛玩
　　　　在黑板上跑來跑去
　　　　玩得滿身都是灰
　　　　老師看了很生氣
　　　　叫值日生捉出去
　　　　打屁股

　　　　　　　　　　　　　　　　　　　　（洪志明，1999a：57）

　　又如吳函容小朋友所寫的〈陽傘〉，把陽傘譬喻成屋頂和比擬成一位會吃陽光的人：

　　　　〈陽傘〉　　吳函容
　　　　陽傘是大街上的屋頂
　　　　太陽一出來
　　　　他就盡責的張開嘴

替我們吃掉

熱情的陽光

　　　　　　　　　　　　（黃秋芳，2005：90）

　　當學生們從人造物的圖像中得到「物象」的靈感後，接下來就
是要運用修辭技巧讓人造物「活」起來。以《國語日報童詩選》（陳
木城等，2002）以及《童詩萬花筒》（洪志明主編，2000）中有關
人造物的童詩來分析：

表 5-3-3　人造物童詩類的修辭技巧

童　　詩	修辭技巧	說　　明
美麗的書籤	譬喻	書籤→花香
照相機	擬人、譬喻	照相機→大畫家 照相機→大作家 照相機→大老饕
風箏（一）	擬人	風箏→出外工作的孩子
風箏（二）	擬人	風箏→在天空亂跑的孩子
書	擬人	書→不說話的人
衣架	擬人	衣架→喜歡作日光浴的人
傘	借物寄情	傘→媽媽的愛
衣架	擬人	衣架→人
風鈴	擬人	風鈴→人
時鐘	擬人	時鐘→肚子餓的人
立可白	擬人	立可白→幫忙我的人
椅子	擬人	椅子→不會走路的服務生

　　從上表看來，我們可以知道以人造物為寫作題材的童詩，多使
用「擬人」修辭和「譬喻」修辭，將人造物原本的形象作變化，針

對人造物的特性、功能、外觀等部分來作聯想。例如書是無聲的，於是作者把書描寫成不說話的人；時鐘的指針指著冰箱，作者就把時鐘描寫成肚子餓的人了。

　　當然除了上述兩種修辭技巧之外，還存在許多種修辭的方法可以運用在童詩的寫作上，例如排比修辭、映襯修辭、設問修辭等，但本小節只著重探討透過立體式圖像中的人造物可供學生簡易參考使用的修辭技巧，其餘深入的修辭方法在此處不作討論。

　　以我們班學生選定的寫作題材「日曆」而言，可以了解日曆的特性有「隨著日子越撕越少」、「國定假日日期會顯示紅色」、「每年都有三百六十五天」等，對照這些特性，又可聯想到「變瘦了」、「臉變紅」、「三百六十五件衣服」等，接著再思考這些題材可以使用何種修辭技巧？王虹雯小朋友使用了擬人修辭創作了這首童詩：

　　　〈日曆〉　王虹雯
　　　日曆是個勇敢的孩子
　　　天氣越來越冷
　　　他的衣服卻越穿越少
　　　我知道
　　　他是在等新年發紅包
　　　就有新衣服可以穿了

　　虹雯寫的這首童詩，是不是把日曆越撕越薄，等到來年新春，又換了新的日曆的過程，饒富童心的寫了出來！

三、生物

　　今年我帶的班級是小學的畢業班，即將要離開母校，學生的心中必定是五味雜陳、豐富而複雜的，把這些豐富而難以言喻的情感以文字表達出來，就必須靠「意象」，將心中的情感具體化，把這種感情化為別人能感受到的東西就是意象。例如我們看到鳳凰花開就是畢業的時節，到了鳳凰花開就是一種畢業的實體意象，所以找出代表自己情感的意象就相當重要。尤其在畢業季節時，火紅的鳳凰花和唧唧的蟬叫聲，總是最能代表畢業時節的到臨。很多學校的校園裡都有種植鳳凰樹，我的學校也不例外，在圍牆邊，有一株非常高大的鳳凰樹從每年的四月份就開始盛開（如圖5-3-4），每當從校園經過，強烈的鮮紅圖像幾乎佔據了整個視野。趁著畢業季節的到來，恰巧可以利用實際觀察鳳凰花開時的立體圖像，讓學生們寫作童詩。

　　鳳凰樹屬於植物的一種，因為花開時的鮮豔以及花開時節的搭配，因此總被人們聯想到學子畢業的季節或是炎熱的夏天來臨。因此一般人看到鳳凰花開這個「物象」，就會聯想到「畢業」、「夏天」，而畢業帶給人的情感因人而不同，有人感到不捨，有人感到悲傷，也有人感到高興。這些情感的聯想，就是屬於「心象」了。既然有實物可以欣賞，於是我請學生們在下課時到盛開的鳳凰樹下仔細觀察，等到上課時再來討論，比比看哪一組的小朋友觀察的最細微，也最有想像力。

圖 5-3-4　鳳凰花盛開圖（作者攝）

　　等到上課時，有學生把鳳凰樹的葉子帶了進來，也有學生撿了許多鳳凰樹火紅的花朵，當然也有些好奇心重的男生，把蟬的屍體都抓進教室來了！大家七嘴八舌的討論著剛剛發現了什麼，我想這不是在「心中」想著鳳凰花開就可以達成的效果吧！與第四章平面式圖像不同的是，立體式圖像是三度空間，觀察者可以親身去接觸物體，利用視覺、觸覺、味覺、嗅覺、聽覺來感受在眼前的事物，除了視覺之外，都是平面式圖像所無法達成的。接下來，我開始讓學生們發表剛剛下課時看到哪些有關於鳳凰花的事情。

　　冠銘（他抓了一隻蟬的屍體進來教室）：「我們這一組發現鳳凰樹下是蟬的墓地，雖然夏天可以聽到很多蟬鳴，不過夏天也是蟬死掉的季節。」

　　敏嘉：「大家都只注意到鳳凰樹的花，可是很少人會注意到它的葉子耶，它的葉子形狀好像鳥的羽毛喔，只不過這羽毛是綠色的。」

書榕：「遠遠看起來，鳳凰樹好像失火了一樣。」

曉婷：「如果大風吹來，鳳凰花的花瓣灑落一地的話，那就像紅色的地毯鋪在地上。」

隨著討論的進行，可以發現學生們經由實際的觀察，發現了更多的線索。接著我把自己拍的鳳凰樹葉子（圖 5-3-5）和鳳凰花的近照（圖 5-3-6），利用投影機放映給學生看。校園裡的鳳凰樹很高大，葉子和花朵離學生而言顯得有點高，因此我用相機把樹葉跟花朵拍下來，學生們這樣看也比較清楚。

圖 5-3-5　鳳凰樹葉近拍圖（作者攝）

圖 5-3-6　鳳凰花近拍圖（作者攝）

　　這樣看起來，鳳凰樹的葉子還真的有點像鳥類的羽毛！而近看鳳凰花的花瓣，跟從遠處看起來大不相同，竟然還有身為中華職棒兄弟象球迷的學生，說花朵的形狀像兄弟象隊帽子的標誌，可說是聯想力豐富。這時我們已經把寫作材料中的「物象」蒐集完成了，接著要引導出學生對於鳳凰花的「心象」來。經過一番討論後我把學生討論的結果整理如下：

表 5-3-4　鳳凰花聯想關係表

物　象	聯　想	心　象
鳳凰樹的葉子	鳥的羽毛	鳥兒快樂飛翔
鳳凰花開	畢業季節	離別、邁入人生 另一個階段、離開童年
蟬	夏天	夏天到來
蟬	即將死去、傳宗接代	死亡、悲傷、生命
鳳凰花	紅色	熱情、炎熱、燃燒

　　我接著舉了一首在網路看到有關鳳凰花的童詩給學生們欣賞，詩如下：

〈鳳凰花〉　吳翊銘
閃閃的陽光下，
閃動著菊紅的身影，
菊紅的花瓣，
碧綠的葉子，
五六月裡，
飄零著離情，

它是菊紅的離花。

（吳翊銘，2009）

　　從這一首詩看來，菊紅的花瓣和和碧綠的葉子是作者觀察到的「物象」，而在五六月裡飄零的「離情」是作者腦中的「心象」，也是他的情感抒發，最後他把鳳凰花稱為「離花」來表達鳳凰花所表現出來的離情。我試著引導學生，當我們把「物象」和「心象」都準備好了之後，接下來就是童詩的調味料——修辭技巧要出場了，如果經過觀察圖像所獲得的靈感是食物的材料的話，那修辭技巧就像做菜時的調味料一樣的重要了，有了調味料可以讓食物變得更美味，而修辭技巧也能讓童詩變得「色香味」俱全。例如杜榮琛所寫的〈向日葵〉，不就是使用了擬人和譬喻的修辭技巧，而讓整首詩活了起來嗎？

　　〈向日葵〉　杜榮琛
　　大家仔細看——
　　那一盞盞小太陽，
　　亮在大自然綠色的胸膛，
　　像一枚枚勳章！

（杜榮琛，1999：78）

　　另外，像「蕃茄愛喝酒／每天和太陽比賽酒量／喝成紅紅的臉／躺在地上／一動也不動」，就是運用擬人修辭，把蕃茄描寫成如人類般喝醉的模樣，這樣的詩不正是充滿想像，合乎童心的童詩嗎？為了讓學生們進一步了解修辭可以讓童詩變得更有生命力，我

又多舉了幾首詩來比較，讓學生了解寫作童詩時，除了透過觀察、聯想來蒐集物象和心象的材料外，也要運用修辭技巧，幫童詩化妝、調調味。

〈桃子〉　杜榮琛

桃子像顆心

桃樹是母親

掛住一顆顆孩子的心

桃子說：

我是您的一顆心

更是您的小親親

桃樹說：

我愛每一顆心

抵過滿天的星

（陳靜嫻，2004：166）

〈水果們的晚會〉　楊喚

⋯⋯

第一個是香蕉姑娘和鳳梨小姐的高山舞，

跳起來裙子就飄呀飄的那麼長；

緊接著是龍眼先生們來翻筋斗，

一起一落的劈拍響；

西瓜和甘蔗可真滑稽，

一隊胖來一隊瘦，怪模怪樣的演雙簧；

芒果和楊桃祇會笑，不停地喊好，不停地鼓掌。

......

　　　　　　　　　　　　　　　　　　（楊喚，2005：36）

　　從上面這兩首詩看來，兩位作者都把詩中的主角加入了人物化的色彩，透過擬人化的表現，讓把原本屬於靜態的水果變成活蹦亂跳的「人們」。花草樹木是不動的，自然他們也不會有感情，不懂什麼叫做害怕、心急、高興、喜悅。但是為了要寫出童詩，為了要用它們來表現人生的百態，所以在以花草樹木作為寫作材料時，常會使用擬人技巧來處理。利用這種方法，就是把花草樹木當作人，讓它有人的想法，懂得人的恐懼，感受得到人的喜悅，更會作出人的動作。因此，在處理這種類型的題材時，我們要找出它和人形狀相似的地方，它和人特性相似的地方把它當作人，然後我們再給它人的動作和人的心情。例如陳木城寫〈種子傘兵隊〉（陳木城等，2002：6）裡面的一段話：「北風吹呀吹／種子們不再貪睡／張開翅膀就要起飛」，貪睡是人們才有的習性，作者把種子當成人來看待，所以才會表現出貪睡的樣子。

　　以上所討論的三個童詩分類都屬於前現代的風格。如第一章圖1-3-1 所示，西方社會所屬的創造觀型文化經過了工業化和世俗化的革命之後，從前現代發展至現代，再經由資訊革命後而產生了後現代及網路時代的風格，其文學表現也分別依時代先後而出現了「寫實」（模象）、「新寫實」（造象）和「語言遊戲」以及「超鏈結」等文學表現。一般認為「後現代性」（postmodernity）是二十世紀下半葉所表現的獨特的後工業社會風格，事物擺脫傳統理性、共同時尚和大一統的意義價值，探尋著一條非傳統、非理性、多元化的出路，顯示出文化的多元性和多層次性。（陳意爭，2008：244）隨

著後現代性的風格隨之對應而起的思潮就是「後現代主義」（post modernism），主要就是對過於訴求普遍性、共通性、絕對性、規範性、統一性，且深受科學與技術的工具性理性所影響的現代主義的反動、質疑、批判，而興起的一種思潮。

後現代主義有異於正統的現代主義，重視描寫現代現世生活經驗，主張不講格律的開放體。由於後現代主義傾向在藝術方面的表現呈現出多樣複雜的面貌，所以許多人對後現代主義一直存在著不同的看法。有的評論家認為後現代主義，是在注重藝術題材的社會性，是要回到更富有人性的藝術。也有人認為，後現代主義正是現代主義合乎邏輯的發展，是它超越自己而走向自我否定的傾向的進一步發展，是與時代同步。

王治河主編的《後現代主義辭典》中，對後現代主義文學寫作原則的六大特徵，有這樣的描述：

> 形式上，後現代主義美學拋棄了傳統美學所給定的形式美概念，它拒絕使用那些被認為是現代主義作品基本的或正規的結構、文體等形式。D.洛奇（原名未詳）曾經總結了後現代主義文學寫作原則的六大特徵：
>
> (一) 矛盾——後一句話推翻前一句話。
>
> (二) 排列——有時把幾種可能性組合排列起來，以顯示生活和故事的荒謬。
>
> (三) 不連貫性——以極簡短的互不銜接的章節、片段來組成小說，並從編排方式上強調各片段的獨立性。
>
> (四) 隨意性——創作與閱讀成了一種隨隨便便的行為，如 B.S. 約翰遜（原名未詳）的活頁小說，從哪一頁讀起都可以。

(五) 比喻的極度延伸——有些作家有意識的把比喻引伸成
獨立的故事，游離出原來的上下文，以使讀者在變化莫
測的繁雜景象面前喪失綜合判斷的能力，藉以表示現代
世界的不可理解性。

(六) 虛構與事實相結合。

（王治河主編，2004：252）

上述這六項特徵，所標示的就是解構主義的概念，主要是在打
破結構主義文本的孤立性和封閉性。因此，當人們轉變觀點或改變
視角範圍，或許就可以把一個悲劇境遇轉變為一個喜劇境遇。而在
藝術的表現上，以滑稽模仿或不同性質事物的拼貼並置為手法，作
用在離間作品風格、主題和形式，以造成不協調，從而導致滑稽可
笑的效果。透過諧擬或拼貼，思想的多樣性得到表達，使得某種真
實性受到質疑，文本與文本之間相互碰撞，產生意想不到的衝突對
比效果。（王治河主編，2004：301-303）周慶華認為後現代文學所
表現出來的美可分為「諧擬」和「拼貼」。諧擬，指形式的結構顯
現出諧趣模擬的特色，讓人感到顛倒錯亂；拼貼，指形式的結構在
於表露高度拼湊異質材料的本事，讓人有如置身在「歧路花園」裡。
（周慶華，2004a：253）

孟樊認為臺灣後現代詩的創作有如下主要七點特徵：

(一) 文類界線的泯滅。

(二) 後設語言的嵌入。

(三) 博議的拼貼與混合。

(四) 意符的遊戲。

(五) 事件般的即興演出。

(六) 更新的圖像詩與字體的形式實驗。

(七) 諧擬大量的被引用。

（孟樊，2003：193）

這裡姑且舉一個後現代式的笑話，文本表現出諧趣模擬的色彩：

傷心：下班回家發現衣櫃裡有一個男人。

上當：老婆說他是來參觀衣櫃的，我還信以為真。

愚蠢：熱情地款待這位男士，與他一起喝茶，聊天，臨走還叮囑他以後常來玩。

醒悟：待他走後，突然想起——該男子這個月已經來參觀了五次衣櫃。

狂怒：走的時候，他還向我借了五百塊錢。

慶倖：該男子身高馬大，要是剛才動手的話，凶多吉少，還好！

安慰：先是詛咒他怎麼沒在衣櫃裡悶死，然後對著空氣一陣拳打腳踢，以洩心中怒火。

倒楣：「痛毆」他的時候閃了腰。

幸運：在衣櫃中拾得該男子遺留的襪子一隻，是俺喜歡的顏色。

可惜：另一隻怎麼都找不到。

報復：在衣櫃中噴了大量的迷藥。

失誤：自己不小心吸入了迷藥，昏迷兩天，被扣獎金。

收穫：下班回家時，發現房門緊鎖，敲門半天沒人開門。

獵物：進門後，直衝衣櫃，發現有東西。

意外：櫃子裡躺著另一個男人，是我們公司的經理。

對話：經理怎麼在我們家？

　　　經理是到我們家視察你的生活情況的！

　　　那他說什麼了嗎？

失望：經理走後，在衣櫃搜索了半天，確定這個老小子什麼
　　　都沒留下，這個摳鬼！

機會：那天經理要開會，經理夫人約我去她家。

失算：經理提前回來，突然想起，今天老婆回娘家，經理的
　　　「會」也開不成了。

無奈：經理家的衣櫃看來也要光顧一下了。

巧遇：在經理家的衣櫃中，見到同事兩名。

共識：我們一致認為經理家的衣櫃真好，又大又寬敞，空氣
　　　也不錯，再藏幾個人也沒問題。

佩服：經理打開衣櫃見到我們，只是輕描淡寫的說了一句
　　　話：「怎麼，今天就三個人。」

明白：終於知道，為什麼人家是經理，而我們卻只是小職
　　　員，看看人家的度量。

　　　　　（中國廣播網——後現代社會含淚的笑話，2009）

　　成功的諧擬有其先決條件，它所模仿諷刺的主題必須是觀眾所
熟悉的。唯其在誇張荒謬的凸顯中認出原來要攻擊的對象，才能在
觀賞中得到辨識的樂趣。

　　林德俊曾創作一種「發票詩」，以詩歌型形式諧擬發票，或以
發票形式來寫詩，把發票上的字稍稍「變奏」，小小長形紙條立刻

帶著某種陰謀且看似無理取鬧地喧騰起來。外觀、格式都發票，骨子裡是詩。發票成為一種隱喻，閱讀它便取得「××的收據」，創作者把詩寫在發票中間的空白處，發票上的標題為「樂善好詩」，文字內容約莫如下：

項目	售價 （請自填）
喝空氣的杯子	☐
自童年越獄的玩具	☐
在歲月裡邊走邊掉的 足印	☐
裝不下靈魂的人皮大 衣	☐
掛在城市胸頸的捷運 項鍊	☐
從兒時照片裡釋放的 雪橇狗	☐
合計：	八分滿
現金：	☐☐☐

逝者如詩
誰來兌換

（臺灣藝術市集協會，2009）

　　孟樊在《臺灣後現代詩的理論與實際》認為從廣義的後現代主義精神來看，目前較為興盛的後現代詩類型大略可分為十二類：生態詩、情色詩、都市詩、政治詩、女性詩、原住民詩、後殖民詩（以上是從內容的表現上來區分）、語言詩、圖像詩、科幻詩、方言詩、

網路詩（以上是從語言形式的創新上來區分），（孟樊，2003：153）
其中在童詩上具發展潛力的有圖像詩、科幻詩、方言詩、網路詩等
類型。以科幻詩為例，羅青在他的詩畫集《不明飛行物來了》中，
就曾對科幻詩率先作過嘗試，試看這首〈不知名的月亮〉：

　　　　我在一個
　　不知名的星系航行
　　　　看到一個
　　不知名的月亮
　　　　　金屬磁碟般在一個
　　不知名的地方升起
　　　　向我發出
　　不知名的光芒
　　　　我立刻以新近發明
　　不知名的鐳射槍
　　　　瞄準，射擊，發出一道
　　不知名的死光──
　　　　命中那
　　不知名的要害……
　　　　　而所得到的竟是一陣
　　不知名的回聲
　　　　啊！我那久已失傳的名字
　　地　　球

（向明編，1984：101-102）

　　科幻詩的場景展開在過去也展開在未來，甚至有林群盛的〈地
球綠化記〉詩中，最後和外星人合作的朋友為了拯救溫室效應為地
球帶來的危機，招來一架巨大的異星飛行物，選在聖誕節當天將十
億棵聖誕樹噴出，進行地球的綠化。（孟樊，2003：103）科幻詩需
要豐富的想像力，題材更是天馬行空的想到未來或回到過去，正是
適合作為童詩的發展題材。黃海認為，科幻就是合理的「超現實」
想像，或看似合理的「超現實」想像。（黃海，2004）先來讀林煥
彰的一首帶科幻意味的童詩：

　　　〈公雞生蛋〉　　林煥彰
　　　天暗暗，地暗暗，
　　　公雞站在大門口說：
　　　喔喔喔，我要生蛋！
　　　喔喔喔，我要生蛋！
　　　喔喔喔，
　　　我要生個好蛋蛋！

　　　天亮亮，地暗暗，
　　　公雞跳到屋頂上：
　　　喔喔喔，出來了！
　　　喔喔喔，出來了
　　　喔喔喔，真的出來了！
　　　我生了一個好大好大的金雞蛋！

　　　　　　　　　　　　　　　　　（林煥彰，2003：40）

我們從詩句中可以知道，公雞可不是真的生了一顆金雞蛋，而是「太陽」出來了。不過黃海對於這首詩確有不同的看法，他說：

> 且看林煥彰自己在《兒童文學家》去年冬季號怎麼說：「公雞生蛋是可能的，使不可能成為可能，是要有『想像的可能』才能引起讀者的認同和共鳴；為了能預期取得讀者閱讀這首詩的認同感，在表面上就要使『公雞生蛋』這個想法達到『想像的合理化』……這首詩的『趣味性』比『意義性』強，它主要是讓讀者讀後獲得一種『想像』、『遊戲』的滿足感。」林煥彰儼然是在談科幻的口氣，如果把「……使不可能成為可能，是要有『想像的可能』……達到『想像的合理化』……『趣味性』……『想像』、『遊戲』的滿足感。」這些句子串連起來讀，跟我早先提出的：「科幻就是合理的（超現實）想像。」不是雷同嗎？
>
> （黃海，2004）凌晨

純粹的科幻童詩，可以欣賞韓國 Kim Yeung Kee 的〈阿波羅十一號〉，會不會有那麼一天，地球上的人類是居住在其他的星球而看著地球：

> 「哥哥，阿波羅十一號飛去看什麼」
> 「不是去看月亮嗎」
> 「不是吧

月亮在這兒也可以看到

不是嗎」

（趙天儀，1992：314）

我們也可以從一些科幻的故事中去找尋創作科幻童詩的題材，例如《愛麗絲夢遊奇境記》、《哆啦Ａ夢》、《哈利波特》、《神隱少女》等，都可以從中看到富涵想像力的科幻題材，這種天馬行空式的創作也比較受到孩子喜歡，更適合當作創作後現代童詩的題材。

然而，強調童心及兒童的創造力，並不等於說兒童都是詩人，或是兒童都可以成為詩人。童心是真誠的、敏感的、富有想像力的，但是同時也是幼稚的、片面的、不穩定的。兒童的思維往往是零碎的，其語言發展與思維發展也還未成熟，想像力和語言表現力之間存在著矛盾。因此，進行童詩寫作活動，應秉持著鼓勵而不勉強的態度，並且提供較多的練習空間、習作的機會。（陳靜嫻，2004：136）

古人說：「熟讀唐詩三百首，不會做詩也會吟」。這句話拿來說明欣賞的必要性，非常適切。欣賞之後，再經由仿作或自行隨意創作中，體驗童詩寫作的樂趣，不管兒童寫得如何，不加以評論，不給兒童任何壓力，以「嘗試」、「玩遊戲」的心態進入童詩的天地。當童詩的學習者為國小兒童時，想要透過圖像的引導來進行有別於目前主要潮流的前現代童詩教學而創作出更多風格的童詩時，是有其相當難度甚或創作某些風格的童詩作品是窒礙難行的，但有難度並不代表無法實行，期待能以更多元的教學，灑下創作的種子，期待有朝一日能開花結果。

第四節
異系統的立體式童詩圖像教學的模式

在《夢中的花朵——法國兒童詩選》中有一首由年僅九歲的小朋友所寫名為〈無題〉的童詩:「我愛她／她愛我／我們相愛／我還記得／有一天／我們／坐在／松針堆上／一切靜悄悄地／我把她的頭／靠在我的心／我們一齊／休息⋯⋯」。(莫渝,1993:87)接近「露骨」的把對異性的愛明白的寫了出來,雖然作者年僅九歲,他的愛情在成人眼中可能算不得什麼,但在創造觀型文化的影響下,積極表現自我的情感使得作者能寫出讓習慣於「強忍思長」的氣化觀型文化傳統下的人感到「肉麻」的詩作,這種情形,基本上只有在「極盡變化」美感特徵的創造觀型文化傳統中才會發生;相對的在講求諧和和嚮往脫苦而雙雙「穩著沉潛」的氣化觀型文化傳統和緣起觀型文化傳統中,就不可能有這樣的露骨表現了。

來看前節引杜榮琛所寫的〈桃子〉:「桃子像顆心／桃樹是母親／掛住了一顆顆孩子的心／桃子說／我是您的一顆心／更是您的小親親／桃樹說／我愛每一顆心／抵過滿天的星」,為了描述母子間的愛,作者透過了桃子和桃樹的對話來描繪出親子間的感情;又如路衛寫的〈媽媽的愛是塊糖〉:

〈媽媽的愛是塊糖〉　路衛

媽媽的愛

是塊糖

包在嘮叨裡

　　裹在淚水裡

　　藏在責罵裡

　　害我

　　東找

　　西找

　　直到懂事

　　才找到

（陳木城等編選，2002：225）

　　媽媽的愛是如此偉大，但作者卻要又包、又裹、又藏的讓人東找西找，還得到了年紀大了以後才發現母親的愛是多麼偉大，而不是直接了當的明白說出。這種表現方法便是稟自氣化觀這種世界觀而體現為「含蓄宛轉」的獨特優美風格。

　　相較於西方創造觀型文化積極的表現情感，跟氣化觀型文化相鄰的緣起觀型文化，在乎的是「因緣」對所有事物的決定性力量，更是超脫萬事萬物之上，強調絕對境界的解脫。印度詩人泰戈爾也寫過有關於表達母愛的詩〈我不記得我的母親〉：「……我不記得我的母親／但是在初秋的早晨／合歡花香在空氣中浮動／廟殿裡晨禱的馨香／彷彿向我吹來母親的氣息／我不記得我的母親／只是當我從臥室的窗裡／外望悠遠的藍天／我彷彿覺得／母親凝住我的目光／布滿了整個天空／我不記得我的母親／只是當我從臥室的窗裡／外望悠遠的藍天／我彷彿覺得／母親凝住我的目光／布滿了整個天空」（泰戈爾，2008：105）表現出與西方的詩作截然不同的感覺。

　　當我於 2007 年底在義大利旅遊時，文藝復興古城佛羅倫斯裡的大衛像相當吸引我的注意。大衛像（如圖 5-4-1）是文藝復興時代由米開朗基羅於西元 1501 年至 1504 年雕成，用以表現大衛王決戰巨人歌利亞時的神態。故事說大衛以牧羊人用以驅趕野狼皮帶作為投石器，投擲石塊擊中巨人歌利亞的眉心，巨人無法忍受疼痛而拋棄長劍撫摸痛楚，而大衛則乘機拿起巨人的劍砍下它的頭顱。雕像高 4.342 公尺、重 5000 多公斤，原作目前置放於義大利佛羅倫斯學院藝廊，米開朗基羅二十六歲受委託雕塑「大衛雕像」，三十歲時完成。（楊成寅，1994：195）

　　雕像由一整塊純白大理石雕成，米開朗基羅精研肌膚、血管紋路及關節，被推崇為古典藝術品的典範。過去的藝術家雕描大衛時，多集中他割下歌利亞的巨頭，取得勝利的情景；但米開朗基羅的大衛像側重他的臉部表情及身軀肢體，呈現出雙眉緊鎖怒目，全神貫注地直視前方。這雕像是大衛投擲石頭的情景，大衛的手很緊張，露出青筋，可見快要打仗。他表現了米開

圖 5-4-1　大衛像（作者攝）

朗基羅擅長的肌肉，而且有大大的手、大大的頭，表現了力量感。

　　西方藝術起源可說是從希臘起始，不論是建築、雕塑或是神話故事都是從希臘化開始。希臘化時期中最能具體表現男性身體的雕刻作品有以希臘神話為題材的「勞孔群像」（Laocoon Group），勞孔群像表現了特洛伊祭司勞孔與他的兩個兒子被海蛇纏繞而死的

情景（圖 5-4-2）。勞孔本為特洛伊城的祭司，因為不服從上帝的命令，警告特洛伊人小心希臘人別有陰謀的木馬，觸怒了阿波羅；阿波羅派出兩隻海蛇去尋找勞孔父子，並將其殺死。這座雕像將勞孔父子臉上痛苦的表情展現的極為逼真深刻，同時也將希臘雕刻家對人體美的理想主義展現無遺；利用健美賣張的肌肉，將人體美提升至最大的極限。（楊成寅，1994：173）

圖 5-4-2　勞孔群像（作者攝）

　　古羅馬的雕像雖然受到古希臘後期的影響而表現理想化，不過仍以追求完美為創作原則，於是出現了現實性很強的肖像雕刻和敘事性雕刻。因此在表現寫實的方式、掌握情緒的表現、以及對細節表現的誇張與強調等方面都有許多創新，而且形象豐富；特別是對於帝王的雕像，不僅刻畫出他們的個性，又保有理想化的呈現方式，因而成羅馬英雄主義和進取精神的象徵。

在創造觀型文化的影響下，因為上帝信仰的驅使，發展出個人的自覺意識，因而也促使西方人有再創形象的觀念。而其表現系統以敘事／寫實為主，藝術作品著重在「形似」而有異於緣起觀型文化所注重的「神似」。從西方的人物雕像看來，在表現人物的臉孔表情、紋路肌理、體態比例等就好像真人一樣，「像」就要非常像，「特殊」就要極盡所能的凸出，企圖媲美造物主、在人與上帝間拉鋸抗衡。我們可以從上面的大衛像和勞孔群像發現，創作者將這些人物的腹部肌肉的線條、臉部誇張的表情、四肢出力時肌肉的展現，無不顯現出一個真實人類的面貌。

為了引起學生觀察的動機，在教學時可以讓學生知道米開朗基羅在製作大衛像時，發生的一些趣事：

在佛羅倫斯的一個角落裡，有一塊被扔棄的大理石，很久以來沒有一個雕刻家敢動手雕刻。這塊石頭的高度大約有五公尺，是一塊很大的大理石。從羅馬回到佛羅倫斯的途中，米開朗基羅突然起了一個念頭：何不利用這塊石頭雕刻大衛像？由於當時米開朗基羅在羅馬雕刻聖母哀子像受到很高的評價，消息已經傳到了佛羅倫斯，所以當他一提出使用那塊巨石的請求時，很快就得到同意。米開朗基羅於是開始動工，日以繼夜的敲打石塊。就這樣花了三年的時間，終於完成了這座大衛像，並且決定擺在市政廳的前面，不過當天卻發生兩件有趣的事：

第一件趣事就是搬運大衛像的時候，被觀眾扔石塊。「哇！什麼雕像啊？竟然沒有穿衣服！」扔石塊的人們認為，雕像一絲不掛，傷風敗俗。

第二件趣事是，雕像裝置在市政廳前面的時候，佛羅倫斯行政長官為了顯示自己更高明，他指著「大衛」的鼻子說：「雕刻得很好，不過鼻子好像稍微大了一點點，削一削也許會更好。」

「對！對！」米開朗基羅馬上回答，立刻拿起銼刀和石粉爬上臺架，裝模作樣地敲了幾下，石粉從他手中慢慢散落，「大衛」的鼻子卻一點沒動。長官看見掉落的石粉滿意地說：「嗯，現在的鼻子就顯得更有生氣了！」

（林春輝，1987：64-121）

在寫作論文的同時，我恰巧在網路上瀏覽到有關大衛像的網頁，網頁標題是「米開朗基羅的大衛石雕像去了一趟美國後……」，兩年後大衛回到義大利時，身材從苗條健狀變成肥胖身材的模樣，令人會心一笑。

圖 5-4-3　肥胖的大衛像

對學生而言，美國所帶來的速食文化對於人們生活的影響大多有一定的認識，尤其是速食文化的高熱量造成人們容易發胖的問題也都能理解，但是美國文化挾帶著鋪天蓋地的行銷手腕對世界各地進行一種文化式的殖民而確立其地位。經由上述這幅圖像（圖 5-4-3），利用原屬歐洲的大衛雕像到美國展覽後變胖的敘述，無奈地對美國的速食文化作了一些調侃。

　　在這裡介紹西方的雕塑作品，無非是想要讓學生能夠了解異系統文化下的更多圖像的訊息，不同的圖像背後也蘊含著殊異的文化訊息，畢竟了解更多的圖像訊息，也有助於培養他們觀察事物的能力與敏銳度。

　　除了雕像型態的真實之外，我們也可以從早期西方的繪畫作品中發現到立體感的存在，創造觀型文化中人為模仿造物主的風采而運用幾何原理發展出透視畫（這樣才能「還原」或「存真」造物主造物的實況）。此處仍以前引米開朗基羅〈最後的晚餐〉（圖4-4-3）為例，蔣勳針對此圖中的透視原理有以下的說明：

> 達文西把每一個人邀請到「晚餐」的桌上，他要每一個人省思，死亡來臨是必然，死亡來臨時，我們會有什麼樣的反應？〈最後的晚餐〉運用了最嚴格的透視法，使如此巨大的畫面，結構一絲不苟，牆面上向後退遠的長方形，天花板的方格，餐桌上的食物、餐具，甚至，畫面沒有被破壞以前，桌子下面耶穌的腳，每一個物件，都經過幾何學的精密計算，放置在準確位置，構成上下左右向中央點集中的透視法的絕對構圖中。在達文西以前，從來沒有畫家把數學的透視法用在如此巨大的構圖計畫裡。
>
> 　　　　　　　　　　　　　　　　　　　（蔣勳，2006：85）

　　在將近五百年前的文藝復興時代，達文西巧妙地使用線性透視法來抬升觀看者的視角到正確的視點位置。他把視線拉長延伸，讓觀者的視線集中到基督頭部的位置，就可以達到這種效果。

　　西方社會長久以來就混合著古希臘哲學傳統和基督教信仰，這二者都預設（相信）著宇宙萬物受造於一個至高無上的主宰，彼此激盪後難免會讓人（特指西方人）聯想到在塵世創造器物和發明學說以媲美造物主的風采。因為透視原理的發展，西方人們仍然可以在平面的圖像中欣賞到立體如現實般的畫面，無所不在地想要與唯一的造物者比拚。反觀非西方社會的緣起觀型文化和氣化觀型文化，受到各自的觀念系統所影響，表現就有別於創造觀型文化了。

　　緣起觀型文化可以用佛教禪宗式的觀念來說明。在傳統緣起觀的佛教式說法裡，人生是一大苦集，因此以去執滅苦進入絕對寂靜或不生不滅的涅槃境界為終極目標，它的原始具體顯現，在於講究瑜珈術、冥想或藉由其他身心冶鍊等方式，將能量的消耗降到最低限度。（周慶華，2007a：167）

　　然而，當原始佛教傳入中國後，與中國的道家思想相互磨合，產生了方法上的改變。周慶華在《佛教與文學的系譜》一書中這樣提到：

　　　相傳「（釋迦牟尼）世尊在靈山會上，拈花示眾。是時眾皆默然，唯迦葉尊者破顏微笑。世尊云：『吾有正眼法藏，涅槃妙心，實相無相，微妙法門，不立文字，教外別傳，付囑摩訶迦葉。』」這一教外別傳到了二八組達摩，轉往中土，從此開啟禪宗在中國流傳的契機。由於這個宗派所標榜的是「以心傳心，不立文字」，有別於教內的依持經論，而跟中國道家所主張的「道不可傳授」和儒家所偶而主張的「不言而教」異曲同工，頗受此地學人的賞愛……依照小乘禪和大乘如來禪的講法，禪是成佛或悟道的方法（禪是梵音 jhāna

的音譯，意為冥想或靜慮），所以小乘禪和大乘如來禪也教修習禪。而禪宗的講法剛好相反，它以為禪就是佛教本身或是佛本身……在禪宗的講法，見性是見自性，成佛是見性後所達到的寂靜自在境界，二者有相互包攝的關係。換句話說，見性和成佛是一體呈現的。而這當中的關鍵，就在主體的能悟或覺（相對的就是迷）……人人都有可能在一念悟間擁有絕對（無待）的自由。

（周慶華，1999a：162-164）

　　從上面這些話可以知道，禪宗的修習不在講長時間除去意念的冥想、打坐，轉而求當下的頓悟。我們可以試著從一些禪宗公案的講解，讓學生來了解緣起觀型文化的意涵。在宋代《五燈會元》卷十七有段青原惟信禪師的故事：

　　吉州青原惟信禪師，上堂：「老僧三十年前未參禪時：見山是山，見水是水。及至後來，親見知識，有箇入處：見山不是山，見水不是水。而今得箇休歇處：依前見山祇是山，見水祇是水。大眾，這三般見解，是同是別？有人緇素得出，許汝親見老僧。」

（李蕭錕，2007：102）

　　這裡面短短幾句話，帶出了三種境況的轉變。首先是「見山是山，見水是水」，然後是「見山不是山，見水不是水」，再回到「見山祇是山，見水祇是水」。人生其實有三大境界：一是「見山是山、見水是水」，許多事眼見為憑，耳聽是實，但人們卻常常忽略人生

中有許多事情無法從事物外表得知的；二是「見山不是山、見水不是水」，僧人因為修行而體悟主、客合一不分的道理，你就是你，我就是我，我與山並不個別對立，我與山是合而為一的；最後是「見山依然是山、見水依然是水」，其實許多事情反覆去從多種角度來思考、來體會、來觀察，你會發現，你所看到、聽到、感受到的人事物，正由於你個人不同的人生經驗、不同的知識判斷，而呈現出那原該屬於你的風貌。因此，山依舊是山、水依舊是水。而好山好水取決於觀物者，並不在山水的本身。

佛教要傳達給我們破除對於一切法相（包括任何形式的「空」、「有」）的執著，乃至於心無所住，就能滅盡煩惱，到達涅槃。因此，當我們放下對「有」、「無」的執著，那麼見山仍然是山，見水仍然是水。

在禪宗公案中，有許多例子也是以具體、反詰、遣思或擬譬、截斷執著以及去除偶像來解說「無念」、「無相」及「無往」這些過於抽象的道理。例如有個丹霞老和尚的公案這麼說著：

> 丹霞天然於慧林寺遇天大寒，取木佛燒火向，院主訶曰：「何得燒我木佛？」師以杖子撥灰曰：「吾燒取舍利。」主曰：「木佛何有舍利？」師曰：「既無舍利，便取兩尊燒。」主自後眉鬚墮落。
>
> （李蕭錕，2007：141）

這公案是在說丹霞老和尚在一個寒冷的冬夜將寺廟內的佛像拿來燃燒取暖。「丹霞，你怎麼可以把神像拿來燒，這可是佛祖的神像啊！你真是太可惡了，你將佛祖的教誨放到哪裡去了？」另外

一個老和尚發現丹霞老和尚的行徑，不禁破口大罵。丹霞回說：「我想看看這樣能不能燒出舍利子來。」「你真的瘋了。這樣怎麼可以燒出舍利子來呢，你燒他個八天八夜也不可能。」丹霞繼續說：「喔，難怪我一個子兒都看不見，既然如此，另外那幾尊佛像也拿來燒一燒吧。」「佛經上並沒有談到我們要如何敬拜佛像，佛的道理是存在人心中，雖然我的眼中沒有佛，但是我的心中有佛啊，你又何必這麼介意我把佛像燒了來取暖？」

在一般篤信佛教的信徒看來，丹霞老和尚燒掉佛像取暖的動作或許是大逆不道，但是從丹霞老和尚的回答中卻可體認到「佛在自心」的觀念；相對的，另外一個老和尚只是如常人般只看重佛的外在形式，而丹霞卻以「無」的方式，掃除對佛的執著。

我們再來看看一個關於佛像的禪宗公案：

> 一次，有位禪師在佛殿裡隨眾課誦，忽然咳嗽了一聲，就將一口痰吐在佛像身上，管理的糾察師看到以後就責罵他道：「豈有此理！怎麼可以把痰吐在佛身上？」這位吐痰的禪師又再咳嗽了一下，對糾察師說：「請您告訴我，虛空之中那裡沒有佛？我現在還要再吐痰，請問那裡沒有佛？」
>
> （法寶下載網站，2009）

跟上一個故事相同的是，糾察師又將對佛的執著聚焦在佛像上，把對佛「無形」的敬仰寄託在「有形」的佛像上，而禪師卻早已跳脫出對佛「有形」的執著而不受拘束了。

這位吐痰者，他已經悟到「佛性遍滿虛空，法身充塞宇宙」的道理，你怪我把痰吐在佛身上，自以為對佛尊敬了，其實這正表示

你還不懂什麼是佛,佛的法身是遍滿虛空,充滿法界的,所以這位禪師說:「請您告訴我,那裡沒有佛?」

這麼一問,你能回答得出嗎?回答不出,就是尚未悟道。即使悟道,這樣反詰一問,他的靈智,他的禪機,也就由此更加展開了。

禪是難以言說的,但又不是完全的不能言說。表達禪可以言說的語言形式,莫過於詩。因為詩的含蓄,詩的雋永,詩的韻味,詩的非邏輯反理性思維,都使禪的表達成為可能。同樣的,詩歌在與禪的接觸中,吸收了禪對生命,對自然,對山河大地萬事萬物那種超然、明淨、空靈、穿透的智慧和精神境界。詩人在這種境界中,也就成了「諸法無我,明心見性,不以物喜,不以己悲」的禪者。

所謂「禪詩」,不過是在一首詩中,讀者讀後在某些方面有所「醒悟」,品味到一種可意會而難言傳的韻味和境界而已。其實,禪詩與非禪詩的界限,是很難截然劃分的。如陶淵明的「採菊東籬下,悠然見南山」,如王維的「明月松間照,清泉石上流」,都可算是禪詩意味的表現。蘇東坡的〈題西林寺壁〉同樣也帶有禪詩的味道:

〈題西林寺壁〉　蘇東坡
橫看成嶺側成峰,遠近高低各不同;
不識廬山真面目,只緣身在此山中。

（朱昆槐,2000:102）

〈題西林寺壁〉是一首家喻戶曉,人人耳熟能詳的千古名詩。這首詩是蘇軾登廬山飽覽廬山絕景之後的有感之作。此詩不在細微處著墨,而從宏觀角度著眼。前兩句「橫看成嶺側成峰,遠近高低

各不同」中，蘇東坡瀏覽廬山的風景，是從不同的角度去欣賞，千
姿萬態，面貌風情各有不同。從這邊看是平緩的山嶺，從那邊看是
陡峭的山峰。遠望或近觀，總是產生新奇之感。後兩句「不識廬山
真面目，只緣身在此山中」，因為身在山中，視線被四周圍的環境
擋住，就看不到廬山的真相了。

　　禪詩發展到現代也出現了不同的面貌，有別與古代禪詩，現代
禪詩是用現代詩的形式和表現手法寫作具有禪味禪境界的詩歌。舊
體禪詩，很大部分是詩僧所寫，而世間詩人們所寫禪詩，也大都寫
僧侶，寫寺院或與之相關題材的詩作，其實禪詩的範圍不止如此，
它該是存在、包含在最平常的事物中，猶如大海、土地、空氣、草
木或春花秋月。近代也有詩人在創作禪詩，例如洛夫創作的〈無聲〉：

　　　雪落無聲
　　　一行腳印……
　　　冷清的寺院外
　　　雪
　　　落在老和尚的光頭上
　　　化得好慢

（洛夫，2006：36）

　　雪落無聲，創造出一種天寬地闊的寂靜氛圍，而雪地中僅有一
行腳印，在寺外的老和尚是要走離寺院？還是進入寺院？又為什麼
詩人要寫出雪落在和尚的光頭上，卻化得好慢，和尚怎麼不像一般
人撥去頂上之雪？輕盈的句子中卻透出一種冷澈的禪意，留待讀者
參悟。

　　緣起觀型文化中所處理的「禪味」對於兒童而言，或許仍無法完全體會，因此這方向的創作及教學可以用下面這段話來說明：

> ……那個被禪宗說成是「向上一路，千聖不傳，學者勞形，如猿捉影」的寂靜自在境界就在這些語言文字的擬譬形容中，等待有心人前來發酌參悟。至於結果是否能「不隨一切言語轉，脫體現成」或「情盡見除，自然徹底分明」，那就看個人的造化了。
>
> （周慶華，1997b：170）

　　以中國傳統氣化觀型文化的創作觀點而言，目前臺灣的童詩創作仍然屬於「內感外應」的抒情模象寫實形式，無法與西方創造觀型文化下「熱烈的情緒表現」的童詩相比。雖然童詩也可歸類在抒情詩當中，但是在各自的文化系統下的童詩，所抒之情的程度便有所不同。

　　綜上所述，生活中任何一件事物都有可能成為創作的題材，其中最重要的關鍵就是教師的引導。教師就好像導演，學生就好似演員，導演和演員展開一場情意交融的對話與創作。現代的教師因為資訊科技的進步已經越來越懂得使用多元化的教學方式、多元化的教學教材，來進行多元化的教學。也因為如此，許多的學生因而受惠，因為教學的多元化提升學生的學習興趣，學生更能投入創作而寫出更好的作品，進而提升學生語文能力，這正是我們所期盼的。

第六章　流動式童詩圖像教學

第一節　概說

《學習革命》一書的的作者吉尼特‧佛斯（Jeannette Vos）和
高頓‧戴頓（Gordon Dryden）說：

> 你應該要努力學會透過多種感官來學習……嘗試用不同的
> 感官來加深你所接收的資訊。
>
> （林麗寬譯，1999：4）

　　在第四章平面式圖像與第五章立體式圖像的教學中，因為圖像
媒體性質限制的原因，我們無法從平面式圖像和立體式圖像中立即
感受到時間的流動，尤其以平面式圖像最為明顯。在平面式圖像
中，學習者觀看到的圖像是平面的、靜態的媒體形式，只可以從中
觀察圖像發生了什麼事、呈現出什麼狀態，並無法觀察到連續時間
下的圖像演變；而立體式圖像著重在三度空間的展現，學習者可以
經過親身體驗、實際觀看來感受到圖像豐富的訊息，但是立體式圖
像的呈現仍有其限制存在。舉例來說，學習者觀察一座雕像時，雕
像是靜止且型態固定的，我們只能看到一個畫面的呈現，同樣是少
了時間的因素。所謂的三度空間、四度空間，並不是一個放諸四海
都有固定答案的話題。與其說它是一種「真相」，倒不如說那是一
種為了處理問題「方法」所做出來的「定義」——面對該學門所要

處理的問題，各自選取最有效的處理維度。為了兼顧論述的完整性，因此有必要將「時間」的流動性加入到圖像中，豐富圖像呈現的多樣性，讓學習者除了二度空間、三度空間的圖像外，還能透過四度空間的圖像展現來學習。

此外，在平面式圖像與立體式圖像中，較著重於透過視覺來接受訊息的教學，但是相對於視覺而言，其他的感官在接收外在訊息上也佔有一定的份量。尤其是聽覺，透過聲音的傳播更是影響情緒的思考和大腦的運作。舉例來說，當一個人眼睛沒有發現任何的異狀卻聽到一聲女人的慘叫時，當下的思考多半是發生不愉快的事，甚至是會聯想到有意外之事發生。會有如此的情形，是因為我們對聲音存有一定的印象，例如尖叫聲會聯想到遇到意識之外的情形，笑聲會聯想到有值得高興的事情發生，這些認知都是不用透過視覺就可以感受得到的。為了補足論述的完整性，我在這一章裡將時間、聽覺等因素加入圖像中探討，而此種包含了時間的流動性以及聲音多媒體展現的四度空間圖像，在本研究中我稱它為「流動式圖像」。符合以上條件的圖像，包含有「影片」、「戲劇」、「舞蹈」等，本章也把流動式圖像分成「影片」、「戲劇」、「舞蹈」這三種形式來進行探討，透過這三種類型的圖像來指導學習者創作童詩。

影片，指用專門的攝影器材拍攝且透過播放器呈現在人們眼前的多媒體形式。包含時間長有完整敘述故事性的電影、以電腦科技製作且不限定由真人演出的動畫、時間較為簡短且內容情節較為簡單的短片等，都屬於影片的範圍之內。現在的教室裡多有播放影片的教學設備，如 DVD 播放器、電視、電腦或投影機等，加以現代社會影片媒體取得容易，不論是 CD、DVD 光碟片或是經由網路觀看的方式，學習者都能很容易在日常生活中觀看影片。也因為影片

的聲光效果非常好，適當的應用在教學上對於引起學習動機有著相當大的幫助。

舞蹈是於四度空間中以身體為語言作「心智交流」現象的人體的運動表達藝術，一般有音樂伴奏，以有節奏的動作為主要表現手段的藝術形式，並且用肢體動作搭配音樂表達人心的情感、思想。它一般藉助音樂，也藉助其他的道具來配合呈現。九年一貫課程實施後，將舞蹈歸類在生活和藝術與人文課程中教學，尤其近來教育風氣較為注重學生學習多樣化的展現，因此對於音樂、舞蹈等藝術也較為重視。透過觀賞舞蹈來進行教學，不僅可以培養藝術欣賞的能力，教師也可引導學生從舞蹈的故事題材、劇情或形象比喻中來進行語文教學，進而創作童詩。

簡單的說，戲劇是指演員在舞臺上當著觀眾的面表演一個故事。由以上的定義可以找出戲劇的四元素，包括了「演員」、「表演場地」、「觀眾」、「故事」。透過演員的扮演，劇本中的角色才得以伸張（扮演便是戲劇的最大特色）。而戲劇的表演形式非常多，包括話劇、歌劇、舞臺劇、音樂劇、木偶戲、歌仔戲、皮影戲等。

與影片不同的是，戲劇是觀眾現場觀賞舞臺上的演員即時演出的一種表演形式；而影片則是演員們的演出由錄攝器材紀錄下來後，再經過傳播媒體呈現在觀眾的面前，觀眾看到的並非即時的演出；不過也由於影片的這個特性，影片比起戲劇而言較不易受限於演出時間、場地、費用等因素的限制，也更容易應用在教學上。

在《視聽教育》一書中提到影片在教學上的功用如下：影片教材可以把珍貴不易複演的事物，經過複製，可隨時觀看，例如日蝕、火箭的發射……等；影片教材可表現肉眼看不到的動作過程，例如人的血液循環、電流的通過……等；影片可以表現出動態的效果，

並且強制吸引學生的注意力；此外，影片教材還可控制各種事物的動作、速度與時間，倘若以非正常的拍攝速度拍攝影片，還可以造成「快動作」、「慢動作」的效果，例如花朵的開放過程可能需要一個小時的時間，我們如果固定攝影機，每分鐘拍攝一幅畫面，就可以把整個小時的花開過程縮短至兩秒半，而清楚的看到開花的過程。（國立編譯館，1978：237-239）

有了科技的輔助，流動式的圖像可以呈現出有別於平面式圖像和立體式圖像的效果，不論是光影的呈現、時間的流動、音效的表達等，都顯得更為生動，也更吸引人的注意。我們知道，人是情緒（情感）的動物，圖像溝通 （情境透過視覺直達情緒） ，比文字溝通（視覺的抽象符碼，翻譯後，抵達情緒），來得直接、也有效。

俗話說得好：「百聞不如一見。」在教學的過程中，親身經歷的感受絕非紙上談兵所能比擬，但教學又受限於學生人數、學習環境、教學品質等因素的影響，想要親身經歷教學中的每一件事物畢竟有其難度，所幸現代教學媒體相當進步，我們可以透過科技的力量來補足教學的不足。

張玉燕在《教學媒體》中談到，以視覺媒體作為溝通的媒介，主要的用意在針對所要表達的事物提供一個比語言文字更具體的表達方式。語言文字本身是符號，很難確切地描摹其所代表的事物；視覺媒體是「形象」，通常類似於其所代表的事物，能對意義提供較具體的線索。視覺媒體愈具形象或圖像化，則愈接近其所代表的事物或指示的概念，同時也愈能避免溝通的失誤。視覺媒體在科學資訊十分發達的現代社會毫無疑問地扮演十分重要的溝通角色。（張玉燕，2000：51）

　　唐朝詩人李白因罪被判流放夜郎。第二年春天，李白從四川被押解去流放地。行至白帝城時，忽然接到肅宗對他的大赦令，驚喜交加的李白猛然覺得自己好像一隻衝出牢籠的飛鳥，令人窒息的鋪天蓋地般的磨難和難以洗雪的冤屈一下子煙消雲散，立即起身從白帝城乘船東下江陵。因此，詩人見到沿途景色有感而作，寫出了「朝辭白帝彩雲間，千里江陵一日還。兩岸猿聲啼不住，輕舟已過萬重山」這首千古名作，將當時的喜悅暢快之情表達得淋漓盡致。這首詩李白先有「獲釋之情」，配合「五官所聞」而作出此詩。與平面式圖像及立體式圖像所不同的是，李白當日所見的景色，並非單純固定的風景圖，而是加上乘舟而行所見以及長時間累積奔發而出的獲釋感受的「流動式」圖像。

　　但是千年之後，讀者只能從詩作中憑個人感受來「想像」當時李白所遇見的情況，因為時空的阻隔，我們無法回到過去面對當時李白遇到的場面。不過拜科技進步之賜，現代人已經可以坐在家中，從影片中欣賞由演員呈現的表演，彷彿從鏡頭中回到過去，親眼看見當時發生的一切狀況，而不受時空的阻隔。

　　又如 2009 年七月在臺北小巨蛋所上演的經典名劇《歌劇魅影》（The Phantom of the Opera），引起極大轟動。此劇以法國原著小說《歌劇魅影》為基底改編成劇，由安德烈・洛依・韋伯（Andrew Lioyd Webber）製作成享譽國際的音樂劇。這是一部由愛生恨，同時歌詠愛情的感人故事。故事內容是在描述：

　　　　1911 年，巴黎歌劇院中的物品即將被拍賣，現場聚集的巴
　　　　黎人都想要標到最有價值的物品，其中有位坐著輪椅的老
　　　　人，名為拉烏爾，遙想著過去歌劇院榮耀風光的日子。當拍

> 賣官展示到歌劇院的水晶玻璃吊燈,並解說水晶燈與歌劇魅
> 影傳說的淵源時,一道光芒乍現,將觀眾引回五十年前,巴
> 黎歌劇院意氣風發的時代……
>
> （寬宏藝術,2009）

　　這麼一齣舉世聞名的戲劇想要親身欣賞演出的話,所費不貲,更何況是要運用在教學上。幸好我們可以經由戲劇 DVD 的發行,不用大費周章、千里迢迢的跑到表演地點去欣賞演出。因為可以減低甚至克服時空所造成的限制,所以影片的使用便成為教學上的好幫手了。

　　除了影片之外,戲劇和舞蹈等流動式圖像比起平面式圖像和立體式圖像,顯得更多采多姿,而且聲光效果較佳。因此,本章的圖像教學,將針對影片、戲劇、舞蹈來進行討論,建構出適合學生的童詩教學作法。

　　在第四節中,我將對不同文化系統下的流動圖像來進行討論。希望在這「跨文化系統」背景的論述之下,讓學生能夠透過流動式圖像來欣賞不同文化背景所製作而成的媒體。尤其是影片,更是我們觀察異系統文化的最佳媒介之一,例如小朋友喜愛的《哈利波特》系列電影,其馳騁想像的功力完整體現西方文化的創造觀點,值得作為我們進行教學時的題材。

第二節　流動式童詩圖像教學的理念

　　2008 年臺灣最熱門的國片莫過於《海角七號》了，這部耗資五千萬元新臺幣所拍攝而成的電影，在國內刮起了一陣海角旋風。從劇中人物老郵差「茂伯」一句「哇係國寶」，而點燃了眾人關注臺灣在地本土文化的火種。我們從電影裡看到國境之南的一群小人物，為了追尋一個似乎不能實現的夢想所作的努力而感動不已。那種為了實現夢想所付出的努力，卻是眾人想要嘗試卻又遙不可及的奢望，但是劇中的小人物們——就如同生活在你我身邊的一群人，卻讓夢想實現了，也引起了你我的共鳴。劇情簡介如下：

> 失意樂團主唱阿嘉、只會彈月琴的老郵差茂伯、在修車行當黑手的水蛙、唱詩班鋼琴伴奏大大、小米酒製造商馬拉桑、以及交通警察勞馬父子，這幾個不相干的人，竟然要為了度假中心演唱會而組成樂團，並在三天後表演，這點讓日本來的活動公關友子大為不爽，對這份工作失望透頂，每天頂著臭臉的友子也讓待過樂團的阿嘉更加不高興，整個樂團還沒開始練習就已經分崩離析……
>
> 老郵差茂伯摔斷了腿，於是將送信大任交到阿嘉手上，不過阿嘉每天除了把信堆在自己房裡外，什麼都沒做，他在郵件堆中找到了一個來自日本，寫著日據時代舊址「恆春郡海角七番地」的郵包，他好奇打開郵包，發現裡面的信件都是日文寫的，根本看不懂，因此不以為意的他，又將郵包丟到床底下，假裝什麼事都沒發生。

演出的日期慢慢接近，這群小人物發現，這可能是他們這輩子唯一可以上臺實現他們音樂夢想的時刻，每個人開始著手練習，問題是阿嘉跟友子之間的火藥味似乎越來越重，也連帶影響樂團的進度⋯⋯

在阿嘉的房裡，友子看到了日本來的郵包，發現那居然是來自六十年前七封未及寄出的情書，她要阿嘉務必要把郵包送到主人手上。然而，日本歌手要來了、郵包上的地址早就不存在、第二首表演樂曲根本還沒著落、而貝斯手茂伯依然不會彈貝斯⋯⋯而友子，在演唱會結束後，也要隨著歌手返回日本，開始新的生活。

阿嘉終於決定打起精神，重整樂團，他們的音樂夢是否能夠實現？沉睡了六十年的情書是否會安然送到信件的主人「友子」手中？而阿嘉跟友子的戀情，是否能夠繼續發展下去？⋯⋯

（《海角七號》官方部落格，2008）

電影上映期間，我的學生們大多已經看過這齣電影，這種現象是前所未有的。當時學生們的口頭禪，就是模仿茂伯「哇係國寶」。如果今天《海角七號》這部電影，是以圖書或是戲劇的方式演出的話，那相信造成這股風靡全臺的「海角旋風」的可能性就大大降低了。由此可見經由多媒體傳播的圖像，其影響力是多麼大，傳播速度是多麼快。由於多媒體的「推波助瀾」，現在的教育現場也大量運用多媒體來進行教學。

近年由於教育改革，對於這些教學媒體，尤其是視覺教學媒體包括印刷品、幻燈片、照片、影視聽媒體、圖書館、視聽資料館的

開發與應用受到相當的重視。（陳淑英，1992）在過去，靜態影像的教學媒體取得容易，常被教師使用，而動態影像媒體則因視聽設備的限制而較少運用；如今視聽設備逐漸普及，教學錄影帶的質與量也增加了，尤其在一些學校電視、錄放影機等設備幾乎每間教室都有。隨著現代科技的進步，這些的媒體越來越能便利的提供教師課程活動所需的參考資訊，如利用經濟方便的 DV 自行錄製教學影帶。近年來電腦的影像處理技術已蓬勃發展，未來教師在校園內運用影像的教學將越來越容易、越普遍。

　　知識與科技的快速增進，使得我們的教學內容和方法不能不改變，學習的方法與內容也不能不精進。一般認為在教學活動中，一方面重視教學方法，一方面重視教學效果，再加上教學媒體的製作及運用，可以使學習者學得更多、更快、更徹底、記得更久。阮志聰認為教學媒體的主要功能如下：

(一) 能提供具體的學習經驗。

(二) 能擴展學習經驗範圍。

(三) 能激起學習興趣，鼓勵自動學習。

(四) 能提供模仿學習的良好典範。

(五) 能減少不同背景的學習障礙。

(六) 能使學生了解更徹底並有效的應用所學。

(七) 能適用於各種程度學生及各種不同性質科目。

(八) 能突破時間、空間、語文等限制，擴大學習領域。

（阮志聰，1999）

　　面對現代多元社會的種種資訊，思考已不能停留在單點、淺層、浮面、天馬行空的思考。培養個人具備批判性思維——釐清訊息，並加以判斷、分析、歸納，進而做出正確的決定，甚至想出其他解決方法，是二十一世紀重要的致勝關鍵。

　　例如下面這一首〈佐賀的超級阿嬤〉，說的是昭廣跟著住在日本佐賀鄉下、樂天知命的阿嬤過生活的情形，阿嬤看待事情的角度及安貧樂道的生活態度深刻的影響了昭廣的觀念，尤其阿嬤「無厘頭式」的觀念看起來好笑卻又富有哲理。下面這首詩就是林柔吟小朋友在欣賞完原著改編成的電影《佐賀的超級阿嬤》所創作的童詩：

〈佐賀的超級阿嬤〉　林柔吟

一段深刻的記憶

喚起昭廣對阿嬤的情感

美麗回憶的背後

總有不為人知的秘密

第一次　離家獨立　第一次　煮飯更生

第一次　揚威球場　第一次　遇見阿嬤

就算再怎麼困難　也能快樂笑出聲

就算再怎麼貧窮　也能幸福活下去

阿嬤　不富有

卻有比別人廣闊的胸襟

阿嬤　沒唸書

卻有讓你我讚嘆的創意

阿嬤　年紀大

卻有對生命萬物的感恩

愛
是世界共通的語言
愛
征服每一個人的心
阿嬤
卻烙印在你我的記憶

（陳建榮，2008）

很多老師在推行閱讀教學時，會要求學生寫閱讀心得學習單來當作通過的標準。不過也因為這項多出來的「認證作業」，反而讓學生對閱讀產生排斥感。其實老師們不妨換個方式，讓學生利用寫童詩的方式來代替規定固定字數的讀書心得，相信是個不錯的嘗試。

第三節　流動式童詩圖像教學的具體作法

本節將依影片、戲劇、舞蹈來進行討論，並試著建構出流動式童詩圖像教學的具體作法，最後論及網路時代童詩的創作可行的走向，提供讀者參考。

一、影片

影片題材包羅萬象，我們可以從影片中學到歷史，也可以看到不同國家的人文風情，還有描寫未來世界的題材等，可說是種類繁

多。近年來，透過電腦科技的進步，許多片商以歷史故事為題材，拍攝前所未見的浩大場面，例如 2008 年上映的《赤壁》，故事內容發生於西元 208 年，時值東漢末年的三國時代，在消滅梟雄董卓之後，曹操實際上已成為長江以北的霸主，老謀深算的他開始染指南方。

　　曹操一方面挾持漢獻帝，在北方建立穩固的統治局面；另一方面追討「煮酒論英雄」後倉惶南逃的劉備，實際上卻是一心想統一南方。接下兄父「江東基業」的孫權，聽從魯肅建議，意圖與勢力較弱的劉結盟。看似不堪一擊的劉備則獲得孔明的全力輔佐。滾滾長江分隔南北，英雄輩出的三國時代，交織出一場前所未有、空前絕後的超大型戰爭場面。

　　宋朝文學家蘇軾在赤壁戰後的八百多年貶官黃州時，看到赤壁雄闊景色，緬懷三國偉大英雄人物時，也望景生情寫了一首〈念奴嬌‧赤壁懷古〉來抒發心中的情感：

> 〈念奴嬌‧赤壁懷古〉　宋　蘇軾
> 　大江東去，浪淘盡，千古風流人物。
> 　故壘西邊，人道是，三國周郎赤壁。
> 　亂石崩雲，驚濤拍岸，捲起千堆雪。
> 　江山如畫，一時多少豪傑。
> 　遙想公瑾當年，小喬初嫁了，雄姿英發。
> 　羽扇綸巾，談笑間，檣櫓灰飛煙滅。
> 　故國神遊，多情應笑我，早生華髮。
> 　人生如夢，一樽還酹江月。

（鄧子勉，2008：60）

　　從這些詞句中，我們彷彿跟著蘇軾回到當時的場景，體會三國人物的豪邁。蘇軾當時透過「遙想」來想像當時赤壁之戰的情況，而我們何其幸運，能夠從影片中了解當時的情況。透過影片的教學，也可以讓學生獲取文字所無法展現的資訊。影片的製作其實也是一張張平面的圖像結合而成，我們平常所見的電影，就是由每秒二十四格的圖像所串接而成，再加上聲音就變成我們所看到的電影了。

　　如果要利用影片來進行童詩教學，題材當然以適合學生程度的為優先。以我任教的班級為例，我的學生是國小高年級的孩子，因此我挑選了一部少年成長電影《鯨騎士》來作教學。

> 毛利人一直深信自己的祖先派凱亞，騎著鯨魚帶領族人來到紐西蘭的一座濱海小村莊。在一千多年的代代相傳之下，酋長都是由家中長子來繼承。
>
> 如今酋長的長子波魯朗伊，生下了一對龍鳳胎，可惜男嬰天折，妻子也因為難產而不幸死亡，只留下了雙胞胎之中的女嬰，取名為「小派」。
>
> 她的父親在雙重打擊之下萬念俱灰，於是把她交給祖父母撫養，一個人離家遠去。她的祖父就是酋長柯洛，他拒絕接受小派繼承他的衣缽，甚至覺得小派的誕生為部落帶來不幸，不過她的祖母芙拉兒，倒不認為這是血脈的中斷，只覺得這個孩子迫切地需要愛。
>
> 後來，柯洛學會了如何愛這個孩子。當小派的父親波魯朗伊成為國際知名藝術家，闊別十二年再度返回家中的時候，柯洛希望每件事都可以迎刃而解，波魯朗伊會欣然地接受宿命，繼承他的衣缽。

可惜波魯朗伊根本沒有當首長的意願，他在實質上和精神上，都已經遠離了他的族人，在和柯洛大吵一架之後，他再度決定離開這個家，甚至要求小派跟他一起去，但小派認為祖父需要她。

柯洛被信仰已久的傳統所蒙蔽，就連芙拉兒也無法說服他，接受小派成為他的血脈繼承人。於是柯洛要求族人把家中的十二歲男孩，都帶來接受他的訓練，他認為只要嚴格地教授古老的吟誦、部落的傳說和武士的戰技，就可以找到適合的繼承人了。

柯洛是小派最敬愛的一個人，可是她不得不違背千年的傳統，才能達成她與生俱來的天命，此時，在海洋的深處，有一大群鯨魚正向這個小村落游過來……

（《鯨騎士》官方網站，2004）

這部影片也有出版原著小說《鯨騎士》（允晨文化出版），所以在教學時可以配合文字閱讀。《鯨騎士》在風光明媚的紐西蘭取景，恬靜的田園風光與特殊的毛利聚落文化，都為此片加分不少。而幾幕關於「傳說」（鯨豚）的戲，拍得既寫實又魔幻，搭上配樂，電影美得彷彿一篇詩作，讓人擁有無限的想像。導演的觀點就如同化身為女主角一樣，極力的要在傳統與現代中找出一個平衡點，用開放的態度去看待「文化」。他讓觀眾聽聽爺爺的心聲，看看父親的難為，最後再體會主角的心酸，不粗暴的選邊站妄下定論。文化差異、新舊衝突固然是《鯨騎士》的主題，但其實影片也深刻的觸碰了「親情」、「環保」等議題，有著豐富的面向。

　　既然要透過欣賞影片來進行童詩教學，除了觀察影片中稍縱即逝的圖像之外，教師也要引導學生了解影片內容大意、主旨等，這樣對於影片的內容會有更深入的了解，對於寫作時的聯想也較有幫助。由於影片是透過播放器來呈現，所以對於影片中的經典畫面，教師可以透過暫停畫面來讓學生更為了解，並且教師也可以適時作出說明。因為並非每個學生對於影片的內容都能記憶深刻且了解畫面中隱藏的訊息，這個部分就有賴老師來引導說明了。以《鯨騎士》這部影片為例，我們可以觀察一些重點的情節與畫面：

(一) 毛利人的生活舞蹈、吟唱、服飾化妝、臉部表情。

(二) 在深海中游來游去的鯨魚。

(三) 不斷出現騎鯨者的雕像。

(四) 轉動引擎的繩子斷裂。

(五) 小派的父親雕刻一半的毛利船。

(六) 祖父的鯨齒項鍊失而復得。

(七) 毛利人訓練酋長的過程。

(八) 小派向叔叔學習的過程。

(九) 小派的演說所呈現的意義。

(十) 鯨魚集體上岸擱淺。

(十一) 小派騎鯨入海放手說：我不怕死亡。

　　在觀賞完影片後，教師可以透過討論或提問策略來讓學生深入了解這部影片的意涵。例如以下這些問題：

(一) 你認為毛利文化面臨的真正危機是什麼？（其實這也是當今所有弱勢文化面臨的問題）

(二) 傳統文化（傳子不傳女、重男輕女、男女性別差異……等）
在現今社會面臨哪些困境？這些傳統的包袱曾在你身上
產生過壓力嗎？

(三) 你覺得鯨魚潛游於深海的畫面傳達了什麼訊息？

(四) 你覺得影片中哪一幕最讓你動容？為什麼？

(五) 你在小派的身上看到哪些特質是讓她可以活出自己？

從討論和提問中，教師逐步引導學生了解影片的大意和主旨。
以本片為例，主旨可說是「小派不妥協族裡舊有的傳統，發現自己
具有與鯨魚通話的能力，進而尊重一切生命的重要。」接著讓學生
決定自己寫作的主題，例如海洋、女生、傳統等，在透過心智繪圖
的方法來聯想。

「心智繪圖」大多應用在記憶方面，應用在作文上，能幫助孩
子透過分枝的連結整理紛亂的思緒，使主旨更加明確清晰，孩子在
寫作中，不僅獲得成就感，也從中找到學習的樂趣及自信，寫作將
不再是枯燥乏味、絞盡腦汁的紙筆運思，而是進入多采多姿的想像
天地。

該如何使用「心智繪圖」？孫易新（2002）認為「心智繪圖」
的製作應注意下列幾點：

(一) 主題在中央：使用彩色的圖像作為主題，可以吸引注意
力，激發想像力。

(二) 色彩的使用：色彩可以激發創造力，豐富圖畫的生命力。

(三) 文字的使用：文字的使用力求簡潔，以單字為原則。

(四) 放射性的結構：順時針或逆時針的方式，都可以依個人的
習慣而定。

老師要如何指導孩子做「心智繪圖」？在引導孩子學習時，老師應先提供示範，幫助學生了解，透過圖畫的解說，傳達最直接的訊息，可以看到老師的心智繪圖一完成，學生也已經心領神會，能馬上畫出自己的心智繪圖，學習效率很高。(常雅珍，2003)

下圖是陳冠銘小朋友繪製的心智圖，他決定的主題是「海洋」，透過電腦軟體來呈現如下：

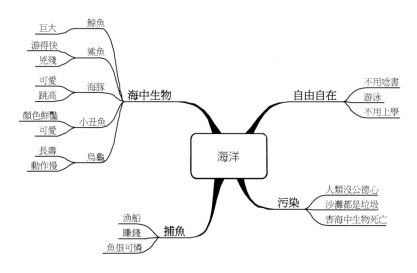

圖 6-3-1　心智繪圖──海洋（陳冠銘小朋友製作）

陳冠銘小朋友以他所繪置的心智圖為藍圖，而創作了以下的童詩：

〈自由〉　陳冠銘

我想丟開課本

跳入大海

乘坐鯨魚到處遊玩

跟海豚比誰跳得高

跟鯊魚比誰游得快

跟小丑魚比誰更可愛

住在珊瑚森林裡

生活自由又自在

最後，我把整個影片教學的流程以下圖呈現，提供參考：

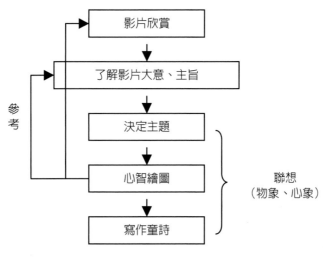

圖 6-3-2　看影片寫童詩流程圖

二、戲劇

　　記得 2008 年時，在同事蘇煌文主任的發起之下，紙風車劇團終於要來東港鎮演出了。演出當晚，我帶著我們班的孩子們一起到

東港國中的操場欣賞紙風車劇團的演出。還記得臺上的演員不斷在自我介紹：「我，是一個巫婆，而且是一位有經驗的巫婆，所以我的名字叫做巫──頂。」介紹到後來，小朋友都會了，臺下的大、小朋友總是不厭其煩地跟著一遍遍複誦。

圖 6-3-3　紙風車劇團東港鎮演出
　　　　　（作者攝）

圖 6-3-4　紙風車劇團演出
　　　　──巫頂（作者攝）

當天晚上讓大家印象最深刻的劇碼，大概就是《阿欽的故事》了。故事內容大概是這樣子：

某天，父親要求八歲的阿欽（導演吳念真幼時的小名）獨自一人坐火車去宜蘭姨婆家，幫父親拿回雨傘。在父親的激將之下，八歲的阿欽，假裝很勇敢，硬著頭皮坐火車出發了。唯一陪伴他的，是父親給的一瓶用來醒腦免得睡過頭的萬金油。上了火車上的阿欽，非常緊張恐懼，一顆心七上八下，不停的東張西望，對火車外新世界的好奇新鮮感與忐忑不安的心情相互交織，頭腦清醒的不得了，萬金油一點也派不上用場。阿欽在火車上遇到了一位慈祥和藹的老阿嬤。一路上，老阿嬤

不斷地和阿欽聊天說話,還給他好吃的「拔刺」,老阿嬤的溫暖,化解了阿欽這位八歲小孩孤獨一人坐火車的恐懼不安。

午後的火車廂,有如悶熱的烤箱,老阿嬤說累了,想打盹一下,交代阿欽不要睡覺,到宜蘭要幫忙叫醒她。有老阿嬤的交代,阿欽更不敢睡了。突然,阿欽發現老阿嬤昏死過去了!嚇得不知手措的阿欽,當下最直接的本能反應是高聲哭喊:「救命呀!阮阿嬤死去了!」

整車的乘客都被驚醒了,大家七嘴八舌,手忙腳亂的搶救老阿嬤。原來老阿嬤只是中暑而已,最後是靠著阿欽那瓶萬金油救醒了老阿嬤。看到老阿嬤醒過來,阿欽非常高興,情不自禁的擁抱著這位陌生的老阿嬤,一如擁抱著自己的阿嬤,真情流露的對著老阿嬤大聲叫著:阿嬤!阿嬤!最後,阿欽順利的到姨婆家拿回雨傘,回到九份的老家。

蒼茫暮色中,遠遠的,阿欽看到父親正站在路的另一頭,等著他回家吃晚飯呢!從此,阿欽八歲獨自一人坐火車去宜蘭的冒險故事,成了好喝酒糊塗不理世事的父親,向親朋好友炫耀的得意故事……

（新桃源谷,2008）

　　鄉下的孩子很少有機會欣賞到像紙風車劇團這種專業級的戲劇演出,當天晚上劇團演出《唐吉訶德》所使用的巨龍,都讓孩子們大開眼界。像《阿欽的故事》是描寫導演吳念真小時候發生的真實故事,紙風車劇團利用布偶來演出,輔以誇張的動作,再加上趣味的劇情,讓孩子們哈哈大笑、目不轉睛的欣賞。因為一不留神,可能就錯過了精采的片段,看著身旁的人捧腹大笑,自己卻不知所以然。

　　與影片不同的是，影片可以在播放中隨著觀看者的需要而暫停、回復，甚至可以一看再看。但是戲劇一旦演出的話，是無法因應觀看者的需要而暫停演出的。因此觀看戲劇時的學習策略與欣賞影片勢必要有所不同，教學者無法像利用影片教學時，遇到重點畫面或是帶有強烈象徵意義的事物時還可以暫停畫面來解說。這時除了學習者欣賞戲劇時的專注度和記憶力顯得重要之外，事後的引導跟討論也是相當重要的。

　　目前國內有關戲劇和語文結合教學的研究，大多著重在把文本的內容以戲劇方式呈現。例如參考文字內容較簡單的繪本並改編成戲劇方式演出；或是將白話文章的文本改寫成劇本後演出。戲劇教學在應用上面，以角色扮演的方式最為廣泛運用，進而進行一場戲劇演出，但這樣的方式在語文課程方面較適用於記敘文，其他文體的文章較不適用。例如王慧勤（2000）以國小五年級 36 名學生為研究對象，採用詮釋研究法及敘述性分析，描述在國語科教學實施扮演遊戲時，學生從分組討論編劇、上臺扮演以及質詢對話過程的認知情意學習情形以及學習者的心聲；詹美鈴（2002）以南投縣一所國中的一年級新生為研究對象，採行動研究為策略，探討如何將國中國語文課程與「創作性戲劇」結合，評估可行的策略及方式，及其對師生互動、學生口語表達能力及肢體表達能力的影響；王文信（2002）以桃園縣某國小兩位老師，及其所共同任教的五年甲班 38 位學生為研究對象，以質的研究方法中的個案研究法進行研究，探討個案教師如何實施表演藝術戲劇教學及其學生學習的情形，並透過個案教師實施戲劇教學觀察學生學習表現；李翠玲（2003）以國小低年級學生為研究對象，採用行動研究法，將歷經

二年的戲劇性活動融入語文領域教學歷程呈現為研究主題，並以敘說方式重現出研究者理解的經驗世界。

　　從上述的研究可以發現，國內研究者在進行戲劇與語文結合教學時，大多是讓學生經由演出戲劇來學習語文，較少針對欣賞戲劇後的寫作。就如同我在求學時期，老師規定我們觀賞戲劇後，作業通常就是心得感想，而且多以作文的形式寫作，運在用童詩教學上可說是少之又少。既然能夠在欣賞後寫出作文，那如果運用在寫作童詩上，是否有機會？課堂上所教的閱讀資料，如果能夠過學生表演去呈現，這種活生生、有娛樂性、有意義的經驗，會加強學生的理解。畢竟比起平面的圖像而言，戲劇不論是劇情的故事性、舞臺的布置或是人物的表演上，都能呈現較多的寫作題材。在引起學生的學習動機方面，想必會更有吸引力。

　　不過，多數的學校在戲劇教學的資源上還是相當缺乏的。國內除了臺北市、高雄市的學生有比較多的機會欣賞戲劇的演出外，其他地區的學生就沒有那麼多的機會來觀看戲劇演出了。此外，也要考慮到費用及時間的問題，都會影響到教師進行戲劇欣賞教學的實施。為了克服這些問題，觀賞由校內學生演出的戲劇就變成比較容易實施的方法了。

　　由學生演出的戲劇大致可以分成兩種：一是配合教材內容而演出的戲劇；一是自行創作演出的戲劇。此處我將以南一版國小國語課本中的〈彼得與狼〉來作為教學，故事內容如下：

　　　　一天早晨，彼得打開了大門跑到外面的一片大草地上玩耍，這時在一棵大樹的樹枝頭歌著一隻小鳥，他是彼得的好朋友。小鳥快活地說：「這裡好清靜啊！」一會兒，一隻鴨子

搖搖擺擺地也跟著溜出門外，他很高興彼得忘記把大門關上，同時想到池塘裡好好游一游。

小鳥看到鴨子來了，立刻由樹上飛下草地，停落在鴨子的身旁，用一種看不起的口氣說：「你是鳥卻不會飛，你到底算什麼鳥？」鴨子不服氣地說：「你連游泳都不會，你又是什麼鳥？」說罷，「撲通」一聲跳進池塘裡去了。他們一直爭吵著，一個在池塘中，一個繞在池邊蹦跳。

突然間，彼得發現有一隻貓偷偷地由草地上爬過來，此時貓兒心裡想：「小鳥正在忙著吵架，現在正是好機會，讓我來捉住牠。」於是悄悄地向小鳥爬過來。「小心！」隨著彼得的驚叫，小鳥立刻飛上枝頭。同時鴨子也在池塘中憤怒地向貓兒「嘎嘎」地大叫。貓兒繞著樹幹打轉，眼睛緊盯著樹上的小鳥，心裡想著：「要爬上去嗎？等我爬到那兒，小鳥恐怕又要飛走了。」

這時老祖父來了。彼得任意地溜到草地去玩，而使老祖父很生氣地說：「這草地是個很危險的地方，萬一野狼從樹林裡跑出來，那怎麼辦？」可是彼得並沒有把老祖父的話當一回事，像彼得這樣勇敢的男孩子是不怕大野狼的。不過，老祖父還是抓著彼得的手把他拉回家去，並且鎖上了大門。

彼得剛剛回家不久，果然就有一隻灰色大野狼從樹林裡跑了出來，貓兒看見了狼趕緊爬上了樹，鴨子也「嘎嘎」地大叫，慌張地跳出了池塘想跑掉。可是不管鴨子怎樣拼命的跑，也逃不掉大野狼的追趕。最後，鴨子還是被吃了。現在變成這樣的情形：貓坐在一根樹枝上，小鳥停在離貓不很近的另一根樹枝上，大野狼在樹下團團轉，以貪婪的眼光看著他們。

彼得在緊閉的門後，毫不懼怕地看著這些事情的發生。彼得奔進屋裡拿出一條結實的粗繩，爬到高高的石頭牆上。大野狼繞著轉的那棵大樹，正好有一根樹枝伸到這座牆上。彼得抓住這根樹枝很容易的就爬上了那棵大樹。彼得對小鳥說：「你飛下去在大野狼的頭頂上繞圈子，可是小心不要被捉到。」小鳥飛得很低，他的翅膀幾乎碰到狼的頭，大野狼氣極了，一下左一下右的追著咬小鳥。小鳥可真把大野狼惹惱了，他恨不得立刻抓住小鳥吃掉，可是小鳥太靈巧了，大野狼一點辦法也沒有。

這時候彼得用繩子作了一個活結的圈套，很小心的從樹上一點一點的放下來，當大野狼的尾巴被套住後，彼得用力一拉。狼發覺尾巴被套住，就拼命的亂跳想掙脫這個套結，可是彼得已經將繩子的另一頭牢牢地綁在樹上，大野狼的亂跳只有使套結將尾巴套得更緊。就在這時候，獵人們由樹林裡跑出來，他們追蹤這隻大野狼而一路到此。彼得坐在樹上喊著：「獵人先生！請你們不要開槍！我和小鳥已經把這隻大野狼捉到了，現在幫我們把他送到動物園去吧！」

這一勝利的隊伍：彼得當然走在最前面，後面跟著是抬著大野狼的獵人，最後就是老祖父和貓。老祖父還搖著頭不滿地嘀咕道：「這樣倒很好，但如果彼得沒捉到狼，將會怎樣？」在他們的頭上飛著小鳥，高興地叫著：「看！我們多棒！彼得和我捉到這麼大的一個東西！」如果你細心的聽，還可以聽到鴨子在狼的肚子裡哀叫的聲，因為大野狼在匆忙中將鴨子活生生吞了進去。

（資料來源：張清榮，2008）

　　在學生觀賞完戲劇後，對於戲劇的內容沒有辦法全數記住，所以教師一定要透過提問或討論的方式讓學生回憶故事情節。以〈彼得與狼〉為例，這個故事是配合音樂來呈現，故事中每個主要角色都對應著一種樂器，例如小鳥是音色清脆的長笛；鴨子是音色扁扁的雙簧管；小貓是音色帶有磁性的單簧管，又稱豎笛或黑管；爺爺是聲音低沉的低音管；野狼為喔喔作響的法國號；彼得是弦樂四重奏；獵人是代表槍聲的定音鼓和大鼓。樂器的選擇多少也反映出角色的特質，例如爺爺聲音低沉，所以透過低音管來呈現；獵人要表現出氣勢來，所以透過大鼓的節奏聲來展現。如果透過這些材料來讓學生回想，效果會比較好。「提問」也是讓學生回憶情節並且深入賞析的好方法。以下列舉一些問題提供參考：

(一) 主角彼得住在哪裡？你可以描述彼得家的場景嗎？

(二) 彼得和小鳥遇到什麼困難？

(三) 他們如何解決問題？

(四) 在故事中每個人都有其特殊的地方，例如彼得活潑聰明，遇到大野狼一點也不害怕，展現他的智慧捉到大野狼；小鳥則有點調皮，喜歡捉弄貓，你喜歡哪一種角色，為什麼？

(五) 如果每一位人物各用一種樂器代表，你會用哪種樂器代表彼得？哪種樂器代表小鳥？哪一種樂器代表大野狼？哪一種樂器代表鴨子？哪一種樂器代表爺爺？哪一種樂器代表貓咪？哪一種樂器代表獵人？為什麼？

(六) 如果彼得沒捉到狼，將會怎樣？

　　在提問和討論過後，教師可以讓學生發表故事大意。這裡可以讓學生透過故事接龍的方式，讓全班學生一起完成，避免程度較差

的學生無法完成而不知所措。以下是由全體學生共作完成〈彼得與
狼〉的故事大意：

> 彼得在家後門外的草地上與他的朋友小鳥玩耍時，家裡的小
> 鴨子也跟著溜出門，到池塘中嬉遊玩水，並和小鳥互相爭
> 吵，一個說你不會飛，一個說你不會游水，互相爭執不休。
> 忽然來了一隻貓，想趁機去捉小鳥，被彼得和鴨子阻止。這
> 時老祖父來了，告誡他們說，如果狼來了，怎麼得了，就把
> 彼得帶回家。結果大野狼真的來了，貓嚇得爬到樹上，鴨子
> 卻躲避不及，被一口吞下肚，狼還不滿足，想再吃樹上的小
> 鳥和貓，勇敢的彼得看在眼裡，就到屋裡拿出一條大繩，從
> 圍牆爬上了大樹，運用智慧和小鳥合作，把大野狼的尾巴拴
> 著並吊到樹上。最後獵人趕來了，合力把狼活捉送到動物
> 園去。

戲劇的演出大多會包含完整的故事性，方便觀賞者了解。一齣
戲劇中通常可以從人、事、時、地、物來作初步的檢視，也可以從
背景、問題、解決、結果四方面來了解戲劇故事的結構組成。倘若
是從學生最感困擾的「問題→解決」來作分析的話，我們可以使用
「5W1H法」。「5W1H法」指由六個角度切入，解析主題。此六角
度分別是為什麼（Why）、做什麼（What）、何人（Who）、何時
（When）、何地（Where）、如何（How）。使用時，以〈彼得與狼〉
劇中主角「彼得」為例，進行 5W1H 主題切入，可提出如下六個
相關問題：而此六個問題並非唯一問法，每位學童可依自己想法提
出六個問題。圖 6-3-5 為〈彼得與狼〉的 5W1H 分析圖：

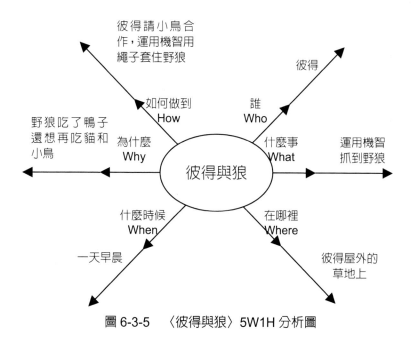

圖 6-3-5 〈彼得與狼〉5W1H 分析圖

　　從「5W1H 法」來引導學生分析戲劇內容，可以加強學生印象
之外，對於理解戲劇的內容也比較有幫助。透過戲劇的內容呈現以
及「5W1H 法」的分析，我們可以讓學生試著創作故事詩或童話詩。
如表 2-1-2 童詩的分類所整理的內容，國內童詩學者多把童話詩和
故事詩作為童詩的分類。黃基博認為故事詩和童話詩的區別是，童
話詩裡可以不必有故事性，而故事詩必須要有故事性才行。換句話
說，故事詩是以「人物」為角色，並且詩裡要有一個故事才行；而
童話詩是以幻想和趣味為主，例如楊喚的童話詩集《水果們的晚會》
就屬於童話詩。（黃基博，1995：42-47）

　　有了戲劇的觀賞和大意的引導，再加上 5W1H 的分析，學生對於戲劇的內容結構大多能夠了解，以下我舉黃憶君小朋友所寫的〈彼得與狼〉為例：

〈彼得與狼〉　黃憶君
彼得一早打開門
小鳥飛來打招呼
小鴨趁機游游水

池塘邊
小鳥小鴨吵不停
小鳥說：「你這隻不會飛的鴨！」
小鴨說：「你這隻不會游泳的鳥！」

突然間
貓兒偷偷跑出來
想要吃掉小鳥兒
「小心！」彼得好心叫出聲
鳥兒飛上樹
貓兒乾瞪眼

爺爺拉著彼得手
回到家裡去
「萬一野狼跑出來，你的命失去！」

沒多久
大野狼，出現了
可憐的鴨子
變成野狼的食物
貓和小鳥躲在樹枝上
野狼樹下團團轉

勇敢的彼得
請鳥兒干擾大野狼
彼得爬上樹
趁機用繩子套住大野狼的尾巴
野狼跳啊跳
可是跑不掉

獵人趕上來
抓住大野狼
勝利隊伍裡
大家氣勢昂
可憐的鴨子
只能在野狼肚子裡呱呱叫

爺爺心裡想
野狼如果沒抓到
彼得怎麼辦

除了以彼得為主角外，教師可以引導小朋友以其他人物為主題，例如透過小鴨、野狼、爺爺等的角度來看這件事情。當然，我們也可以透過心智繪圖的方式來作聯想，像呂儀婷小朋友就針對〈彼得與狼〉中的聲音，透過心智圖來作聯想：

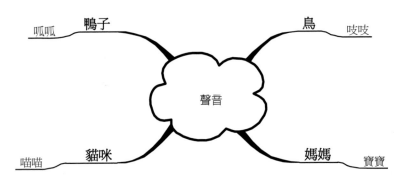

圖 6-3-6　心智繪圖──聲音（呂儀婷小朋友製作）

儀婷四個月時父母親就離異了，因此她很想要有個媽媽來疼她，她從動物的聲音聯想到媽媽叫孩子的聲音，作了一首詩：

〈媽媽的寶貝〉　呂儀婷
小鳥吱吱叫
小鴨呱呱呱
貓咪喵喵喵
媽媽陪著我
寶～寶～寶～
快睡覺

　　讓學生親自表演戲劇，不僅可以培養他們自信心，參與演出的學生對於戲劇的內容也比較有印象，記憶較為深刻。最後，我把整個戲劇教學的流程以下圖呈現，提供參考：

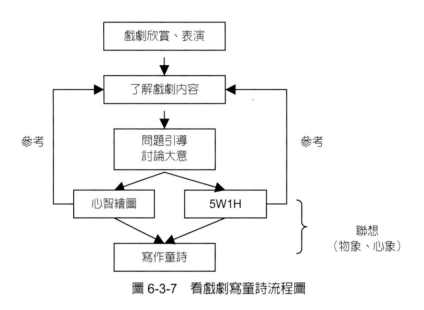

圖 6-3-7　看戲劇寫童詩流程圖

　　要引起學生興趣，必先透過學習者的感官經驗，才能使學習具體化，感官的訓練可以增加兒童的敏銳度，激發兒童的潛能，和對所接觸的事物留下深刻的印象，使學習效果增強。而戲劇活動中充滿各種感官的運用與訓練，不但深具趣味性，更充滿了創意。

三、舞蹈

　　我服務的學校在每星期五下課時間，都會輪流讓每個班級表演才藝讓全校學生欣賞。表演的項目有演戲、相聲、舞蹈等，其中以

舞蹈最受小朋友青睞（如圖 6-3-8、圖 6-3-9）。配合流行音樂，加
上孩子們誇張的動作，總是讓在臺下欣賞的學生哈哈大笑。

圖 6-3-8　海濱國小才藝表演（一）　　圖 6-3-9　海濱國小才藝表演（二）
　　　　　　（作者攝）　　　　　　　　　　　　（作者攝）

　　與影片和戲劇不同的是，舞蹈強調在人物動作、配合音樂上，
而不像影片和戲劇有強烈的故事情節。因此，在指導學生欣賞舞蹈
時，故事性就顯得沒有動作性和音樂性來得重要了。不過，由於社
會資源的限制，我們想要常常欣賞專業的舞蹈表演仍是有困難，所
以教師可以轉變方式，讓學生透過身體的律動來表演舞蹈，從實際
的表演中體察身體動起來的感覺，讓寫作時的靈感更加充沛。

　　舞蹈的媒介是人類的身體，所以自有人類以來就有舞蹈的存
在，舞蹈發展至今已經累積成為人類文化的重要資產，它有自己的
知識及技能發展體系，兼具祭儀、娛樂、社交、教育、治療等多重
功能。學習舞蹈本就應該整合其理論與實務不同面向的學習內容，
而且在學習舞蹈的過程中，往往涵蓋了跳舞、編舞和觀舞等各種經
驗，牽涉到技能、認知、情意整合的學習目標；身體、智能、情感
的同時發展；模仿、操控、想像、創造、溝通、表達等能力的培養

與啟發，以及動覺、視覺、聽覺、觸覺等不同感官的覺知與強化，可見舞蹈本質就是統整的，身體與心智就是合而為一的。（張中煖，2003：79）

以舞蹈遊戲為例，原本是國小低年級的教學內容，其中所列的簡易的唱和跳、模仿遊戲的教學內容，其實可歸類為兒童的創造性舞蹈，主要是以善用各種可能的刺激，包括兒歌、音樂、故事、人物角色、道具、圖畫等來引導兒童以肢體模仿事物，探索舞蹈的要素。由於是從兒童的生活經驗出發，也正好符合國小低年級替代藝術與人文的「生活」學習領域。

創作舞發生在國小中、高年級和國中學習階段，仍然可以沿用創造性舞蹈的教學策略，繼續透過動植物、機器、節慶、工作、環保等題材，開發身體的覺知與創意，且同時在肢體技藝方面多予以要求。包括青少年喜愛的街舞都是很好的探索素材，可以藉機引發他們的學習動機，讓他們發揮自己的想像、創造能力。（同上：80）

依據國民小學課程標準（教育部，1993），低年級舞蹈教材可分為唱和跳及模仿遊戲兩項目。以技能的層面而言，前者是以培養韻律為主，而後者為培養創造思考、表現能力為主。在教學現場可以發現，中低年級學生對於模仿動作特別喜愛，尤其是透過模仿來表現動物的動作或叫聲。模仿動作是以學童的經驗及生活周遭的事物為範圍，掌握其形狀或動態的特徵，以簡單的身體動作予以表達。它具有以個人或小組創造動作，表達思想、感覺及感情的特性。模仿動作能充分啟發觀察、思考、想像、判斷、創造及表現能力，可滿足自我實現的需求：肯定自我、增進信心，並培養韻律感、協調性、敏捷性等身心機能。在培養積極解決問題的能力之外，還有

培養互相溝通、尊重、友愛、快樂等良好習性。能欣賞作品，並發表意見，分辨優劣，以培養鑑賞能力。

圖 6-3-10　學生模仿老鼠（作者攝）

　　這裡用一個名為「動物園」的模仿舞蹈遊戲來作為教學（如上圖 6-3-10）。如果以有沒有去過動物園來作為引起動機，相信小朋友們一定熱烈發表去過動物園的經驗。接著在課堂上討論動物園裡動物的形狀、動態、特徵，鼓勵兒童自由發言，把名稱寫在黑板上。教師逐項引導、選擇不同類型模仿，並隨時提示動作特徵引導學生思考。我們把要表演的動物分類列出來：

(一) 在空中飛的動物（高飛、低飛、手臂擺動）：老鷹、小鳥、蝴蝶……

(二) 爬行的動物（前後爬、左右爬）：蝸牛、螃蟹、烏龜、鱷魚……

(三) 全身扭轉而行的動物（臂、腿、上身、全身變化速度，上下左右波浪、扭轉）：蛇、泥鰍、毛毛蟲……

(四) 蹦蹦跳的動物（單足跳、雙足跳、分腿跳、屈膝跳、原地
　　跳、移動跳）：袋鼠、青蛙……

(五) 體形大而慢行的動物（大小步走、快步走、快慢走）：大
　　象、牛、犀牛……

(六)　水中生物：魚、蝦、章魚……

　　當然，動物的分類尚不止如此，教師可依教學需要進行調整。
讓學生們透過模仿來展現動物的動作、叫聲或行為之後，接著就讓
學生選擇童詩要寫作的主題了。所選擇的主題可以是單一種主題，
也可以是多項主題。例如有學生想要寫「小鳥」就好，不過也有學
生想要寫「老鷹和小鳥」，都是可以讓學生自由發揮的。選定了寫
作主題，也就是決定了「物象」。這時可以讓小朋友從兩個方向來
進行想像：「我選擇的主題（動物）像什麼？」、「什麼東西像我選
擇的動物？」以第一種想像來說：小朋友可以把老鷹想像成戰鬥機
來進行寫作；而第二種想像中，小朋友就可去聯想到水管或繩子像
一條蛇、跳舞的女生像起舞的蝴蝶等。把寫作的材料準備好之後，
教師再引相同題材的童詩讓學生欣賞，如果學生較無頭緒下筆，也
可以讓學生透過仿作來創作童詩。

　　〈黑蝴蝶〉　彭美齡
　一隻隻黑蝴蝶
　在花朵上飛飛又停停
　像是樂譜中的音符
　一隻飛到ㄅㄛ
　一隻飛到ㄇㄧ

若是現在有鋼琴

我要彈出牠所譜成的節奏

聽聽看是什麼旋律

（秦嘉華、賴慶雄，1996：130）

從這首詩看來，作者是用「黑蝴蝶」當作主題，聯想到「音符」，寫出黑蝴蝶和音符會產生的動作來作聯結，最後再以所聯想的「音符」帶出「鋼琴所譜成的節奏和旋律」來作結束。我們可以用下表（表 6-3-1）來作說明：

表 6-3-1　〈黑蝴蝶〉架構分析表

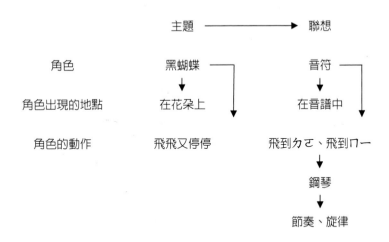

利用上表來作對照，讓學生用自己選擇的主題來進行仿作分析表，結果如下表（表 6-3-2）：

表 6-3-2　　〈袋鼠〉架構分析表

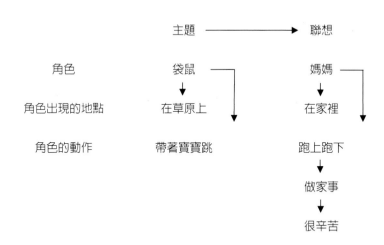

　　有了分析表作參考後，學生可以依照〈黑蝴蝶〉這首詩的格式來仿作，張博殷小朋友選了袋鼠當作主題，詩作如下：

〈袋鼠〉　張博殷

袋鼠媽媽

在草原上帶著小寶寶

跳來又跳去

一下跳到東

一下跳到西

就像媽媽在家裡

為了做家事

煮飯跑到東

洗衣跑到西

　　我想對媽媽說

　　媽媽我愛妳

　　當然學生可以不用透過這個方法來寫童詩，如果學生的心裡有靈感，想用自己方式寫出來也可以，教師只要適時指導寫作的方法即可。以下舉出幾首不同學生創作的童詩：

　　〈獅子〉　陳冠銘

　　勇猛的獅子，

　　雄壯威武的獅子，

　　是動物之王。

　　巨大的肉掌，

　　血盆的大口，

　　看了誰都會害怕。

　　爸爸是家裡之王，

　　生氣的表情，

　　大聲的罵人，

　　看了誰都會害怕。

　　〈動物大觀園〉　許書榕

　　動物園裡，

　　兔子在草原上開心的跳著，

　　小馬在草地上盡情的跑著，

　　鸚鵡在樹枝上快樂的唱歌，

　　烏龜在池塘邊慢慢的爬著，

　　　　動物們自由自在的生活著。

　　　　小豬在土地上睡覺，

　　　　斑馬在草原上奔跑，

　　　　鳥兒在天空中自由逍遙。

　　　　動物園是動物的天堂！

　　模仿動作的題材，應該以學生的生活環境及經驗為選擇的範圍，並以具體、寫實、富有動作性者為適宜。

　　由於九年一貫新課程給予學校發揮自我特色的機會，也給予教師自主設計課程的權利，因此教師可就自己的專長、學校及社區的資源及學生的背景與能力多方考量，超越舊有的內容限制，擴大自己的教材內容，設計出讓學生喜歡的課程。

　　隨著時代的進步，學生接觸電腦、網路的機會大增，不論是留言版或是部落格，都是學生頻繁接觸的網路媒體。

　　近十多年來，整個人類社會挾著後現代的餘威，更向一個後資訊社會邁進。這個時代以網際網路為核心，嘗試締造一個跨性別、跨階級、跨種族、跨國家的「數位化」世界。（周慶華，2007a：174）在第四章第三節中談到，網路時代所呈現的「超鏈結美」，所表現出來的美的次類型為「多向」和「互動」（圖 4-3-2）。當中多向，指形式的結構鏈結著文字、圖形、聲音、影像、動畫等多種媒體，可以引發人無盡的延異情思；互動，指形式的結構留有接受者呼應、省思和批判的空間，可以引發人參與創作的樂趣。（周慶華，2004a：253）電腦科技從西方發端，在二十世紀中期開始轉而向非西方國家輸出，其發展進程恰如圖 1-3-1 所示：當中西方社會（創造觀型文化）內的寫作表現，經由資訊社會的出現而發展出網路時代的

網路超文本化的寫作。而氣化觀型文化內的寫作表現因著二十世紀初以來深受西方社會影響轉向西方取經而逐漸失去固有的寫作形式；至於緣起觀型文化內的寫作表現，在其僅為筌蹄功能、以解離／寫實為主的文學藝術規範中，略顯「板滯」而仍維持一貫的基調，因此其寫作風格的演變便不像其他文化系統般多元。（周慶華，2004b：7）

　　周慶華認為，網路超鏈結的興起，基本上是後現代的餘威所帶動促成的；他的多媒體、多向文本、及時性和互動性等特徵，幾乎把後現代所無由全面出盡的解構動力徹底的展現出來了。（周慶華，2004a：281）目前展現網路超鏈結美的成就在詩的方面可以數位詩（網路詩）為例：數位詩，已經有所謂的「新具體詩」（結合文書排版、繪畫、攝影和電腦合成的技術，強調出視覺引發詩的思考）、「多向詩」（詩文本利用超鏈結串起來，讀者可以隨意讀取）、「多媒體詩」（網路詩整合文字、圖形、動畫、聲音等多重媒體，使它接近影視媒體的創作文本）、「互動詩」（數位詩的寫作配合程式語言，如利用 CGI 或 JAVA，文本就不僅具有展示功能，它還具有互動性，可以讓讀者參與寫作的行列，形成寫作接龍的遊戲）等類型可以歸納和指稱。（須文蔚，2003：53-58）

　　對於數位詩的定位，須文蔚有以下的說法：

　　　　大家或許會很困惑，在網路、BBS 寫詩，也可以叫網路詩？
　　　　那今天所談的網路詩究竟與「網路上張貼」的詩有何不同？
　　　　其實一這類的作品大體上跟文學傳統的創作形式沒有太大
　　　　的差異。它是用一種新的集結社群的方式、新的出版方式、
　　　　新的傳播方式進行的文學革命而已。倘若特別定義作「數位
　　　　文學」，就是用網路或電腦特有的媒介特質創作的數位化作

品，完全不同於一切用平面媒體印刷上所呈現的。這一種詩的型態，我們稱為數位詩。在當代文學裡也稱作「超文本文學」（hyper text），Hyper text 基本上指的是「多個的方向」的文本或「非平面印刷」的文學。（須文蔚，2004）

以下整理目前華語世界中數位詩的創作網站：

表 6-3-3　華語世界網路詩網站整理表

網站	作者	網址
澀柿子的世界	澀柿子	http://www.chinenoire.com/persimmon/index.html
妙繆廟	響葫蘆	http://www.sinologic.com/webart
歧路花園	李順興	http://140.120.152.249/~garden/garden.htm
向陽詩坊	向陽	http://tea.ntue.edu.tw/~xiangyang/xiangyang/
電紙詩歌		http://dcc.ndhu.edu.tw/poem/2003/
白靈文學船	白靈	http://www.ntut.edu.tw/~thchuang/index2.htm
觸電新詩網	須文蔚	http://dcc.ndhu.edu.tw/poem/index01.htm
秋水詩社	古丁	http://home.phy.ntnu.edu.tw/~wayjin/
ETAT		http://www.etat.com/

以須文蔚創作的數位詩〈追夢人〉為例：
（一）你和你的情人的總和★缺圖★（任選一數字）
（二）為情所困，失眠天數★缺圖★（任選一數字）
（三）你的名字★缺圖★（請填你的名字或匿名）
（四）你最喜歡的魚★缺圖★（請務必填入一種魚）
　……

（須文蔚，2001）

　　這首詩是以 JAVA 語言編寫而成的互動詩，讀者並無法預見詩的「本文」，在填完十個問題之後，一首讀者與程式寫作者共同完成的詩才會完整浮現。這首詩的特色李順興說得明白：

> 網頁表單（form）通常用來填入一般資料，拿來改編成互動式書寫的詩作品，文學趣味十足。〈追夢人〉玩一首情詩的書寫遊戲，因預先設定回應的內容，得以避免類似網路接龍文字浮濫的弊病。
>
> （李順興，1998）

　　不過，這種表單式的程式設計在教學上的難度較高，以國中小學生而言，網路的超鏈結是較為可行的教學項目。對他們而言，CGI、JAVA 甚至是 FLASH 等動畫技能的操作難度稍嫌艱澀，因此倘若要讓國中小學生們試著創作數位詩的話，透過網路超鏈結來展現會是比較可行的途徑。除了創作之外，數位詩的欣賞也可以加入教學之內。下面這一首是由邱鈺婷所作的多向詩〈前所未有的疲倦〉。（邱玉婷，2003）初看時電腦畫面只有出現「忘了有過一場言語」、「嘆……」、「惜……」、「空……」、「忘語」、「世界」這些文字以有別於一般詩作的格式排列（如圖 6-3-11），但「嘆……」、「惜……」、「空……」、「忘語」、「世界」者幾個字卻可以再鏈結到另一首詩作。如點選了「嘆……」之後會轉換到另一首詩的畫面（如圖 6-3-12）；點選了「惜……」之後會轉換到另一首詩的畫面（如圖 6-3-13）。

圖 6-3-11 〈前所未有的疲倦〉

資料來源：邱玉婷，2003

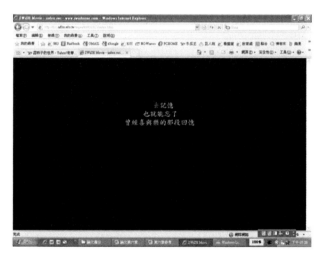

圖 6-3-12 〈嘆……〉

資料來源：邱玉婷，2003

圖 6-3-13 〈惜……〉

資料來源：邱玉婷，2003

　　我們可以指導學生利用電腦將創作的童詩作品呈現出來，不論是部落格的形式、powerpoint 簡報的展示等，在其中加入超鏈結，透過網路的特殊性質再連結到與詩中文字相關聯的詩作。就如同在網路創作超鏈結的「童詩接龍」般，或是把童詩文字利用字幕展現的方式加在影片中呈現，這都是一種新的嘗試。雖然嚴格說來，這還並未是「原汁原味」的數位詩創作，但是沒有先灑下種子，何來日後的果實？

第四節
異系統的流動式童詩圖像教學的模式

　　近年來，翻開報章雜誌，三不五時的就看得到科學家對於全球的氣候影響的負面消息和相關報導。但是這些警訊就像是對牛彈琴一樣，許多人仍然無動於衷，認為像好萊塢那些災難片的情節，不會真實的在我們周遭的環境中上演。於是美國前副總統高爾，把這些近十幾年來世人「不願面對的真相」，以科學根據為基礎，從一千多場全世界走透透的演講中，結合引人入勝的投影片和動畫，剪接出一部相當亮麗、可圈可點的政治性環保紀錄片。

　　溫度的日益上升造成海洋更多威脅力強大的颱風，如先前肆虐美國紐奧良的卡翠納颶風。熱帶雨林的乾旱，南極冰棚的崩裂，天然棲地的零碎化，也迫使大量的動物流離失所，侷限在狹小的空間，競爭有限的食物。許多害蟲因氣候暖化而得利，並散布登革熱、霍亂等疾病，人類至終是最大受害者。

　　自從西方國家發生工業革命以來，為了應付發展所需，各國無不處心積慮獲取資源，而有後來殖民主義的發展。這大體上是創造觀型文化鑄下過多不堪的典範以及氣化觀型文化和緣起觀型文化太大意的隨波逐流，而造成如今舉世瘋狂的爭權奪利和耗用地球有限資源的「全球化」浪潮。我們知道，創造觀型文化所崇尚的天國（人被創造後雖然「犯罪」被貶謫到塵世間，但最終還是渴盼重回上帝身邊）信念過深，會反過來企圖「埋葬」現實世界。所謂「基督教的傳統教示，塵世的歷史是有它確切的起始和結束的，真正有

價值的東西僅存於上帝所在的天國。這種強調『他世』的說法，往往導致人們對今世物質世界的罔顧或甚至無度的榨取，而助長生態的破壞和物質的消耗。基督教學說的其他缺點，就是有關『支配萬物』的觀念；它一直被人們利用來作為殘酷地操縱及榨取自然的理據」（撮自蔡伸章譯，1988：355-361），說的一點也不含糊。

雖然有些新神學家已經在「重新界定『支配萬物』的意義。他們主張任何剝削或殘害上帝創物的舉動都是有罪的，而且也是叛逆上帝意旨的一種褻瀆行動；同樣的任何破壞所賦予自然世界的固定意旨和秩序，也是一種罪行和叛逆。因此，許多新神學家指出，所謂『支配萬物』並不意味人類有權剝削大自然，它的真義乃是指管理大自然」（撮自蔡伸章譯，1988：355-361），但因為「錯誤」已經鑄成且積重難返（西方人不可能從可以維持霸權的科學中收手），這些讜論未免「緩不濟急」而徒留遺憾罷了。（周慶華，2007a：188）

還有創造觀型文化所內蘊的塵世急迫感，長期以來不斷地有意無意的衍生出一種暴力愛，以「強迫接受憐憫和教誨」的方式在對待非西方世界的人；它所要索得非西方世界的人「悔過」的承諾，已經低估了非西方世界的人的「求生之道」（也就是不跟西方世界的人一般見識）。這代表了裡面隱含有西方世界的人既不了解自己也不了解他人的近於「全盲」的問題。而所有當今所見的能源短缺、環境破壞、生態失衡和核武恐怖等後遺症，也就是從這兩點（指崇尚天國的信念過深和塵世的急迫感）「發端」。（周慶華，2007a：189）這些觀念可以從下圖來看初期整體型態：

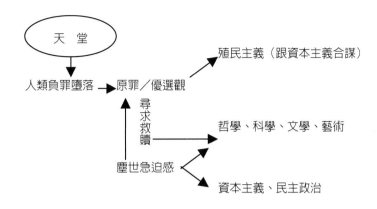

圖 6-4-1　創造觀型文化信仰演變圖

資料來源：周慶華，2004a：243

　　美國當地時間 2001 年九月十一日早晨，四架美國國內航班幾乎被同時劫持，其中兩架撞擊位於紐約曼哈頓的摩天大樓世界貿易中心（如圖 6-4-2、圖 6-4-3），一架襲擊了首都華盛頓附近的五角大樓——美國國防部的所在地。世貿中心的兩幢雙子星大樓在遭到攻擊後相繼倒塌，附近的多座建築也受震而坍塌，而五角大樓的部分結構被大火吞噬。一時間，象徵美國資本主義的世貿中心在世人面前倒塌了，彷彿宣告美國人所謂的「恐怖主義」獲勝了。

　　第四架被劫持的飛機在賓西法尼亞州墜毀，失事前機上乘客試圖從劫機者手中重奪飛機的控制權。這架被劫持飛機的目標不明，但是相信劫機者試圖撞擊美國國會山莊或是白宮。

圖 6-4-2　911 事件新聞截圖（一）

資料來源：CNN

圖 6-4-3　911 事件新聞截圖（二）

資料來源：CNN

　　第二次世界大戰，主要的戰爭都由美國主導在非西方的土地進行。冷戰結束後，文明衝突理論甚得美國人心，五十多年的中東戰爭也使得回教人民不得不相信這種理論，這才是恐怖主義的真正原因。退一步說，即使是由於現代化和落後的差距所造成的衝突，美國和西方國家也要負很大責任。西方國家把塵世的責任扛在一身的「自我陶醉模樣」，不啻暴露了西方世界的人的普同幻想和支配慾望，難免要成為衝突或紛爭的根源。（周慶華，1999b：216-219）對中東人民來說，他們不但是侵略者，也是掠奪者。而美國號召進行反恐怖主義行動的理論卻是：

(一) 恐怖主義是全球性問題，理應全球對抗。

(二) 恐怖主義的原因是「對民主和自由的仇恨」。

(三) 美國帶領的反恐怖主義之戰是「正義的鬥爭」，是「上帝和撒旦的對立」，不容任何國家中立，「不站在美國一邊，就是與美國為敵」。

　　我們可以從上面這些理由看出，美國挾其經濟、軍事力量，企圖影響世界各國「認同」美國所自以為是的觀念。恰好符合創造觀型文化所內蘊的塵世急迫感，以衍生而出的暴力愛對待非西方世界的人。最後這種觀念終於演變成帝國主義而進行對「他者」的支配、懲治、甚至無度的壓迫和榨取：「西方資產階級把基督教世界之外的異教地區視為「化外之邦」，所以當他們獲得了生產力的迅速發展所賦予的巨大力量，可以向海外擴張時，他們所使用的武器並不僅僅是大炮，而且也有《聖經》；不僅有炮艦，而且也有傳教士」。（呂大吉主編，1993：681）這在早期是靠著強大的軍事力量征服別人，後來則是靠著文化的優勢侵略別人，始終有著「血淋淋」式

的輝煌的紀錄！換句話說，原罪觀假定了人人都會犯罪，而一個基督徒自比上帝（這是就整體西方基督教世界的情況來說，不涉及個別沒有此意的基督徒），橫加壓力在非基督徒身上以索得悔過的承諾，卻忘了他自己的罪惡已經延伸到對別人的干涉和強迫服從中。（周慶華，1999b：217-219）

　　氣化觀型文化和緣起觀型文化原不是這個路數的；但從一個多世紀以來隸屬於這兩個文化傳統中的人憚於西方科技的威嚇脅迫，也都挺不住而被收編「隨人起舞」了。此外，全世界所一起挺進的後現代／後資訊社會，這種更自由化的生活形式所帶來的刺激、快感和新浪漫情懷，卻是以虛無主義為代價的。（周慶華，2007a：190）

　　但是我們的孩子因為西方文化「鋪天蓋地」的輸入，卻忽略了在西方文化之外原有其他看待世界的角度的。孩子們看到中東恐怖主義者利用九一一事件造成美國人大批傷亡而隨之悲傷，甚至自居正義站在美國一方而極力譴責恐怖主義。卻不能了解站在中東回教世界的角度來看，美國自居「世界警察」的干涉才是他們所認為的「恐怖主義」。雖然以美國為首的西方世界和中東回教國家之間的衝突原因盤根錯節，非一朝一夕所能解釋得清楚。但是我們要讓孩子了解的是，從跨文化的觀點來看待事情，比從單一文化角度來觀察客觀許多，也較能發現更多的真相。

　　記得有一部伊朗影片叫做《烏龜也會飛》。劇情是在描述在西亞各國邊境流徙的庫德族苦難民族。美軍攻伊前夕時名叫「衛星」的男孩去給長老安裝天線，好接收美伊戰況。衛星是個十三歲小孩，靠一點科技知識，成了戰地孤兒的孩子王。這兒的孩子，另一生計就是去拆地雷！斷臂小難民來到村裡挑戰「衛星」的地位，「衛

星」卻愛上他妹妹，可是這個愁眉不展的女孩，原來曾經被伊拉克士兵強暴過，而女孩身邊的小孩，就是因此悲劇而生下的。這部電影以伊拉克的前海珊政權鎮壓庫德族人為背景。美國軍隊的到來，對於逃避海珊鎮壓的庫德族難民，固然是一個喜訊。不過，遺下來的大量孤兒，背負了失去雙親、因誤觸地雷而傷殘，甚至被伊拉克士兵虐待強暴等等的悲慘遭遇。

　　從不同的文化角度來拍攝影片，就會出現不同的解釋。與《烏龜也會飛》劇情南轅北轍、製作國家也完全不同的《哈利波特》系列電影，則又是另一種文化及感官的體驗了。藉由流行的議題或文化來導入教學，常為引起動機的好方法，也是提振學生精神、營造班級學習氣氛的訣竅。學生對於哈利波特乃至卡通影片、卡通人物的喜好，無庸置疑。以下是一位十一歲的美國小朋友寫給哈利波特的信，經過媒體的傳播，孩子們彷彿把哈利波特跟巫師們當成是真實世界的人物了！

　　　親愛的哈利：

　　　　　　十一歲　美國　康乃狄克州　斯特拉福

　　　德思禮一家人現在對你怎樣？我希望還不錯。

　　　我覺得你應該對跩哥施個咒，譬如瘋眼穆敵對付過他的那一個。一想到佛地魔回來了，就覺得毛骨悚然。我真的有點害怕。

　　　你覺得分類帽為什麼會考慮把你分到史萊哲林學院？柯林‧克利維還有來煩你嗎？你參加三巫鬥法大賽，卻有個對手死了，我覺得很難過。

　　我一直有個疑惑，為什麼鄧不利多要你和德思禮一家人住？和巫師家庭住在一起不是比較安全嗎？譬如衛斯理家就不錯啊。

　　好了，我該停筆了。

　　寄自凱文

　　P.S.：你覺得下一次魁地奇世界杯，哪一隊會贏？

　　　　　　　　　　　　　　　　　（比爾・艾德勒，2007：74）

　　哈利波特與生俱來的魔法，可與萬物溝通，如蟒蛇、猩猩、貓頭鷹郵差、人頭馬、獨角獸等等，展現萬物都能感通之境，好比修辭「比擬」（轉化）的技巧，包括「人性化」、「物性化」、「形象化」的人物變換及虛實轉化。電影裡的角色、情節，其想像力的豐富也令人拍案叫絕。不過作者羅琳對於書中角色的安排絕非憑空捏造，而是有其背後的文化意義。

　　電影《哈利波特》中，主角哈利的死對頭跩哥・馬份（Draco Malfoy）的名字可是大有學問。馬份（Malfoy）起源於拉丁文「maleficus」，意為「作惡之人」。中世紀時，這個字用來指女巫，他們邪惡的行為稱為 maleficia。狹義來說，maleficia 指損害作勿或使牲畜生病、死亡；廣義來說，它泛指一切對人造成負面影響的事物，譬如風暴、瘋狂、疾病、厄運、失財、死亡等。英文裡的 maleficent 意為「意圖或結果有邪惡、有害的」。跩哥（Draco）在拉丁文有兩種解釋，既可以指龍，也可以指蛇。《哈利波特》中，跩哥・馬份正為史萊哲林學院（圖騰為蛇）的學生，生性喜裝腔作勢，仗勢欺人，仇視哈利波特等人，內心充滿邪惡與害人的念頭。（鍾友珊譯，2002：167-168）

妙麗讀音為「her－My－oh－nee」，為「赫密士」的女性型式。而赫密士為希臘的雄辯之神。《哈利波特》中，妙麗正被賦予為頭腦反應靈敏，口齒伶俐的角色。（鍾友珊譯，2002：70）

安東尼奧‧薩拉札（Antonio de Olveira Salazar）是葡萄牙的獨裁者，西元 1932 至 1968 年在位，以政令嚴峻出名。《哈利波特》中，史萊哲林學院的創辦人薩拉札‧史萊哲林正是一位嚴峻且心術不正的魔法師，他仇視所有非純正血統的巫師，且極力消除所有霍格華茲魔法學校中的混種巫師。另外，史萊哲林學院的圖騰為一條蛇，象徵著「那些狡猾多謀的人將會不擇手段，只求達到目的」。（鍾友珊譯，2002：71）

從以上的典故看來，作者羅琳運用到神話故事、拉丁文學、歷史典故以及聖經故事等作為寫作的題材，可說是想像力相當豐富。記得第一次看到哈利波特第一集中，哈利的好友榮恩一聽到馬份的名字後噗嗤一笑，不過我卻聽不出話中之意。直到了解羅琳取名的背後原因後，才對榮恩噗嗤一笑的原因有所了解，原來跩哥‧馬份的名字指的是「蛇‧作惡之人」啊！在創造觀型文化中，自從亞當和夏娃在伊甸園裡受蛇引誘而偷吃禁果後，蛇在西方人的眼裡可是奸詐狡點的代名詞！也難怪榮恩要笑天底下怎麼會有人取這樣的名字了。

影片中哈利波特就讀的學校霍格華茲魔法學校，有很多場景是在英國的格洛斯特大教堂拍攝。凡是教堂的設計多半與天國離不開關係，尖頂象徵高聳入雲端，也就是「天國就在眼前」。中世紀時風靡全歐的尖拱建築則是由崇尚唯美浪漫的天主教國家法國發源，後來被起名為哥德式；外觀特色為又高、又尖且極其華麗壯觀，奇妙無比。高尖聳入雲端，自然是象徵進入天國；極其華麗據說是

有意模擬《聖經》記載中天國的印象，總之就是要製造神聖感，讓人望之興嘆，並且感到神的偉大與自己的微不足道。尖拱的技術就像圓拱的進階版，簡單來說，比方說把兩個半圓拱搭在一起就會變成尖拱的形狀，但比圓拱堅固數倍，因而可以支撐更高的高度，教堂就可以愈蓋愈高，愈接近天國，運用衍生出來的技術，甚至可以省去擋住光線的牆壁，只靠柱子（稱為拱肋）就能支撐整個建物的重量。柱子與柱子中間不必蓋牆壁的話，要蓋什麼？自然是蓋巨大的美麗花窗，增加採光與神聖的美感。因此哥德式時期的建物，不僅尖而高，花窗也大而多，所有物件都呈垂直向上，直奔天堂的態勢。建築的設計完全應證了創造觀型文化下人們為了有朝「重返天國」所設計的道理。

還記得旅美投手曹錦輝在 2009 年回國加入中華職棒兄弟象隊時，在一次與興農牛隊的比賽中，六局上半，曹錦輝看著隊友策動雙殺、化解危機之後，走回休息室時用力揮動雙臂，對著象迷大喊「Come on！Come on！」要球迷為他加油，這一幕確實讓滿場球迷感受到曹錦輝帶來的 MLB（美國棒球大聯盟）美式震撼。當天晚上，許多支持的球迷在看到曹錦輝揮動雙手並且激動吶喊的「美式」表現後激動不已，並且肯定其身為職棒選手所帶來振奮人心、鼓舞士氣的激烈動作；相反的，也有許多反對的球迷認為曹錦輝不該表現出那麼大的動作而顯露出其「旅美好手」的「驕傲」，認為東方選手應該像身處美國職棒大聯盟洋基隊的臺灣棒球好手王建民一樣，將個人的情感用較為含蓄的方式表現出來，而不是把西方那一套英雄主義帶回臺灣的職棒場上。

在氣化觀型文化中，人與人之間的相處著重人倫關係，強調人際關係的諧和自然，因此在氣化觀型文化的社會中（如華人社會），

團體和諧的重要性總是擺在個人的獨特表現之前；而在創造觀型文化中，人們以上帝為無限可能的唯一信仰，當人們一旦發現自己有能力可與上帝併比時，便不自覺想「媲美」上帝並且顯露個體與他人不同之處，甚至想像能夠如上帝般制衡／役使萬物，因此在創造觀型文化中，個體對於己身的凸出表現莫不「想方設法」並且尋找良機能夠表現出來，藉此與他人作出區別而有「英雄主義」的產生。基於這樣的文化認知，當王建民在洋基隊連續兩年拿下十九勝的勝投時，媒體卻無法理解為何這位從臺灣（東方）來的「王」牌，對於自己的優異表現卻仍表情含蓄的面對媒體，也就不難理解了。

　　一個東方人，習慣在兩個陌生人對話或對看時，把頭偏開，眼神轉移及逃開，這種習慣出自於古老的東方文化，尤其在早晨對他們喊 Good morning 時最是明顯。來自東方的學生或人們，會在說早安的同時，眼神避開對方，有的甚至把頭低下或轉開。在西方裡，這種態度會被解釋無禮的行為，有時更會被曲解為逃避某種說謊的行為。

　　但在東方，卻很自然地，人人互相避開對看的眼神，因為在古老的文化裡，像中國或日本及韓國等，低頭把視覺移轉，以避免正面衝突，減低侵犯性；如果以眼神正視對方，很可能造成對方不悅，甚至被認為具有攻擊的企圖。這種行為的解讀來自於皇朝主義，卻在千年之後，還是習慣性延續了下來。

　　西方人看《梁山伯與祝英臺》一定看不懂，這裡頭最大的問題就是中西方文化間的差異，從而造成了中國人細膩含蓄的傾情和西方人的直接表露兩種不同的表達方式。中國古代的大家閨秀想必西方人一定毫無想像，更不必說中國古代的「男尊女卑」及古時的家法等一切束縛主義的思想。

　　至於氣化觀型文化的概念，我們可以用一部動畫《魔法阿嬤》來稍作討論。1997 年，王小棣導演耗資三千萬，用迪士尼卡通製作方式完成了動畫電影卡通——《魔法阿嬤》：

> 故事描述農曆七月，媽媽匆匆的帶著小豆到基隆阿嬤家，小豆不知道媽媽離開他是為了趕去照顧在國外工作受傷的爸爸。阿嬤家後院子裡破爛的儲藏室是阿嬤不准他接近的禁地，小豆沒聽阿嬤的話，打開了一個貼了封條的罐子後，黑貓整個樣子就被附身了。牠告訴小豆只要讓阿嬤掉三次眼淚，收破爛的人就會把阿嬤帶走，賣阿嬤的錢可以買飛機票讓爸爸、媽媽回家。
>
> 剛開始不適應環境加上闖禍而離家的小豆，也因此認識了傻哥的朋友——像大象那麼大的鯨魚，撿到一隻被大卡車壓扁的圓圓會講話的蛇阿扁，和發現金水婆身後跟著一個臉頰像蘋果一樣的女孩 Apple。小豆一邊幫助這三個別人看不見的朋友，才慢慢了解阿嬤平常為什麼要在廟裡幫忙做那麼多的事。
>
> 七月二十八日，媽媽從國外來電話說要跟爸爸一起回來了。想到小豆即將離開，阿嬤有點難過，她牽出破舊的腳踏車，載著小豆，邊玩邊回憶女兒出嫁時的不捨情景，不經留下淚來。這時黑貓吸了很多人的魂，形體碩大無比，牠趁阿嬤不在的時候，到家裡吃了 Apple，小豆以為阿嬤把 Apple 趕走了，大發脾氣。阿嬤不得已又出去找 Apple，結果被埋伏的黑貓攻擊，發生了車禍。

　　眼看七月三十關鬼門，如果小豆沒把他的朋友救出來，他們
　　的魂就會留在陽間做孤魂野鬼，幫惡鬼做壞事。阿嬤，你在
　　哪裡？金水婆和很多要回去的鬼魂迷路怎麼辦？

（開眼電視臺，1997）

　　導演成功的結合了民間鄉野傳奇的神秘性，把中元普渡、孤魂
野鬼、邪靈作怪編進故事裡，技巧性的藉由小男孩認同阿嬤所象徵
的傳統與寬容，進而發揮對自然及超自然、生人與亡靈的對等尊
重，而形成更廣闊的道德空間，和豐沛的娛樂性。氣化觀型文化下
的人們，認為宇宙萬物為陰陽二氣所化生（自然氣化的過程及其理
則，稱為道或理，也就是俗稱的造化）。既然是這樣，那麼宇宙萬
物的起源演變就在「自然」中進行。中國傳統社會中的人信守這樣
的世界觀，所表現出來的幾乎都是為使自然和人性、個人和社會以
及人和人之間達成和諧融通、相互依存境界的行為方式和道德工
夫。（周慶華，2007a：87）既然萬物由氣化而生，那麼死後也會化
成精氣存在於宇宙間，成為人之外的個體，也就是中國人所謂的鬼
神。氣化觀型文化講求和諧融通，既然萬物是由精氣所化生而成，
那麼人的生死就是由存在宇宙之間的精氣所轉換，所以中國傳統社
會中的敬天地、拜鬼神就不足為奇，也就是達成精氣和諧圓融的手
段了。人死後可能成為鬼神，而鬼神也有可能投胎到世間成為人，
都是由精氣所化，所以在「道」的觀念之下，中元普渡是對另一個
世界的「精氣」所作的禮讚就相當合理了。
　　描寫緣起觀型文化的觀念而且又受小朋友喜愛的影片就屬日
本卡通《一休和尚》了。影片描述一休和尚法師幼年時期以智慧及
悟性為市井小民解決困難，除強扶弱的真實故事。一休小和尚處理

事情的方法有時候看起來像在狡辯，但仔細思考後卻又富含禪機。
例如下面這個故事：

> 有一個信徒送一瓶蜂蜜給一休的師父。師父這天剛要出門，
> 心想：這瓶蜜放在屋裡很不安全，一休可能會偷吃 ，因此
> 把一休叫來吩咐：「一休！剛才信徒送來這瓶毒藥，藥性強
> 烈，非常危險，你不千萬不可貪食。」
> 一休是個很機靈的人，他當然懂得師父的意思，師父走了以
> 後，他就把整瓶蜂蜜吃光了，飽嚐一頓之後， 心想師父回
> 來時怎麼交代？靈機一動，就隨手將師父最心愛的一隻花瓶
> 打碎。當師父回來時，一休倒在地上嚎啕大哭，向師父哭著
> 說道：「師父！我犯了不可赦免的罪過了。」
> 「一休！你做了什麼錯事？」
> 「師父！我把您心愛的花瓶打破！」
> 「一休，你怎麼這樣粗心大意，把那麼貴重的花瓶打破了？」
> 一休無限憾恨似的懺悔道：「師父！我知道不該將您的花瓶
> 打破，為了表示懺悔，向師父作個交代，我只好以自殺來謝
> 罪，所以把您的那瓶毒藥給吃下去了！」這樣的謝罪方式，
> 使師父啞吧吃黃蓮，哭笑不得！
>
> （禪話故事，2009）

　　還有一集演的是另一次打壞瓷器的故事，一休又利用他的機智
解決了難題。

一休和尚九歲時，有天師父出門去了，出門前師父吩咐大家好好在廟裡看廟、用功。一休是小孩子在廟裡呆不住，便到方丈室找大他兩歲的師兄，碰見師兄正哭著。

「師兄你哭什麼？」

「不得了了，我惹大禍了。」

一休說：「我們是學禪的人，不能哭啊！」

「你不知道，我剛剛不小心打破了師父放在櫃裡的瓷器，這瓷器又是師父最喜歡的，這回不得了了，我完了！」

「唉，你別哭了，你把東西交給我，算是我摔的。」

師兄說：「我怎麼報答你？那我給你饅頭吃。」

一休說：「好，饅頭歸我吃，瓶子也歸我摔。」

一休就把破瓶子包起來放在口袋裡。師父回來就問：「一休啊！你在用功嗎？」「啊，我一整天都在大殿裡參禪，我非常專心的在禪一個問題。」

師父說：「你參什麼問題阿？」

一休說：「我是在參到底有沒有人是不會死的？」

「唉呀，我的傻徒弟，哪有人是不死，一切都是無常啊！」

「那東西？有沒有一樣東西能夠常存的？」

「一樣啊，無情之物也是無常，總是要壞的，因緣聚了就有，因緣散了就壞了。」

「噢，如果是這樣，那心愛的東西若是壞了，我們也不該傷心了。」

「是啊，緣散就壞了，心愛的東西緣散了，就沒了。」

「師父，這裡有個緣散就壞了的東西。」

　　一休就把口袋裡那包碎瓷片交給師父，師父看了啞口無言，也就沒發脾氣了。

（好緣相隨，2009）

　　緣起觀型文化的終極信仰就是絕對寂靜的涅槃境界，相信世間萬物由因緣和合相起，而不隨緣起心動念就能趨入該境界，所以一休說：「我們是學禪的人，不能哭啊！」學禪追求的就是內心絕對的寂靜，當然不能受外物干擾而落淚，因此一休才會出此言；對於世間萬物，一休的師父認為「因緣聚了就有，因緣散了就壞了」，不就是認為天地萬物聚散都是由於因緣、來去自如、不求諸己嗎？禪，用在修道上，固然可以明心見性，用在其他生活上，也有它的妙處。禪是智慧，是般若的智慧，幽默的智慧，一休小小年紀，以如此方法來謝罪懺悔，這豈不正是禪的幽默嗎？

第七章　童詩圖像教學的應用推廣

第一節　提供制式與非制式童詩教學的參鏡

先來欣賞一首童詩：

〈現代孝子〉　翎翎
親愛的爸爸媽媽
謝謝您們將最好的
都省下來給我
從小，就請來最好的
電視，當我的保姆
現在，每天還載我去
寂寞才藝班
吹冷氣睡覺

您們的大恩大德
我沒齒難忘
將來長大後
我一定會努力賺錢
然後恭送您們去──
最貴的養老院

（愛羽水築，2009）

　　這首詩運用反諷的手法道出了「現代孝子」──父母親硬塞在孩子身上的教育投資並非是孩子心中所想要的，過多的壓力反而造成孩子的負擔，因此孩子將來長大後，會努力賺錢讓父母親住最好的養老院，正如父母親也花很多錢讓孩子就讀最貴的安親班一樣。這首童詩運用「滑稽」的現代式手法，把親子間的矛盾衝突利用反諷手法寫出，引起讀者發笑，更讓所有被父母親逼著去安親班學永遠學不完的才藝的孩子，看了心裡更是於心戚戚焉。而這些只一味的要讓孩子接受最好的教育的父母親們，聽到孩子要把自己送到最好、最貴的養老院時，不知是該哭還是該笑？

　　記得有個故事是在說父母親對家中長輩非常不孝順，當年幼的孩子問起為什麼父母親只給爺爺奶奶吃白飯時，父母親心虛的回答讓爺爺奶奶只吃白飯是為了他們身體健康，不要吃太多油膩的食物；當年幼的孩子問起為什麼父母親在大熱天裡只給爺爺奶奶吹電扇而非冷氣時，父母親心虛的回答讓爺爺奶奶只吹電扇是為了怕他們著涼，孩子聽完後馬上天真的跟父母親說，等到他長大後，為了爸爸媽媽的健康以及怕爸爸媽媽著涼，他只會讓爸爸媽媽吃白飯和吹電扇就好了。父母親一聽後慚愧的低下頭來，反省自己的不孝。這個故事是否跟上面的童詩讓人有反省思考的空間？我們班上的莊惠文小朋友，在欣賞完上面的童詩和故事後，便仿寫了如下的童詩：

　　　〈孝順的孩子〉　　莊惠文
　　　親愛的爸爸媽媽
　　　我知道您們最孝順了
　　　為了爺爺奶奶的健康

只給他們吃白米飯

為了怕爺爺奶奶著涼

大熱天只給他們吹電扇

你們的孝心

我沒齒難忘

將來長大後

我一定會像您們一樣

只給你們吃白飯和吹電扇

　　不過讓我們來思考一下，像上面這兩首詩是否可見容於所謂的「制式」童詩體系之下？

　　九年一貫課程將學習領域分成七大領域，分別是語文、數學、社會，自然與生活科技、藝術與人文、健康與體育、綜合活動，其中語文領域又可分為本國語文、英語、鄉土語言，本國語文中又含有寫作課程，而符合這些學習領域中所規範的童詩教學，就可稱為制式的童詩教學。符合制式童詩教學的能力指標如下：

表 7-1-1　制式童詩教學能力指標

指標編號	內　　容	適用年級
E－1－2－6	能從閱讀過程中，了解不同文化的特色。	一、二、三
F－1－1－1	能學習觀察簡單的圖畫和事物，並練習寫成一段文字。	
F－1－1－9	能經由作品欣賞、朗讀、美讀等方式，培養寫作的興趣。	
F－1－3－3	能認識並欣賞童詩。	
E－2－4－6	能主動閱讀古今中外及臺灣文學作品。	

E－2－9－8	能利用電腦和其他科技產品，提升語文認知和應用能力。	四、五、六
F－2－6－7	練習利用不同的途徑和方式，收集各類可供寫作的材料，並練習選擇材料，進行寫作。	
F－2－9－8	能透過網路，與他人分享寫作經驗和樂趣。	
F－2－10－2	能在寫作中，發揮豐富的想像力。	
F－2－10－3	能嘗試創作（如童詩、童話）等，並欣賞自己的作品。	
E－3－3－2	能欣賞作品的寫作風格、修辭技巧及特色。	七、八、九
E－3－5－5	透過閱讀中外及臺灣文學作品，增進對不同文化背景及不同族群的理解與溝通。	
E－3－5－6	能喜愛閱讀古今中外及臺灣文學中具代表性的作品。	
F－3－3－9	能根據實際需要，主動嘗試寫作不同類型的文章。	
F－3－4－6	能靈活運用文字，透過寫作，介紹其他國家的風土民情。	
F－3－8－4	能透過電子網路，與他人分享寫作的樂趣。	
F－3－8－8	能透過電子網路，與他人分享作品，並討論寫作的經驗。	

　　目前的童詩教學幾乎都在學校教室內進行教學，成為現行小學教育的一部分，多數老師利用語文課程或作文教學的時數加入童詩教學。或是坊間的作文班會針對童詩來進行主題式的教學，雖然坊間作文班上課時數不多，但是補教老師礙於競爭的壓力會利用設計過的講義以及豐富的引導來作教學。也因為學校和補習班的人數相差懸殊，尤其學校老師不僅僅只是教授語文一科而已，除了少數對童詩相當有興趣且願意投注心力之外，多數老師在進行童詩教學時可說是「亂槍打鳥」，從學生眾多作品中選出創作能力較佳的學生

作栽培。不過,卻有更多的老師從不進行童詩的教學。目前多數小學要求老師指導每班每學期至少習寫四至六篇作文,但是這作文是否包含「童詩」,可就各校解讀不一了。有人認為童詩字數少,不足以反映學生程度,如果老師用童詩當作是一篇作文的「額度」,為免太過輕鬆;有人認為童詩不應包含在學校規定的作文篇數之內,既然如此,許多老師們何必再多出作業,增加自己和學生的負擔?

其實,除了在學校教室裡的制式童詩教育外,童詩寫作可以存在於家庭中、作文班、幼稚園、社區讀書會等有別於學校的非制式場域。例如社區住戶可以在所成立的讀書會中進行童詩的寫作,家庭中也可以由父母親引導來進行寫作並且投稿到報章雜誌。其實孩子在家庭裡是最有機會接觸到各種圖像的。例如跟家人出遊時,看到美麗的景色,就可以用本書第五章立體式童詩圖像的教學模式來試著寫作;觀看電視影集時,家長也可以趁機引導孩子來創作童詩,以孩子們喜歡看的卡通《海綿寶寶》為例,海綿寶寶的作者發揮了極大的想像力:一塊黃色的方形海綿,與他的寵物蝸牛「小蝸」住在海底下的鳳梨屋。目前在蟹堡王擔任廚師的工作,熱愛他的廚師工作,精神樂觀,工作成績也很好,一直考不上駕照,但是有點神經質而惹出各種麻煩。這些天馬行空且充滿無厘頭式的想法經過影片的包裝後,竟然成為家喻戶曉的兒童卡通,而且這些角色竟然都會在家裡的廚房和冰箱中出現!如果家長知道可以透過各種圖像來進行孩子們的童詩教學後,就可以無時無刻提醒孩子們從各種圖像來尋找題材,也就是「物象」,再經由聯想來創造「心象」,家長們應該鼓勵孩子發揮想像力,大膽嘗試創作。尤其童詩的特性並非冗長的作文,對孩子們而言並不是很大的負擔,我們應該鼓勵孩

子們在透過雙眼看世界的同時，能夠隨時拿起筆，透過童詩簡短的文字來抒發心中的感覺，紀錄生活的過程。

　　所謂「制式」的教材，必須符合教育部頒布的各項能力指標，不得不在限定的框框內「討活計」。至於非制式的選材，則可以不受部頒的課程綱要限制，但它仍有符合典範或典律的約定要求。換句話說，非制式的選材是要進入一個更大的範圍，而這個範圍則有特定社群或歷史性的生活團體所公認的典籍為「指標性」的選擇對象。最後，另類的選材又比制式／非制式的選材更進一層，專門以創新文化和帶領風潮為考慮，以至於它的依據就大不同於前二者，這種選材的依據，全受基進觀念的影響。一方面從眾多可選擇的教材中專挑具有基進性的部分；一方面則鼓勵再創基進性的作品為新教材。（周慶華，2007a：55）制式教材、非制式教材和另類教材等在印證在童詩上的話，就會形成「制式童詩」、「非制式童詩」和「另類童詩」。三者各自有其重疊互通的地方，在此可以下圖來表示其關係：

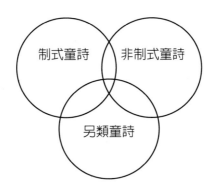

圖 7-1-1　制式／非制式／另類童詩關係圖

　　比起現行制式教育常強調的「統整教學」，童詩的「科際整合」
或許較有可看性。所謂科際整合的教學，是指語文經驗在傳授（教
學）上是透過各種學科整飭合夥（而非單一學科力撐）的手段。這
種整合方式，大體上是晚近因為生活日益複雜化而盛行的思潮，各
個學科多少都在努力尋找跟別的學科交融而開啟本學科研究的新
契機。此外，在某種程度上也是因為強勢的科學技術的刺激所轉劇
烈的。科學技術已經建立起來的典範，幾乎無所不「侵入」社會文
化各個領域；而相關的學術研究也開始「科學化」起來，並且彼此
觀摩、吸取成效。還有科際整合所以能夠成立，最重要的是相跨越
的學科之間有一些彼此都具備的條件。（周慶華，2008：164-165）
在這種情況下，科際整合就是「文本」式的科際整合。它的圖示大
概是這樣的：

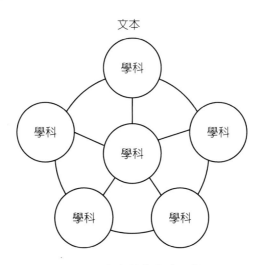

圖 7-1-2　文本科際整合關係圖

資料來源：周慶華，2008：165

　　這是說文本是透過各學科的整合賦義才形成的。也就是說,意義未定的文本經由接受者援引各學科的資源來理解它而使它成為作品。舉例來說,一個學生對某首童詩只具備視覺的經驗,那他對於這首童詩的感覺就是雙眼所看的畫面而已;另一個學生對相同一首童詩有視覺、聽覺、多媒體、文化系統等的經驗,那他閱讀這首童詩時,所獲得的感受必定更為豐富了。

　　童詩寫作教學的課程取材,原本就是來自兒童的生活環境和生活經驗。因此,童詩寫作教學的課程正是兒童的生活經驗;童詩寫作教學的過程,就是讓兒童觀察、思考和感受周遭的生活世界,再加上想像和創意的描繪,以詩句呈現出來。

　　童詩寫作必須先觀察周遭的生活世界,檢視自我的心理感受,經過沉澱、思考,藉助詩句,表達出自我的意識。一般學科的學習,往往停留在知識、技能的層次,無法探索自我的內心世界,表達出自我內心的感受,而童詩寫作本身,就是去觀察生活周遭的種種人、事、物、景,並運用想像與創意,將自我的感受,以詩句表達出來,達到情景交融的境界,並使自我情意得以流露,心靈得以舒展。因此,兒童藉由寫作童詩,使兒童對自身情意的覺察與觀照,進而啟迪兒童詩心、詩性,並培養兒童人本情懷,開創美感教育的新境界。

第二節　作為童詩教學理論建構的新向度

　　周慶華在《語文研究法》一書中,對於「理論建構撰寫體例」曾談到:

理論建構，講究創新。大致上從概念的設定開始，經由命題的建立到命題的演繹及其相關條件的配置等程序而完成一套具體系且有創意的論說。

（周慶華，2004a：329）

　　目前國內童詩教學書籍，多由範詩賞析或修辭入門，如《童詩頂呱呱》（顏福南，2007）、《用新觀念學童詩》》（洪志明，1999）、《語文的滋味：用童詩，玩語文》（杜榮琛，2006）、《童詩大王》（林淑英、2006）、《童詩嘉年華》（呂嘉紋，2001）等。本研究利用平面式圖像、立體式圖像、流動式圖像來進行教學理論的建構可說是獨樹一幟，開拓了童詩教學新的理論面向。多數童詩教學者在進行童詩寫作時，忽略了實際感官的體驗，也就是本研究中所指的圖像輸入。因此，學生在寫作時，常會出現苦尋不著靈感而無法下筆的情況。倘若僅是強調修辭的教學，但是學生沒有辦法提筆寫作的話，修辭可能會變成「無用武之地」的情形。所以本研究強調透過圖像輸入來形成心中意象，有了靈感後，再透過各種適合童詩寫作的技巧來呈現，我相信這樣的寫作流程較適合學習者創作童詩。

　　有人說教學是一種藝術，運用之妙存乎一心。教師進行教學前應該考量學生的起點行為，針對學生的需要，選擇適當的教材內容教學，設計出活潑有趣的學習活動，讓學生可以快樂的學習，不要讓學習成為學生過重的負擔，甚至壞了孩子學習的胃口。

　　至於圖像的使用時機，也可隨著教學時不同情況來作改變。沈亞梵（1996）認為圖像屬於間接經驗的媒體工具，應用於整個教學活動中，可分三部分作為探討：

一、教師授課前

　　課堂活動進行前，以刺激學生感官、激發學習動機為主。教師倘若於此時呈現與課程相近且又能激起學生學習興趣的圖像，並藉由師生相互提問研討的過程，以使學生由圖像及問題研討中對整體課程內容獲致充分的了解，將有助於後續課程的發展。

二、教學活動進行中

　　課堂進行中，一旦教師無法以言語、板書文字等方式表達相關概念與背景，同時又無法在短時間內讓學生們的想法與教師所教授的內容完全一致時，此時便適合使用圖像來作為概念澄清與背景認識的工具，使教師與學生能在最短的時間內透過圖像進行溝通，並獲得一致性的想法，達到最佳的教學效果。

三、課程內容解說後

　　課程內容說明結束後，教師可再重複呈現一次圖像，並要求學生進行二度討論，除了可強化學習、加深印象外，更可幫助學生對先前的學習內容產生系統性的概念。

　　整體而言，教師在教學前使用適合學習者閱讀的圖像，可吸引學生注意，增進後續學習的效果；教學過程中利用圖像的輔助，可具體表達文字內容的意涵，促進概念的理解學習；而圖像運用在內容解說後，則有助於內容的回想，幫助記憶的形成。

　　除了建構圖像輸入先於寫作的理論之外，本研究也試圖在目前國內童詩寫作多屬於前現代的寫作類型之外，能夠讓童詩「跨步」走向現代、後現代、網路時代的風格。雖然這項「工程」難度相當高，但倘若無人開創、試行，豈不是讓童詩這種文體永遠原地踏步。比起前現代的文學類型，其他風格的童詩寫作對兒童來說不諱言是一件相當高難度的學習。但是成人可以創作有別於前現代寫實風格的童詩讓兒童們欣賞，這也是一條可行之路。我們也不能忽視的是，兒童中也不乏「天資聰穎」而有能力跨越前現代風格的創作而迸出令人驚艷的火花。

　　夏婉雲在《童詩的時空設計》中對於童詩未來的走向有如下的建議：

> 舉凡物理、哲學、心理的時空範圍皆可入詩，但筆者遍覽諸多童詩，以俾作論述的例證歸類，發現臺灣童詩有些題材偏執，如書寫宇宙、世界、星球、世界觀、超時空等宏大空間者甚少……在此期待創作者跳脫固著，開拓視野……筆者以為創作者可不拘泥於習常窄小空間，讓自己的視角轉換更為靈活，化偏執為廣度、化狹促為深度，開拓自己的詩路。
>
> （夏婉雲，2007：280）

　　2007年11月，我到義大利進行十天的旅遊，在義大利的欣賞到許多珍貴的世界遺產（如圖7-2-1），也在托斯卡尼的陽光下遊覽中世紀的古城，旅途中許多美景至今仍令我難以忘懷。因此，我也將旅途中的照片分享給我班上的學生欣賞，希望能透過異國風情的照片，拓展他們觀察事物的視野，畢竟班上大多數學生對於國外的

事物仍是一無所知。透過我所拍攝的照片,讓他們可以坐在投影機前隨著我的照片遊覽義大利。要透過照片來進行教學時,我先向學生分享照片裡的故事來引起學生的興趣,並且讓學生也了解到關於照片中景物的相關資訊。例如我展示羅馬競技場遺跡的照片時,在課前我便請學生上網查詢羅馬競技場的相關資料。當然,網路上的資料是「死」的,但如果加入老師旅行時的故事,搭配競技場的歷史資料時,可就產生出「活」的遊記了。

圖 7-2-1　羅馬競技場(作者攝)

聽完了我的遊記後,陳冠銘小朋友把矗立千年的古蹟「羅馬競技場」想像成被「罰站」了千年的人物,而有了這首創作:

〈罰站的競技場〉　陳冠銘

他站著不動

是不是因為身上沾了太多的血

而被罰站了幾千年

他站著不動
是不是因為看過太多血腥的畫面
卻無能為力
而被罰站了幾千年

羅馬的皇帝們
你們殘忍的看著人獸相殘
而不去阻止
為什麼卻是他被罰站呢

倘若沒有透過圖像的輸入和教師的引導，這種童詩的寫作題材想必很難出現在兒童的腦海裡，更何況是寫出來了。我也希望從本研究對於圖像的理論建構之後，能有更多「有志之士」投入，對於童詩跨學派、跨文化、跨媒體等角度來作更深入、廣泛的探討，讓童詩研究的成果更為豐碩。

第三節　引導跨域童詩教學經驗交流的風尚

你想，牧師為何會下地獄？
有個牧師過世了，當天，剛好也有一個公車司機死掉了。牧師過世之後，就「下地獄」去了；可是，公車司機死掉之後，就「升天堂」了！

　　牧師下地獄之後，就很生氣地對上帝埋怨說：「上帝啊，你
怎麼這麼不公平！我一生奉獻給你、奉獻給教會，每個星期
都要探訪教友；而且在做禮拜的時候，不僅要唱詩、禱告、
讀經，還要站在講臺上證道，為什麼我最後還會下地
獄？……你看看，人家公車司機，從來不上教堂，也不讀經、
不禱告、不做禮拜，開車的時候，還『叭、叭、叭』，橫衝
直撞、撞來撞去，還撞死人，為什麼他就可以升天堂？」
這時，上帝對牧師說：「牧師啊，你不要再抱怨了！你知道
嗎，你每個星期在教堂做禮拜、證道的時候，每個教友都在
『打瞌睡』啊！人家公車司機，開車『叭、叭、叭』，撞來
撞去，還撞死人，可是所有乘客都在『禱告』啊！」

（戴晨志，2005：125）

　　這個故事真有意思！原來，在做禮拜時，如果有教友在打瞌
睡，牧師或神父死後是要「下地獄」的！同樣地，如果上課時，有
學生猛打瞌睡，那麼老師也是要「下地獄」的哦！如果在媒體資訊
瞬息萬變的現代社會裡，教師的教學仍是一成不變，我想學生不只
是會打瞌睡，心中更是嘀咕不已，更甚者背後就批評起老師的教學
來了。現在的教師比起以前的教師，取得多樣化的教學媒體可說是
易如反掌，現代的語文教學早已該跳出教師在黑板上滔滔不絕的填
鴨式教學，而是要透過各種的教學媒體來引發學生的學習興趣並且
配合有效率、有策略的教學方法，才能使學生的學習事半功倍，並
且改善語文程度。因此，舊有的童詩教學方法應該與時俱進的改
變，而非僅僅透過欣賞範詩，就要學生下筆寫作。

　　童詩教學者應該試著跨出童詩舊有的領域，增進與其他學科的交流機會，達成跨學科、跨學派、跨文化系統的發展。夏婉雲在《童詩的時空設計》中，談到童詩跨域交流有如下的說法：

> 　　童詩承接格律詩、成人現代詩，除作文學、美學直的技巧、西方詩及理論橫的探討外，還可從語言學、語意學、哲學、兒童哲學、聲韻語音學、符號學角度來看童詩。而童詩和詩畫的結合、和兒歌的結合、童話詩、詩劇皆是跨領域的研究。
> （夏婉雲，2007：280）

　　隨著時代的進步，語文教學的方法也應該與時俱進，發展出更有效率的教學。而這些提升語文教學效率的教學理念約略是指統整性／科技整合／多媒體運用等等；它們常為時下倡導教育改革的人所一再標榜的對象，好像談論相關課題不涉及這個領域就不夠「先進」似的。而這三種教學方法彼此間也「互有交涉」而成為下圖的態勢：

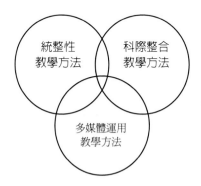

圖 7-2-2　統整性／科技整合／多媒體運用教學方法關係圖

資料來源：周慶華，2007a：300

　　統整性教學方法所要著力的對象自然是「統整性」,是指語文經驗在傳達上是透過統整的手段來達成的。這種統整的手段,是一種新舊經驗的統合整併,務期能夠達到最高的教學效率。所謂科際整合,是指語文經驗在傳達上是透過各學科整飭合夥(而非單一學科力撐)的手段。它在實行上,已經有所謂「多元智能」(如語言智能／邏輯數學智能／自然觀察智能／內省智能／音樂智能／人際關係智能／視覺空間智能／肢體運動智能等等)的出現。簡單來說,這裡所說的科際整合與統整性教學所不同的是,科際整合是語文、歷史、科技、文化、心理等領域;而統整性教學是指語文、體育、生活、自然與科技、藝術與人文等相關課程設計的統整。所謂「多媒體運用」,是指語文經驗在傳達上是透過多種媒體聯合運用的手段。這種多媒體運用的手段,是一種總括語文經驗的最末一道程序,寄望能夠達到最完美的教學效率。(周慶華,2007a:299-318)事實上,許多媒體早已被運用在教學中,例如投影片、幻燈片、影片、電腦等。

　　童詩是不是也能適用於科際的整合?答案當然是肯定的。以本研究來說,透過跨文化系統的探討,讓學習者了解不同文化系統的圖像所傳達的訊息,其必要性是存在的。以電影《哈利波特》來說,我們所見的字幕是經過電影公司翻譯人員所製作而呈現在觀眾的面前,但是電影的字幕卻無法告知太多有關電影文化背景的訊息。學習者要從中了解更深一層的意涵,勢必要了解影片中的文化背景。就如同第六章第四節所言,跩哥‧馬份的原文意思竟然是「蛇‧作惡之人」,也難怪劇裡的人物一聽到他的名字總會暗笑,而且他的名字也透露出在劇裡的角色定位了。因此,本研究在第四章、第五章及第六章的第四節裡,針對創造觀型文化、氣化觀型文化及緣

起觀型文化的圖像作探討，比較各種系統下的圖像產生的背景及其原因，讓讀者能作更深一層的了解。我們知道，東西方的文化觀念差異點相當的多，反映在文學、哲學、經濟、社會上更是有許多的不同之處。這些差異的產生背後都源自於信仰的不同，西方以個人為中心跟東方以團體和諧為主的觀念，各自影響了東西方世界的發展數千年。直到近幾世紀西方因為地理大發現而興起的殖民主義、資本主義快速傳播，非西方社會才在近百年之內往西方文化「傾斜」，而有目前所見的情況。因為如此的緣故，我在本研究裡把童詩創作的面向拓展到文化的角度來處理，無疑是拓展了國內研究童詩理論的面向，也期待後繼者能夠「接力」研究，作為跨域童詩教學經驗的延續。最後透過以下這個表格的整理，來比較本研究所說創造觀型文化、氣化觀型文化、緣起觀型文化三大系統的異同，以利讀者參考：

表 7-3-1　三大文化觀點比較圖

三大文化系統　差異分析	創造觀型文化	氣化觀型文化	緣起觀型文化
終極信仰	全知全能全善的「上帝」。	「道」（天地精氣化生的過程）。	佛／涅槃（絕對寂靜境界）。
關懷的主軸	個人的原罪。	群體的痛苦（倫常的敗壞）。	人的困窘。
解脫方式	人的靈明都因人對上帝的叛離而隱沒，所以人與生俱來就帶有墮落的趨勢和潛能，也因此需要透過懺悔、禱告來得到救贖。	去除私心私利以求公心公利，重視人倫和諧和社會安定經營。	重視消滅一切痛苦、出離輪迴生死海，達到涅槃的境界。

宇宙觀	機械宇宙觀（人是上帝推動「永世法則機器」中的一部分）並透過科學的技術和發明來榮耀上帝。	氣化宇宙觀(人是精氣的具形化，死後魂魄分散，還復天地陰陽精氣。人也是自然的一部分，所以順應自然)。	緣起宇宙觀（人是因緣和合而生，而能洞視此一道理不為所縛，就是佛）。
倫理道德觀	功利主義的道德觀「自律的道德」（嚴分人己界線，有較多的個人自由）。	天道和自然的道德觀「他律的道德」（受制或依賴群體，較少個性表現）。	慈悲的道德觀（解脫救渡）。
人的資質	由上帝所造，人人資質相同、平等。	因精氣化生時純度不一，而有資質上的差異。	
文學表現	呈現衝突（其中最偉大的衝突，往往是人性中魔鬼和神的衝突）、人性、暴露的風格。	呈現和諧、自然、含蓄的風格（最高境界乃是人和自然的默契）。	呈現荃蹄性（以終極解脫為目標，而不飾雕飾華蔚）。

（整理自周慶華，1997a：76-125；2005：226）

在現代社會中，書本和文字不是課程知識唯一的表徵，各種電子影像、音樂、多媒體和網路等表徵方式的影響力與日俱增，而大眾文化也由於新科技的發展而得到更充分的發展。因此，童詩寫作教學的課程內容，不應只受限於文字或書本，更須藉助新科技的技術，呈現聲光俱佳的多媒體魔力，甚至是目前流行的網際網路，並充分了解與掌握時代的趨勢和兒童生活的世界和經驗，才能捕捉兒童的心理，引發兒童學習的興趣和動機。因此，除了電視、圖檔的運用外，更透過網頁式教材，利用網路教學特有的種種工具和功能，來增進學生童詩寫作的興趣、動機和效果；而在實施的過程中，

也發現學生對網頁、網路、多媒體等等的好奇及興趣，特別是「留言版」、「留詩版」等設置，讓學生都能「上網寫詩」，學生也樂在其中。

資訊融入教學，是教學的新趨勢，也是因應資訊時代的來臨和學生的需求。未來。資訊的應用，不僅越來越普遍，也將成為生活中不可或缺的一環；而資訊帶來的衝擊，也影響到教育的內涵與形態。

除了透過圖像來創作童詩之外，童詩寫作也可結合朗讀、口說、肢體表演、情境互動等多媒體形式，甚至在進行篇幅較長的故事詩或寓言詩等故事性質較為強烈的詩類時，也可以用戲劇表演的方式來進行科際的交流，這應該會比單一媒體的選用要能夠深入人心而大為提升學習者對詩的感知態度。

童詩透過文字表達作者心中的意象，抽象的意象隱含在文字的堆疊當中，所透出的美感就是詩吸引人的地方。希望能有更多的創作者投入童詩這塊領域，灌溉童詩花園，讓兒童從詩中體會身旁萬物的美，在愉悅的心情中健康成長。

第八章 結論

第一節 要點的回顧

　　我的學校位在屏東縣東港鎮，近年來因為黑鮪魚文化祭、東港王船祭以及大鵬灣國家風景區而受到國人的關注。我們學校的洪郁晴小朋友透過一首童詩，寫出了她對東港的印象：

〈東港四季〉　洪郁晴
在東港，
春天是到大鵬灣騎自行車的季節，
乘著涼風，
看著宛如度假天堂的潟湖風光，
感受春天的舒爽；

在東港，
夏天是黑鮪魚的盛產期，
華僑市場人山人海，
充滿震天的拍賣聲，
洋溢在漁民臉上的笑容，
隱藏著夏天的熱情；

在東港，

秋天有三年一科的迎王祭典，

大街小巷車水馬龍，

信徒拿著香虔誠膜拜，

祈求王爺公庇祐；

在東港，

冬天是捕撈鰻魚苗的最佳時機，

夜晚的海面上，

漁船有如星星點點閃爍，

充滿冬天的浪漫。

　　短短的二十一行字，把東港的四季景觀作了一個簡短而精要的描寫，讓身為東港人的我讀了之後也頗為「心有同感」。我想這就是「童詩」的魅力所在吧！透過簡短的文字表達作者心中的情感，讓讀者產生共鳴，這就是文字的魔力了。兒童文學是近代西方人文理性抬頭下的產物。先是比照一般人脫離中古世紀神學籠罩後所要凸顯的自主性，而重視起即將「長大成人」的兒童這個層級的獨特性。(周慶華，2004b：279)

　　童詩是兒童文學的一種類型。兒童文學是指以兒童為閱讀對象的文學作品。這和「有關兒童的文學」有所不同，儘管二者很多時候都一樣。兒童文學在世界上已經有很長久的歷史，儘管最初的兒童文學並非休閒讀物，早期許多兒童文學由成人作品改編，但倘若不適合孩子或未針對兒童而改編，不能算作兒童文學的作品。

　　以西方而言，十八世紀以後，兒童文學才以兒童的興趣與教育並重。而我國在新文化運動前，都是士大夫教育。兒童教育僅把它當作士大夫教育的前階且僅以識字為主，所謂兒童故事就只依附其中。但不論如何，比起一般文學的發展，兒童文學的發展顯然有「遲緩」的現象。因為一般文學已經從前現代的模象／寫實模式跨越到現代的造象／新寫實模式和後現代的語言遊戲模式、甚至網路時代的超鏈結模式，而兒童文學的寫作者卻大多還沉溺在前現代的模象／寫實模式的歡悅裡，不但經常趕不上「時代潮流」，有時還難免有「自我封閉」的倒退傾向。（周慶華，2004b：279）環視目前國內童詩寫作，多屬於前現代的模象／寫實模式；更詳細的說法，目前國內童詩創作大多屬於創造觀型文化以敘事、寫實為主及氣化觀型文化以抒情、寫實為主的範疇。倘若相較於一般文學多元化的發展，目前童詩創作可說是有相當大的發展空間。既然其他類型的文學可以發展出如此多元的寫作模式，何以目前國內童詩創作大多侷限於前現代的模象／寫實模式？是國內童詩創作發展時間過短，創作者仍無足夠寫作「功力」，無法進入如造象／新寫實模式及語言遊戲模式等現代、後現代學派；抑或是「此路根本不通」，童詩無法跨越出前現代的模象／寫實模式？

　　基於這樣的問題，本研究於是大膽的透過圖像的引導，將圖像區分為二度空間的平面式圖像、三度空間的立體式圖像及四度空間的流動式圖像，透過圖像的輸入來產生「物象」，經由靈感的感發產生「心象」的過程來創作童詩。此舉有別於目前國內多以讓兒童坐在教室內而僅靠想像來創作的方式。並且在研究中試著讓學生欣賞並且大膽的創作前現代／現代／後現代乃至於網路時代等學派類型的童詩。最後在各種圖像的類別中，再依創造觀型文化、氣化

觀型文化及緣起觀型文化來進行跨文化系統的探討。當然，創造觀型文化比之其他兩種類型的文化，本著其信仰緣由而有較多發展各種學派類型的機會。其中氣化觀型文化內的寫作表現，因著二十世紀初以來深受西方社會影響而逐漸失去固有的寫作形式，因此氣化觀型文化的寫作表現，以發展自有的抒情／寫實為主的前現代表現系統後，從二十世紀初期二十年代後，便轉而進入創造觀型文化現代／後現代乃至於網路時代等學派了；至於緣起觀型文化內的寫作表現，在其僅為荃蹄功能、以解離／寫實為主的文學藝術規範中，略顯「板滯」而仍維持一貫的基調，因此其寫作風格的演變便不像其他文化系統般多元。

　　本研究便是基於上述理念來展開論述，以「童詩圖像教學」作為論題，然後落實各種圖像及其所可能發展而出的前現代／現代／後現代等學派類型，配合創造觀型文化、氣化觀型文化及緣起觀型文化等三大文化系統所作的討論，目的在於提供童詩教學者透過圖像的引導，讓學習者接受更為多元的視覺刺激，透過思考而創造出相較於目前童詩作品更為多元的創作。

　　在第一章〈緒論〉中，先就本研究的研究動機、研究目的與研究方法及研究範圍及其限制來進行探討；而在第二章〈文獻探討〉中，就目前兒童文學界對於童詩理論及童詩的教學作出整理及討論，並且檢視目前國內談及童詩的圖像化教學的文獻，提供本研究在教學時所需的材料；第三章〈圖詩與圖像教學中〉，將本研究所稱的童詩重新界定為前現代式童詩、現代式童詩、後現代式童詩、網路時代童詩，透過欣賞、聯想、想像等方式來進行童詩閱讀與創作教學，並進行圖像引導的童詩教學新嘗試，而發展出二度空間的平面式圖像、三度空間的立體式圖像及四度空間的流動式圖像的童

詩教學；在本研究的第四章〈平面式童詩圖像教學〉、第五章〈立體式童詩圖像教學〉、第六章〈流動式童詩圖像教學〉分別就平面式圖像（幾何圖像、繪畫、照片）、立體式圖像（自然物、人造物、生物）及流動式圖像（影片、戲劇、舞蹈）來討論圖像教學的理念及具體作法，並且試圖就前現代／現代／後現代／網路時代等學派來討論童詩創作的可能，經由創造觀型文化、氣化觀型文化及緣起觀型文化等文化系統的探討，將童詩圖像教學的面向作一個多元且全面性的闡述；最後在第七章〈童詩圖像教學的應用推廣〉中，本研究希望能提供制式與非制式童詩教學的參鏡，不論是在課堂上、作文班、或是家庭、社區內，都能把寫作童詩融入在日常生活之中；經由圖像來引導教學的嘗試能夠作為童詩教學理論建構的新向度；並期盼能從跨文化分析的角度來引導跨域童詩教學經驗交流的新風尚。

　　圖像教學時，不論是課前準備、課堂中引導或課後討論，教師都扮演重要角色。教師教學理念、事前備課工作（如圖像資料選擇、教學活動設計）以及課堂實際教學技巧等，都會影響圖像教學的進行。因此，教師在教學過程中應多注意學生個別差異、觀察課堂中學生反應，並不斷自我檢視教學方式。每個學生的程度不同，所表現出來的能力也有所不同。但是透過圖像的觀察，讓每個學生有機會能夠表達心中的感受。希望教學者能以鼓勵的態度對待學習者的創作，尤其是國小學生，從小讓他們能夠用簡短的文字寫下心中的感覺，培養對文字的敏銳度。

　　學生在愉悅、輕鬆、無任何壓力的情況下，往往能提升他們的學習興趣與動機，增進師生之間的互動，更能激發學生的潛能，讓學生的想像、創意，發揮得淋漓盡致。童詩寫作需要觀察、思考、聯想、進而描繪心理的感受，有時更要發揮創造思考能力，創造新

奇、趣味的詩作。因此，在童詩寫作過程中，儘量使學生心情放鬆，讓教室充滿和諧、愉悅、輕鬆、自在的氛圍，學生便能大膽地盡情表現自我，開發學生無窮的潛能，也讓學習氣氛充滿詩意，體現詩意的存在喜悅。當學生相互汲取與分享每個人的想法與感受，對於詩本身內容的認識，甚至是某些觀念想法的轉變，使得詩的血肉漸漸成形，而成為詩的生命，一首首有詩心的詩就得以產生。

　　每個人都有其獨特的特質，會在人生的不同階段中，被開發與萌芽成長。因此，今日的教師應較以往更具有敏銳的觀察力，了解學生具有不同的智慧組合與不同的解決問題的能力。身為教學者，我們必須尊重學生學習間的個別差異，認真地思索如何建構多元、富創意的教學環境，使學生獲得更多的學習機會。

第二節　未來研究的展望

周慶華在〈當個詩人〉這篇文章中談到：

倘若有人問我：「什麼可以使人高貴？」我會回答他：「當詩人。」詩人源源不絕的想像力所寫就的詩，正如亞何所說的，它「就像是一座愛的發電廠」，永遠在給人間輸送溫熱和驚豔……從另一個角度看，詩人也是唯一能夠用語言按摩我們心靈的人……我們自己如果也能培養起對詩的嗜好，那麼該一「尊榮」也一定會移轉過來，至少不必再畏畏縮縮的過活。

（周慶華，2009）

　　詩這種抒情性、審美性相當豐富的文體隨著文學的發展也已出現數千年之久，也留下許多傳送千古、令人回味再三的經典詩作。可惜的是，寫詩、讀詩卻無法「堂而皇之」、「輕鬆愜意」的走入一般人的生活中。尼采曾經說過：「沒有音樂的生活是種錯誤。」（引自林郁，2009：25）為什麼沒有文學大家也能說出「沒有詩的生活是種錯誤」的話來？顯現詩與一般人仍是保持著一段距離。因此，我建議從學生時期就能進入詩的生活，從小培養寫詩、讀詩的興趣，讓詩陪著孩子一起長大，有著更多人的投入，詩的發展才能更加成長茁壯。適合孩子閱讀的且容易接受的詩體便是童詩了，透過詩中精練的文字，讓孩子從小培養詩味，提升運用文字的能力。

　　因此，提升學生對於童詩的創作興趣與能力便是一件刻不容緩的課題。但是苦於學生創作靈感不足、教學者教學效能不彰、學生寫作興趣不高等原因，目前國內的童詩教學仍是有許多進步的空間。現在的學生通常對圖像比文字來的有興趣，尤其現代科技社會充斥電視、卡通、電影等視覺媒體，兒童易沈迷電動和漫畫。黃子明（1998）認為視覺傳播的時代已經來臨，讀者喜歡閱讀影像、圖片已是一種必然的趨勢。因此教學時倘若能善用圖像輔助教學，應能吸引學童興趣，並提升教學成效。

　　圖像化學習運用在語文領域的教學活動當中，很容易帶動班級的學習氣氛與動機，不但對學習成就高的學童抑或是學習成就低落的學童而言，都可因他們對視聽媒體的聲光特效的喜愛而捕捉學童的專注力，誘發喜愛閱讀、不愛閱讀的學童有機會透過圖像的學習以潛移默化的方式，提升孩子語文理解能力，擴充其生活經驗，激發學童多元思考方向；同時也強化了學童觀察的細微度且提升學童寫作表達的能力。

　　圖像表徵是人類原始的本能，而視覺是人體最重要的感覺。圖像化學習可以讓學童在腦中形成圖像，將圖像與思想觀念銜接起來，然後再以適當的文字與符號來表徵。因此，以文字和圖像同時貯存，可使想要表達的訊息更具體貼切，學童也可以更快速獲得正確知識，有益於儲存長期記憶。

　　本研究將圖像分成平面式圖像、立體式圖像以及流動式圖像，以空間觀念來看，也正好是二度空間、三度空間和四度空間的圖像。平面式圖像包含幾何圖形、繪畫、照片；立體式圖像包含自然物、人造物、生物；而流動式圖像著重在空間的流動性，因此分為影片、戲劇、舞蹈來討論。但是童詩教學中，聲音和光線也可獨立出來討論，聲音和光線的變化向度相當多元，不論是聲音的強弱、粗細、快慢等，都代表不同的意義；而光線的律動、強弱、明暗等，又對物體產生不同的影響。本研究由於篇幅和體例的限制，對於聲音和光線無法再作深入且專門的討論，希望本研究能夠產生拋磚引玉的效用，期待未來有興趣的研究者能夠作專業的探討。

　　兒童文學的教育價值有語言教育、人格教育、合群合作、同理心、見賢思齊……等。大體上，兒童讀物出版與類別的多寡，以及讀物品質的高低，可粗略反映出該國家的經濟發展情形，以及文化、技術的進步程度；同時也是該國文化素質與國民教育的參考指標。兒童文學相較於其他文學起步可說是較晚，更遑論屬於兒童文學範疇之一的童詩寫作。也因為發展時間過短，相較於其他文學類型，童詩教學在發展的規模及各界關注的程度可說是差強人意。本研究試圖透過圖像引導的方式來建構各類圖像的教學模式，可提供參鏡。雖然如此，本研究中的理論構設必定也有不盡理想的地方可

以再行討論；而對於本研究中不盡理想的地方再行討論，也就成了可以再另加期望或作為未來研究展望的對象。

　　在目前的童詩創作中，相當注重兒童的生活經驗，對於增進兒童寫作的興趣和動機童詩寫作的取材，必須是兒童熟悉、親近的生活世界與生活經驗，才能引發兒童學習的興趣和動機。不過，兒童的生活世界，除了家庭生活、學校生活、社區生活外，還包括大自然一切現象、人、事、物、景等等，甚至是兒童彼此間的「文化」，也是兒童樂於討論和交流的。目前的社會是個國際化的社會，透過交通、網路等工具的交流，兒童接近多元文化的機會更是大增，對於非屬兒童成長文化的異系統文化的童詩創作，必定有相當大的空間可供教學者及創作者來努力。隨著科技日新月異的發展，目前也出現了網路文學（如部落格、電子報）等創作方式，對於此種因應新科技的寫作方式，教學者要創新教學，非得藉助資訊科技的特有功能，讓教材和教學模式，更生動化、活潑化和多元化，發揮創造性教學的意涵，刺激兒童學習的興趣和動機，提升教學的效果，以裨益教學目標的實現。由於本研究旨在建構透過平面式圖像、立體式圖像及流動式圖像來討論童詩創作的模式，對於經由電腦網路進行童詩創作的可能性，有待未來研究者能深入探討其可能性及創作方式。

　　目前國內創作童詩者多與教育體系有關，包含了童詩作家、教師、學生等，除了這些族群之外，創作童詩的人口可說是少之又少，可供發表童詩的報章媒體也屈指可數，期待未來的研究者能夠利用本研究的模式，擴展創作童詩的人口，喚起人們心中的童心、童趣，透過創作童詩，了解兒童心中的那一片樂園。

　　此外，本研究透過圖像來創作童詩的方法也可以應用到創作其他類型的文體，例如童話、小說、散文、戲劇等，透過圖像化的學習，配合適當的教學引導，運用有效的教學策略，對於學習者在文學上的創作總比憑空想像來得有用，尤其是創作能力不佳的學習者，經由圖像的刺激後，較容易在腦海中產生心象，刺激思考，更有利從無形抽象的概念轉換成文字輸出。期望日後能有更多有志一同的教育夥伴作更進一步的研究，一同為提升國內的語文教育盡一份心力。

參考文獻

61 童話故事網（2009），〈狡猾的蛇〉，網址：http://www.61fairytale.com/
　　fairytale_cn/40/list/a_40_18.html，點閱日期：2009.06.25。

丁旭輝（2000），《臺灣現代詩圖像技巧研究》，高雄：春暉。

仇小屏、藍玉霞等合著（2005），《小學「限制式寫作」之設計與實
　　作》，臺北：萬卷樓。

王文信（2002），《國小教師實施表演藝術戲劇教學之個案研究》，
　　新竹：國立新竹教育大學課程與教學研究所碩士論文，未出版。

王利器（1982），《風俗通義校注》，臺北：明文。

王治河主編（2004），《後現代主義辭典》，北京：中央編譯。

王其敏（2004），《油畫的技法》，臺北：正中。

王海山主編（1998），《科學方法百科》，臺北：恩楷。

王夢鷗（1976），《文學概論》，臺北：藝文。

王慧勤（2000），《扮演遊戲──國語課的另一扇窗》，臺北：國立
　　臺北教育大學課程與教學研究所碩士論文，未出版。

中國廣播網（2009），〈後現代社會含淚的笑話〉，網址：
　　http://0rz.tw/sgvXa，點閱日期：2009.06.13。

朱昆槐（2000），《雪泥鴻爪：蘇東坡詩詞文選》，臺北：時報。

布雷克詩集欣賞：綿羊（2006.09.30），《國語日報》，少年文藝版。

比爾・艾德勒編著（2007），《寫信給哈利波特》，臺北：時報。

白靈（1991），《一首詩的誕生》，臺北：九歌。

向明編（1984），《七十二年詩選》，臺北：爾雅。

向陽詩房（2009），〈雨後的山〉，網址：http://tea.ntue.edu.tw/~xiang
　　yang/xiangyang/p2a_1.htm，點閱日期：2009.07.11。

好緣相隨（2009），〈有趣的故事：一休打破花瓶〉，網址：http://wave.
　　prohosting.com/hautejl/index.html，點閱日期：2009.07.12。

呂大吉主編（1993），《西方宗教學說史》，北京：中國社會科學。

阮志聰（1999），〈教學媒體初探——國教研習會體育科教學媒體之簡介〉，《研習資訊》，16卷第2期，頁21-24。

吳文祥等（1998），《基進兒童文學作品集：鬼叫》，臺東：作者自印。

吳言生（2002），《經典禪詩》，臺北：東大。

吳昌杰譯（1999），阿爾維托·曼古埃爾著，《閱讀地圖：一部人類閱讀的歷史》，臺北：商務。

吳翊銘（2009），〈鳳凰花〉，網址：http://tw.myblog.yahoo.com/jw!lRvppW.THQ7TFKDmPRLJgf4-/article?mid=188 ，點閱日期：2009.07.10。

吳靜雯（2008），《開始到義大利看藝術》，臺北：太雅生活館。

吳慧姿（2002），《探討圖像融入STS教學對國小高年級學童圖像資訊應用能力之影響研究》，臺北：國立臺北教育大學數理學系研究所碩士論文，未出版。

吳鼎（1991），《兒童文學研究》，臺北：遠流。

李偉文（2008），《教養可以這麼浪漫》，臺北：野人。

李健儀（1993），《油畫的技法》，臺北：藝風堂。

李漢偉（2005），《國小語文科教學探索》，高雄：麗文。

李順興（1998），〈網路詩三範例〉，網址：http://tea.ntue.edu.tw/~xiangyang/workshop/netpoetry/new1.htm，點閱日期：2009.07.12。

李翠玲（2003），《戲劇性活動融入語文領域教學之研究——以低年級為例》，新竹：國立新竹教育大學臺灣語言與語文教育研究所碩士論文，未出版。

李賢輝（1997），〈www網頁上的視覺傳達與藝術表現——淺談人類認知與視覺傳達的基本概念〉，網址：http://www.lib.fcu.edu.tw/articles/wwwvc02.htm，點閱日期：2009.04.02。

李賢輝（1999），〈互動式多媒體概論〉，網址：http://0rz.tw/sgvXa，點閱日期：2008.08.20。

李蕭錕（2007），《坐者何人——李蕭錕禪畫公案》，臺北：香海。

沈亞梵（1994），《教學媒體自製與應用》，臺北：師大書苑。

沈約（1979），《宋書》，臺北：鼎文。

杜淑貞（1996），《兒童詩探究》，臺北：五南。

杜榮琛（1983），《兒童詩寫作與指導》，臺中：臺灣省教育廳。

杜榮琛（1996），《拜訪童詩花園》，臺北：五洲。

杜榮琛（1999），《寫給兒童的好童詩》，臺北：小魯。

宋筱蕙（1994），《兒童詩歌的原理與教學》，臺北：五南。

何應傑（2002），《兒童閱讀圖畫書意義建構之研究》，嘉義：國立嘉義大學國民教育研究所碩士論文，未出版。

侶同傑（2003），《透過童詩賞析導入兒童繪畫創作教學之行動研究——以桃園縣龜山國小一個高年級班級為例》，新竹：國立新竹教育大學美勞教育研究所碩士論文，未出版。

房玄齡（1979），《晉書》，臺北：鼎文。

林文寶、徐守濤、陳正治、蔡尚志合著（2007），《兒童文學》，臺北：五南。

林立樹（2007），《現代思潮——西方文化研究之通路》，臺北：五南。

林良、林煥彰、林武憲、謝武彰、杜榮琛合著（1985），《童詩五家》，臺北：爾雅。

林良（1993），《林良的詩》，臺北：國語日報社。

林良（2000），《淺語的藝術》，臺北：國語日報社。

林紅梅（2007），〈在作文教學中培養學生的聯想和想像力〉，《廣西教育學院學報》，第 3 期，頁 154-156。

林春輝（1987），《世界兒童傳記全集——米開朗基羅》，臺北：光復。

林菁（1994），〈圖像複雜度與兒童認知學習〉，《嘉義師院學報》，第 8 期，頁 171-207。

林郁（2009），《尼采語錄》，臺北：雅典娜。

林崇德（1995），《小學生心理學》，臺北：五南。

林景蘇（2006），〈兒童童詩創作教學與活動設計〉，《2006 語文教學研討會論文》，屏東：美和技術學院。

林淑娟（1996），《童詩語言研究——語義學角度的探討》，臺中：
　　私立東海大學中國文學研究所碩士論文，未出版。

林煥彰編著（1985），《兒童詩選讀》，臺北：爾雅。

林煥彰（2001），《童詩二十五講：和小朋友談寫詩》，宜蘭：宜蘭
　　縣政府文化局。

林煥彰（2003），〈詩的告白——談公雞生蛋〉，《兒童文學家》，
　　第 31 期，頁 40。

林鴻瑛（2003），《多媒體影像在客語教學上的設計與應用——以臺
　　北市「佳安國小」為例》，臺北：國立臺北師範學院教育傳播與
　　科技研究所碩士論文，未出版。

林麗寬譯（1999），吉尼特・佛斯、高頓・戴頓著，《學習革命》，
　　臺北：中國生產力中心。

周慶華（1997a），《語言文化學》，臺北：生智。

周慶華（1997b），《佛學新視野》，臺北：東大。

周慶華（1999a），《佛教與文學的系譜》，臺北：里仁。

周慶華（1999b），《新時代的宗教》，臺北：揚智。

周慶華（2000），《文苑馳走》，臺北：文史哲。

周慶華（2001），《作文指導》，臺北：五南。

周慶華（2004a），《語文研究法》，臺北：洪葉。

周慶華（2004b），《創造性寫作教學》，臺北：萬卷樓。

周慶華（2004c），《文學理論》，臺北：五南。

周慶華（2005），《身體權力學》，臺北：弘智。

周慶華（2006），《語用符號學》，臺北：唐山。

周慶華（2007a），《語文教學方法》，臺北：里仁。

周慶華（2007b），《我沒有話要說——給成人看的童詩》，臺北：秀威。

周慶華（2008），《轉傳統為開新——另眼看待漢文化》，臺北：秀威。

周霞（2004），〈讓思維插上翅膀——聯想和想像思維能力訓練〉，
　　《中小學心理健康教育》，第 5 期，頁 34-35。

孟樊（2003），《臺灣後現代詩的理論與實際》，臺北：揚智。

邱鈺婷（2003），〈前所未有的疲倦〉，網址：http://dcc.ndhu.edu.tw/taipei/48801003/index.html，點閱日期：2009.07.12。

邱雲忠（2002），《童言童語童詩創作園》，臺北：寶島社。

邱燮友（2002），〈兒童詩的特色〉，《中國語文》，第 536 期，頁 78-82。

法寶下載網站（2009），〈哪裡沒有佛〉，網址：http://www.buddhist.idv.tw/那裡沒有佛.htm，點閱日期：2009.07.10。

洛夫（2006），《洛夫自選集》，廣東：花城。

珍·杜南，宋珮譯（2006），《觀賞圖畫書中的圖畫》，臺北：雄獅。

洪中周（1987），《兒童詩欣賞與創作》，臺北：益智。

洪志明（1999a），《用新觀念學童詩（一）》，臺北：螢火蟲。

洪志明（1999b），《用新觀念學童詩（二）》，臺北：螢火蟲。

洪志明主編（2000），《童詩萬花筒——兒童文學詩歌選集 1988～1998》，臺北：幼獅。

洪婉莉（2002），《國小推動兒童閱讀運動之研究——以臺東縣立馬蘭國民小學為例》，臺東：國立臺東師範學院兒童文學研究所碩士論文，未出版。

洪蘭（2008），〈活化大腦激發創造力〉，網址：http://parenting.cw.com.tw/blog/blogDocDetail.do?blogDocId=81，點閱日期：2008.11.21。

泰戈爾（2002），《泰戈爾全集》，河北：河北教育。

泰戈爾著、徐翰林譯（2008），《泰戈爾的詩》，臺北：海鷗。

徐守濤（1979），《兒童詩論》，屏東：東益。

徐守濤（1990），〈兒童詩的教育觀〉，載於鄭明進主編，《認識兒童詩》，頁 8-13，臺北：中華民國兒童文學學會。

徐守濤（1999），〈兒童戲劇與兒童文藝教育的探討〉，《一九九九臺灣現代劇場研討會論文集——兒童劇場》，25-37，臺北：行政院文化建設委員會。

徐素霞（2002），〈接近藝術從繪本開始〉，《學前教育》，第 23 期，頁 70-71。

徐錦成（2001），《臺灣兒童詩理論與批評發展之研究》，臺東：國
　　立臺東師範學院兒童文學研究所碩士論文，未出版。

侯明秀（2003），《無字圖畫書的圖像表現力及其敘述藝術之研究》，
　　臺東：國立臺東師範學院兒童文學研究所碩士論文，未出版。

孫易新（2002），《心智圖法》，臺北：耶魯。

孫藝泉（2005），《愛跳舞的稻田：童詩六十首》，臺北：慈濟人文
　　志業中心。

海角七號官方部落格（2008），〈海角七號劇情簡介〉，網址：
　　http://cape7.pixnet.net/blog/post/18649838，點閱日期：2009.07.12。

郝廣才（2006），《好繪本如何好》，臺北：格林。

秦嘉華、賴慶雄編選（1996），《國語日報小詩人作品選》，臺北：
　　國語日報社。

國立編譯館（1978），《視聽教育》，臺北：國立編譯館。

教育部（1993），《國民小學課程標準》，臺北：教育部。

常和（2004），《奧秘的探索 7：藝術的故事》，臺北：知書房。

常雅珍（2003），《初學作文新妙方「觀察學習＋心智繪圖」》，高
　　雄：復文。

焦桐（1998），《臺灣文學的街頭運動（1977——世紀末）》，臺北：
　　時報。

莫渝（1993），《夢中的花朵——法國兒童詩選》，臺北：富春。

陳千武編譯（1992），《海流——臺灣日本兒童詩對譯選集》，臺中：
　　晨星。

陳千武（1993），《童詩的樂趣》，臺中：臺中縣政府文化局。

陳木城、凌俊嫻（1992），《童詩開門（一）敲門篇》，臺北：國語
　　日報社。

陳木城等編選（2002），《國語日報童詩選》，臺北：國語日報社。

陳正治（1997），《兒童詩寫作研究》，臺北：五南。

陳明溥（1999），〈雙碼理論於遞迴程式設計教學之概念模型設計研
　　究〉，「第八屆電腦輔助教學國際研討會」論文。臺中：逢甲大學。

陳建榮（2008），《繪聲匯影會品德》，臺北：東暉國際多媒體。

陳淑英（1992），〈教學媒體的分類〉，《視聽教育》，第 34 卷第 2 期，頁 37-40。

陳意爭（2008），《圖畫與文字的邂逅——圖畫書中的圖文關係探索》，臺北：秀威。

陳靜嫻（2004），《多元智慧童詩教學及寫作歷程之研究——以國小三年級為例》，屏東：國立屏東教育大學國民教育研究所碩士論文，未出版。

陸承剛（2003），〈聯想與想像：展現創造性思維的光華〉，《教育探索》，第 11 期，頁 70-71。

張中煖（2003），〈九年一貫舞蹈課程統整之理念與設計實例 〉，《藝術與人文學習領域教學示例手冊 》，頁 78-89。

張玉燕（1994），《教學媒體》，臺北：五南。

張春榮（1987），《詩學析論》，臺北：三民。

張春榮（2003），《創思教學與童詩》，臺北：螢火蟲。

張春榮（2005），《國中國文修辭教學》，臺北：萬卷樓。

張春榮（2008），〈國小作文教學的引導藝術〉，《國文天地》，第 23 卷第 8 期，頁 4-9。

張梅虹（2004），《近十年來臺灣與歐美地區繪本中的死亡概念分析》，臺北：臺北市立師範學院課程與教學研究所碩士論文，未出版。

張添洲（2000），《教材教法——發展與革新》，臺北：五南。

張清榮（1997），《兒童文學創作論》，臺北：富春。

張清榮（2008），《南一版國語課本第十冊》，臺南：南一。

張霄亭等譯（2002），羅伯特·韓立奇等著，《教學媒體與學習科技》，臺北：雙葉。

張瓊云（2008），《運用圖像化教學於國小文言文學習成效之研究》，臺東：國立臺東大學教育研究所碩士論文，未出版。

傅予（2009），《傅予詩選——螢火蟲詩集》，臺北：秀威。

傅林統編譯（1999），《歡欣歲月：李利安·H·史密斯的兒童文學

觀》，臺北：富春。

馮小武（2006），〈聯想與想像──改寫文章的一對翅膀〉，《中學課程輔導》，第 21 期，頁 12-13。

馮輝岳（2000），《兒童散文精華集：馮輝岳導讀精品 14 篇》，臺北：小魯。

馮輝岳（2006），《油桐花・五月雪》，臺北：東華。

黃子明（1998），〈要抓住讀者，先解放自己〉，《目擊者雙月刊》，第 8 期，頁 30-31。

黃仁俊等（1999），《基進兒童文學作品集：水禍》，臺東：作者自印。

黃永武（1976），《中國詩學：設計篇》，臺北：巨流。

黃永武（2002），《字句鍛鍊法》，臺北：洪範。

黃秀金（2008），《國小看圖作文教學研究》，屏東：國立屏東教育大學中國語文研究所碩士論文，未出版。

黃秋芳（1994），《童詩旅遊指南》，臺北：爾雅。

黃秋芳（2005），《童詩導遊手冊》，臺北：富春。

黃海（2004.09.19），〈童詩童話與科幻意趣──論科幻與奇幻的童話想像特質〉，《國語日報》，兒童文學版。

黃基博（1995），《含苞的詩蕾（上）（下）》，臺北：國語日報社。

黃華程（2006），《小麻雀中的童詩研究》，臺南：國立臺南大學語文教育學系碩士論文，未出版。

黃新生，艾曉林（2000），〈語文學習指導重在創新〉，《湖北教育（教學版）》，第 6 期，頁 33-34。

黃學誠（2000），《第五項修練：圖像系統思考》，臺北：世茂。

須文蔚（2001），〈追夢人〉，網址：http://dcc.ndhu.edu.tw/poem/work3/dream.htm，點閱日期：2009.07.12。

須文蔚（2003），《臺灣數位文學論》，臺北：二魚。

須文蔚（2004），〈數位詩的破與立〉，網址：http://dcc.ndhu.edu.tw/poem/paper/58.html，點閱日期：2009.07.12。

開眼電視臺（1997），〈魔法阿嬤〉，網址：http://movie.kingnet.com.tw/ channelk/magicgrandma/watch.html，點閱日期：2009.07.11。

彭碩（2000），〈聯想與想像的特徵、區別及聯繫〉，《語文教學通訊》，第 19 期，頁 43-45。

詹冰（1993），《詹冰詩選集》，臺北：笠詩刊社。

詹冰（2008），《誰在黑板上寫ㄅㄅㄇ——詹冰‧劉旭恭詩畫集》，臺北：聯合報社。

詹家惠（2003），《九年一貫課程教科書之道德內涵分析：視覺方法論之研究與應用》，嘉義：國立中正大學教育學研究所碩士論文，未出版。

詹美鈴（2002），《青少年對創作性戲劇的詮釋與展現》，臺東：國立臺東大學兒童文學研究所碩士論文，未出版。

溫文玲（2006），《透過圖像化學習提升國小學童語文閱讀理解能力之研究》，臺東：國立臺東大學教育所碩士論文，未出版。

溫維鈞（2004），《以圖片和文章表達空間訊息之差異探討》，臺北：私立輔仁大學心理研究所碩士論文，未出版。

楊成寅（1994），《鬼斧神工》，臺北：書泉。

楊牧貞（1997），〈圖形表徵與文字表徵之腦側化〉，《應用心理學報》，第 6 期，頁 119-135。

楊茂秀（2001），《閱讀生機》，臺北：教育部。

楊喚（2005），《楊喚詩集》，臺北：洪範。

褚守農（1999），《聯想與作文》，上海：復旦大學。

愛羽水築（2007），〈現代孝子〉，網址：http://0rz.tw/6iMoc，點閱日期：2009.06.08。

新桃源谷（2008），〈阿欽的故事〉，網址：http://newtaoyuangu.blogspot. com/2008/04/blog-post.html，點閱日期：2009.07.12。

雷僑雲（1990），《中國兒童文學研究》，臺北：學生。

葉顯國（1985），《思考的教室》，臺北：敦理。

趙天儀（1992），《兒童詩初探》，臺北：富春。

趙天儀（1999），《兒童文學與美感教育》，臺北：富春。

維基百科（2009），〈繪畫〉，http://0rz.tw/8Seun，點閱日期：2009.06.30。

臺灣藝術市集協會（2009），〈漢字文化節〉，網址：http://0rz.tw/fJ1hs，
　　點閱日期：2009.06.28。

臺灣攝影圖庫網（2009），〈油桐花〉，網址：http://homepage3.seed.net.tw/
　　web@5/chaopang/%E6%B2%B9%E6%A1%90%E8%8A%B1.htm，
　　點閱日期：2009.07.10。

寬宏藝術（2009），〈關於歌劇魅影〉，網址：http://www.phantomtaiwan.
　　com.tw/index.htm，點閱日期：2009.07.12。

蔣風主編（1998），《兒童文學原理》，安徽：安徽教育。

蔣勳（2006），《破解達文西密碼》，臺北：天下。

劉文剛主編（1995），《20世紀世界兒童文學名著精粹——兒童詩卷》，
　　湖南：湖南少年兒童。

劉佩佩（2008），《感官的獨白與合奏——視聽作文教學》，臺東：
　　國立臺東大學語文教育研究所碩士論文，未出版。

劉曉瑩（2005），〈淺談語文教學中聯想和想像能力的培養〉，《池
　　州師專學報》，第4期，頁94-95。

蔡尚志（1988），〈兒童詩欣賞教學試探〉，《臺灣區省市立師範學
　　院七十六學年度兒童文學學術研討會論文集》，頁1-13。臺北：
　　臺北市立師範學院。

蔡尚志（1999），《探索兒童文學》，嘉義：嘉義市政府文化局。

蔡伸章譯（1988）雷夫金著，《能趨疲：新世界觀——二十一世紀人
　　類文明的新曙光》，臺北：志文。

蔡榮勇（2000），《兒童詩需要穿怎樣的衣服》，臺中：臺中市政府
　　文化局。

謝錫文（2008），《類比兒童詩寫作教學對不同類比能力六年級學生
　　寫作的影響》，臺北：國立臺北教育大學教育傳播與科技研究所
　　碩士論文，未出版。

貓頭鷹知識網（2009），〈最後的晚餐透視圖〉，網址：

http://www.owls.tw/post/1/539，
點閱日期：2009.07.10。

蕭蕭（1989），《青少年詩話》，臺北：爾雅。

蕭蕭（2007），《現代新詩美學》，臺北：爾雅。

鍾友珊譯（2002），寇伯特著，《哈利波特的魔法世界：貓頭鷹、獨
　　角獸與「那個人」在西方世界的來歷》，臺北：貓頭鷹。

優仕網（2009），〈米開朗基羅的大衛石雕像去了一趟美國後〉，網
　　址：http://share.youthwant.com.tw/sh.php?do=D&id=12082541，點
　　閱日期：2009.07.08。

禪話故事（2009），〈一休吃蜜〉，網址：http://www.geocities.com/
　　lily1978tw/oo1.htm#一休吃蜜，點閱日期：2009.06.12。

戴慧燕（2003），《兒童藝術中語文表現之研究》，嘉義：國立嘉義
　　大學視覺藝術研究所碩士論文，未出版。

韓叢耀（2005），《圖像傳播學》，臺北：威仕曼。

歸人編（2006），《楊喚全集 I》，臺北：洪範。

顏福南（2007），《童詩頂呱呱》，臺北：新苗。

羅青（1978），《從徐志摩到余光中》，臺北：爾雅。

羅青（1992），《詩人之燈》，臺北：東大。

羅青（2002），《吃西瓜的方法》，臺北：麥田。

羅國方（2004），《圖片對學習理解力及創造力影響之探討》，臺南：
　　南臺科技大學應用英語系碩士論文，未出版。

鯨騎士官方部落格（2004），〈鯨騎士劇情大意〉，網址：http://whalerider.
　　kingnet.com.tw/a1.html，點閱日期：2009.06.20。

魔境歌詞網（2009），〈來去臺東〉，網址：http://mojim.com/tw06186.htm，
　　點閱日期：2009.07.08。

Bruner, J. S.(1966). *Toward a theory of instruction.* New York: Norton.

Dale, E.(1969). *Audiovisual methods teaching. Third Edition.* (ERIC
　　Document Reproduction Service No. ED043234).

Lesgold, A. M., DeGood, H., & Levin, J. R. (1977). Pictures and young children's prose learning: A supplementary report. *Journal of Reading Behavior, 9,* p.353-360.

Levin, J. R., Anglin, G. J. & Carney, R. N. (1987). On empirically validating function of pictures in prose. In D. M. Willow & H.A. Houghton (Eds.), *The psychology of illustration.* New York: Springer-Verlag.

Levin, J. R., & Berry, J. K., (1980). Children's learning of all the news that's fit to picture. *Educational Communication & Technology Journal, 28,* p.177-185.

Levin, J. R., & Lesgold, A. M. (1978). On pictures in prose. *Educational Communication & Techonology Journal, 26,* p.233-243.

Paivio, A. (1971). *Imagery and verbal processes.* New York: Holt, Rinehart & Winston.

Paivio, A. (1986). *Mental representation: A dual coding approach.* New York: Oxford University Press.

Russell,J. D., Molenda, M., & Heinich, R. (1985). *Instructional media and the new technologies of instruction* (2nd ed.). New York: John Wiley & Sons.

國家圖書館出版品預行編目

童詩圖像教學 / 許峰銘著.
-- 一版. -- 臺北市 : 秀威資訊科技, 2010.05
面 ; 公分. -- (社會科學類 ; AF0136)
(東大學術 ; 23)
BOD 版
ISBN 978-986-221-446-6(平裝)

1. 童詩　2. 圖像學　3.寫作法　4.小學教育

523.313　　　　　　　　　　99005550

社會科學類　　AF0136

東大學術㉓

童詩圖像教學

作　　者 / 許峰銘
發 行 人 / 宋政坤
執行編輯 / 林泰宏
圖文排版 / 鄭維心
封面設計 / 蕭玉蘋
數位轉譯 / 徐真玉　沈裕閔
圖書銷售 / 林怡君
法律顧問 / 毛國樑　律師
出版發行 / 秀威資訊科技股份有限公司
　　　　　台北市內湖區瑞光路 583 巷 25 號 1 樓
　　　　　電話：02-2657-9211　　　傳真：02-2657-9106
　　　　　E-mail：service@showwe.com.tw

2010 年 5 月 BOD 一版
定價：420 元

讀者回函卡

感謝您購買本書，為提升服務品質，請填妥以下資料，將讀者回函卡直接寄回或傳真本公司，收到您的寶貴意見後，我們會收藏記錄及檢討，謝謝！

如您需要了解本公司最新出版書目、購書優惠或企劃活動，歡迎您上網查詢或下載相關資料：http:// www.showwe.com.tw

您購買的書名：＿＿＿＿＿＿＿＿＿＿＿＿＿＿＿＿＿＿＿＿＿＿＿＿

出生日期：＿＿＿＿＿年＿＿＿＿＿月＿＿＿＿日

學歷：□高中 (含) 以下　　□大專　　□研究所 (含) 以上

職業：□製造業　□金融業　□資訊業　□軍警　□傳播業　□自由業
　　　□服務業　□公務員　□教職　　□學生　□家管　　□其它＿＿＿

購書地點：□網路書店　□實體書店　□書展　□郵購　□贈閱　□其他

您從何得知本書的消息？

　□網路書店　□實體書店　□網路搜尋　□電子報　□書訊　□雜誌
　□傳播媒體　□親友推薦　□網站推薦　□部落格　□其他＿＿＿＿＿

您對本書的評價：(請填代號　1.非常滿意　2.滿意　3.尚可　4.再改進)

　封面設計＿＿＿　版面編排＿＿＿　內容＿＿＿　文／譯筆＿＿＿　價格＿＿＿

讀完書後您覺得：

　□很有收穫　□有收穫　□收穫不多　□沒收穫

對我們的建議：＿＿＿＿＿＿＿＿＿＿＿＿＿＿＿＿＿＿＿＿＿＿＿＿

＿＿＿＿＿＿＿＿＿＿＿＿＿＿＿＿＿＿＿＿＿＿＿＿＿＿＿＿＿＿＿＿

＿＿＿＿＿＿＿＿＿＿＿＿＿＿＿＿＿＿＿＿＿＿＿＿＿＿＿＿＿＿＿＿

＿＿＿＿＿＿＿＿＿＿＿＿＿＿＿＿＿＿＿＿＿＿＿＿＿＿＿＿＿＿＿＿

11466
台北市內湖區瑞光路 76 巷 65 號 1 樓

秀威資訊科技股份有限公司　　　收
BOD 數位出版事業部

···

（請沿線對折寄回，謝謝！）

姓　　名：_____　年齡：_____　性別：□女　□男

郵遞區號：□□□□□

地　　址：_____

聯絡電話：(日) _____ (夜) _____

E-mail：_____